Regina B. und Rolf B. Baumeister (Hrsg.)

Lotus 1-2-3 Software Training

Aus dem Bereich Computerbuch

Word Software Training
herausgegeben von Regina B. und Rolf B. Baumeister

Chart Software Training
herausgegeben von Regina B. und Rolf B. Baumeister

dBASE III Software Training
herausgegeben von Regina B. und Rolf B. Baumeister

Windows Software Training
herausgegeben von Regina B. und Rolf B. Baumeister

Multiplan Software Training
herausgegeben von Regina B. und Rolf B. Baumeister

Lotus 1-2-3 Software Training
herausgegeben von Regina B. und Rolf B. Baumeister

Lotus 1-2-3 griffbereit – Bedienung
von Ernst Biegert, Andreas Dripke und Angelika Schätzel

Lotus 1-2-3 griffbereit – Makroprogrammierung
von Ernst Biegert, Andreas Dripke und Angelika Schätzel

Lotus 1-2-3 von A .. Z
von Eddie Adamis

---Vieweg

Regina B. und Rolf B. Baumeister (Hrsg.)

Lotus 1-2-3 Software Training

Erarbeitet von Detlef Krusekopf

Springer Fachmedien Wiesbaden GmbH

CIP-Titelaufnahme der Deutschen Bibliothek

Krusekopf, Detlef:
Lotus 1-2-3-Software-Training / erarb. von
Detlef Krusekopf. Regina B. u. Rolf B.
Baumeister (Hrsg.). – Braunschweig;
Wiesbaden: Vieweg, 1988

Das in diesem Buch enthaltene Programm-Material ist mit keiner Verpflichtung oder Garantie irgendeiner Art verbunden. Der Autor, die Herausgeber und der Verlag übernehmen infolgedessen keine Verantwortung und werden keine daraus folgende oder sonstige Haftung übernehmen, die auf irgendeine Art aus der Benutzung dieses Programm-Materials oder Teilen davon entsteht.

ISBN 978-3-528-04574-6   ISBN 978-3-322-90605-2 (eBook)
DOI 10.1007/978-3-322-90605-2
Alle Rechte vorbehalten
© Springer Fachmedien Wiesbaden 1988
Ursprünglich erschienen bei Friedr. Vieweg & Sohn Verlagsgesellschaft mbH, Braunschweig 1988.

Das Werk einschließlich aller seiner Teile ist urheberrechtlich geschützt. Jede Verwertung außerhalb der engen Grenzen des Urheberrechtsgesetzes ist ohne Zustimmung des Verlags unzulässig und strafbar. Das gilt insbesondere für Vervielfältigungen, Übersetzungen, Mikroverfilmungen und die Einspeicherung und Verarbeitung in elektronischen Systemen.

Umschlaggestaltung: Ludwig Markgraf, Wiesbaden

Vorwort

Mit *Lotus 1-2-3 Software Training* erscheint ein weiteres Buch aus der Praxis für die Praxis. *Lotus 1-2-3 Software Training* wendet sich an den Lotus 1-2-3 Neuling und führt ihn Schritt für Schritt von den Grundlagen der Arbeit mit Tabellenkalkulationsprogrammen in die Nutzung der verschiedenen Arbeitsbereiche des Lotus Programmpaketes ein.

Lotus 1-2-3 beinhaltet als bewährtes integriertes Programmpaket eine leistungsfähige Tabellenkalkulation, Geschäftsgrafik und eine flexible Datenbankverwaltung. Durch eine gute Menütechnik bleibt das Programm dabei benutzerfreundlich, so daß auch der Anfänger leicht umfangreiche und tiefgehende Analysen von Datenmaterial durchführen kann. Aber auch fortgeschrittene Anwender von Tabellenkalkulationsprogrammen finden in *Lotus 1-2-3 Software Training* Analysemöglichkeiten, die über den Funktionsumfang von anderen Tabellenkalkulationsprogrammen hinausgehen.

Kapitel 1 stellt die grundlegenden Bedienungsmöglichkeiten des Lotus-Systems dar.

In Kapitel 2 lernt der Leser verschiedene Arbeitstechniken beim Umgang mit der Tabellenkalkulation.

Kapitel 3 befaßt sich mit der Gestaltung und dem Ausdruck von Berichten sowie der Dateiorganisation von Lotus.

In Kapitel 4 werden im Zusammenhang mit finanzmathematischen Berechnungen und deren grafischer Darstellung weitere Arbeitstechniken der Tabellenkalkulation vorgestellt.

Das Kapitel 5 behandelt die umfangreichen Auswertungsmöglichkeiten, die die Datenbankverwaltung von Lotus 1-2-3 bietet. Dabei wird insbesondere auf die Auswertung von vorhandenen Datenbeständen aus anderen Programmen, zusammenfassende und grafische Analysen (Anteile und Verteilungen) eingegangen.

Kapitel 6 zeigt, wie man 1-2-3 zur Produktionsplanung einsetzen kann. Weiterhin werden einfache Automatisierungsmöglichkeiten der Arbeitsschritte vorgestellt.

Kapitel 7 behandelt den Ausdruck der mit Lotus 1-2-3 erstellten Diagramme.

In allen Kapiteln führt der Autor in praxisorientierten Übungen die Gedanken des Lesers Tastendruck für Tastendruck auf die zur Bearbeitung wesentlichen Punkte. Hintergründe und Anwendungsmöglichkeiten erfährt der Anwender durch eingestreute Erläuterungen. Am Ende der Kapitel werden Übungen oder Anregungen für die weitere Vertiefung gegeben.

Als zusätzliches Unterstützungsmaterial ist zu *Lotus 1-2-3 Software Training* eine Begleitdiskette mit den Übungsbeispielen erhältlich, so daß die Übungen auch ohne vorherige Dateneingabe nachvollziehbar sind.

Natürlich bieten wir auch für die schnelle und intensive Einarbeitung weiterhin unsere bewährten Seminare zu Lotus 1-2-3 an.

Witten, im April 1988

Die Herausgeber   Regina Beate Baumeister, Rolf B. Baumeister

Inhaltsverzeichnis

1 Einführung 1
  1.1 Vorbemerkungen 2
    1.1.1 Hinweise zur Installation 2
      1.1.1.1 Voraussetzungen für das Installieren 2
      1.1.1.2 Durchführen der Installation 3
    1.1.2 Dateiverzeichnisse 3
      1.1.2.1 Arbeiten mit Diskettenlaufwerken 4
      1.1.2.2 Arbeiten mit Festplatte 4
    1.1.3 Dateiverzeichnisse anlegen 5
    1.1.4 Begleitdiskette 5
  1.2 Ziel und Inhalt 6
  1.3 Grundlagen 7
    1.3.1 Start von Lotus 1-2-3 8
    1.3.2 Menüs 9
    1.3.3 Beenden von Lotus 1-2-3 10
    1.3.4 Bildschirmaufbau 12
    1.3.5 Das elektronische Arbeitsblatt 13
    1.3.6 Bewegung auf dem Arbeitsblatt 13
    1.3.7 Schreiben auf dem Arbeitsblatt 16
      1.3.7.1 Labels 16
      1.3.7.2 Werte 17
      1.3.7.3 Formeln 19
      1.3.7.4 Manuelle Formeleingabe 19
      1.3.7.5 Formeleingabe durch Zeigen 21
      1.3.7.6 Korrekturen 24
      1.3.7.7 Eingabe von Sonderzeichen 26
    1.3.8 Hilfe 27
    1.3.9 Speichern 28
  1.4 Zusammenfassung 29

2 Das erste Kalkulationsmodell 30
  2.1 Start von 1-2-3 31
  2.2 Aufbau der Tabelle 32
    2.2.1 Aufbau einer Zahlenfolge 32
    2.2.2 Kopie von Zellinhalten 33
    2.2.3 Ändern von Zahlenfolgen 36
    2.2.4 Berechnung von Anteilen 37
    2.2.5 Einfügen von Spalten 39
    2.2.6 Ausfüllen mehrerer aufeinanderfolgender Zellen 41

2.2.7	Prozentuale Steigerung	42
2.2.8	Kopie eines Bereiches	43
2.2.9	Mehrere Kopien eines Bereiches	44
2.2.10	Die Summenfunktion	47
2.2.11	Bewegungen bis zum Bereichsende	48
2.2.12	Zusammenfassung	53
	2.2.12.1 Zeigen	53
	2.2.12.2 Kopie	54
	2.2.12.3 Einfügen von Spalten	54
	2.2.12.4 Funktionen	54

2.3 Gestaltung der Tabelle 55
   2.3.1 Formate 55
      2.3.1.1 Globale Formate 55
      2.3.1.2 Bereichsformate 57
   2.3.2 Spaltenbreite verändern 59
   2.3.3 Einfügen von Zeilen 61
   2.3.4 Linien 63
   2.3.5 Lange Beschriftungstexte 67
   2.3.6 Ausrichtung von Texten 68
      2.3.6.1 Justierung bei der Eingabe 68
      2.3.6.2 Nachträgliche Justierung 69

2.4 Berechnung von Alternativen 71
   2.4.1 Manueller Alternativenvergleich 71
   2.4.2 Verschiedene Fenster 73
   2.4.3 Automatische Alternativentabelle 77
   2.4.4 Transponieren eines Bereiches 78
   2.4.5 Versetzen eines Bereiches 79
   2.4.6 Füllen eines Bereiches 81
   2.4.7 Sichtbare Formeln 83

2.5 Übung: Die zweite Umsatzplanung 87
   2.5.1 Aufgabe 87
   2.5.2 Aufbau der Kalkulation 88
   2.5.3 Gestaltung der Tabelle 89

3 Drucken und Dateien 90

3.1 Gestaltung eines Berichts 90
   3.1.1 Texteingabe 91
   3.1.2 Textformatierung 93
   3.1.3 Seitenwechsel im Arbeitsblatt 95

3.2 Drucken 97
   3.2.1 Festlegen des Druckbereichs 98
   3.2.2 Vorbereitung des Druckers 99
   3.2.3 Gestaltung des Ausdrucks 99
      3.2.3.1 Vorgabewerte 99
      3.2.3.2 Papierdimensionen 100

	3.2.3.3 Kopfzeilen und Fußzeilen	101
	3.2.3.4 Planung des Seitenlayouts	105
3.2.4	Weitere Druckbefehle	107
	3.2.4.1 Druckerinitialisierung	107
	3.2.4.2 Kopfspalten und Überschriften	107
	3.2.4.3 Formatierung	108
	3.2.4.4 Rücksetzen von Druckoptionen	108

3.3 Dateien ... 110
  3.3.1 Verzeichnisse ... 110
  3.3.2 Zugriff auf das Betriebssystem ... 112
  3.3.3 Zugriff auf verschiedene Verzeichnisse ... 113
  3.3.4 Löschen von Dateien ... 121
  3.3.5 Vorgabewert für Standardverzeichnis ... 122
  3.3.6 Weitere Dateibefehle ... 125

4 Finanzmathematik ... 126

4.1 Bewertung von Investitionen ... 127
  4.1.1 Rechnen mit Prozentsätzen ... 130
  4.1.2 Tabellentitel ... 133
  4.1.3 Bildschirmfenster bewegen ... 135
  4.1.4 Statischer Investitionsvergleich ... 138
  4.1.5 Dynamischer Investitionsvergleich ... 139
  4.1.6 Zelladressen ... 141
    4.1.6.1 Relative Zelladressen ... 141
    4.1.6.2 Absolute Zelladressen ... 142
  4.1.7 Grafische Darstellung ... 145
    4.1.7.1 Vorüberlegungen ... 145
    4.1.7.2 Wahl der Wertereihen ... 145
    4.1.7.3 Grafikbeschriftungen ... 148
    4.1.7.4 Eigenschaften der Achsen ... 149
    4.1.7.5 Eigenschaften der Balken ... 149
    4.1.7.6 Druckvorbereitungen ... 151
  4.1.8 Sortieren ... 153
  4.1.9 Parameter von Arbeitsblättern ... 155
4.2 Weitere finanzmathematische Funktionen ... 156
  4.2.1 Übung: Abschreibung ... 156
    4.2.1.1 Linearer Abschreibungsbetrag ... 157
    4.2.1.2 Degressiver Abschreibungsbetrag ... 157
    4.2.1.3 Digitaler Abschreibungsbetrag ... 157
  4.2.2 Seriennummern ... 158

5 Datenbank ... 171

5.1 Definition und Abgrenzung ... 171
  5.1.1 Theoretische Datenbank ... 171
  5.1.2 Lotus 1-2-3 Datenbank ... 174

Inhaltsverzeichnis IX

- 5.2 Datenbank Leasingverträge 177
  - 5.2.1 Konvertierung einer dBASE III Datei 177
  - 5.2.2 Formatierung der umgesetzten Datei 184
  - 5.2.3 Inhalt der Datenbank Leasingverträge 187
  - 5.2.4 Einrichten einer Referenztabelle 188
  - 5.2.5 Nutzen von Referenztabellen 192
  - 5.2.6 Wirkung der Verweisfunktionen 193
  - 5.2.7 Sortieren von Datenbanken 194
  - 5.2.8 Abfragen 196
    - 5.2.8.1 Finden 199
    - 5.2.8.2 Logische Formeln 203
    - 5.2.8.3 Extrakte aus der Datenbank 205
  - 5.2.9 Komplexere Abfragen 208
    - 5.2.9.1 Auswahl bestimmter Spalten 208
    - 5.2.9.2 Mehrfachkriterien 210
    - 5.2.9.3 Und Verknüpfung 213
    - 5.2.9.4 Oder Verknüpfung 214
    - 5.2.9.5 Kombinierte Und und Oder Verknüpfung 216
    - 5.2.9.6 Vergleiche mit Werten aus der Datenbank 218
    - 5.2.9.7 Löschen von ausgewählten Datensätzen 220
  - 5.2.10 Zusammenfassende Auswertung von Datenbanken 222
    - 5.2.10.1 Automatische Datenbank-Statistik 227
    - 5.2.10.2 Grafische Datenbankauswertung 228
- 5.3 Übung: Datenbank EDV-Nutzung 231
  - 5.3.1 Inhalt der Datenbank EDV-Nutzung 232
  - 5.3.2 Konvertierung der Datenbank 232
  - 5.3.3 Bereichsnamen 235
  - 5.3.4 Definition von Bereichsnamen 236
  - 5.3.5 Suchen nach Labels 239
  - 5.3.6 Suchen nach Labelteilen 241
  - 5.3.7 Zeitberechnungen 244
  - 5.3.8 Berechnung von Zeitdifferenzen 247
  - 5.3.9 Erweitern eines Bereichsnamens 248
  - 5.3.10 Abfragen auf den Wert Fehler 249
  - 5.3.11 Verteilungen 251
  - 5.3.12 Verteilungsdiagramm 256
  - 5.3.13 Grafiknamen 259

6 Produktionsplanung und Automatisierung 261

- 6.1 Berechnung der Produktionsmengen 261
  - 6.1.1 Die Rohstoffdatenbank 261
  - 6.1.2 Die Produktdatenbank 262
  - 6.1.3 Rezepturen 263
  - 6.1.4 Arbeitsdefinition von Matrizen 265
  - 6.1.5 Nachfrage 266

- 6.1.6 Lagerbestand ... 267
- 6.1.7 Matrizenmultiplikation ... 267
- 6.1.8 Anregungen ... 270
- 6.1.9 Mehrperiodenplanung ... 272
- 6.2 Makros ... 273
  - 6.2.1 Höhere Makrobefehle ... 273
  - 6.2.2 Tastaturmakros ... 273
    - 6.2.2.1 Makro Summierung einer Spalte ... 274
    - 6.2.2.2 Problemanalyse ... 275
    - 6.2.2.3 Manuelle Ausführung ... 276
    - 6.2.2.4 Eingabe des Makros ... 277
    - 6.2.2.5 Sondertasten in Makros ... 278
    - 6.2.2.6 Dokumentation des Makros ... 280
    - 6.2.2.7 Benennen des Makros ... 282
    - 6.2.2.8 Testen des Makros ... 282
    - 6.2.2.9 Benutzen des Makros ... 283
    - 6.2.2.10 Übung: Makro Grafische Aufbereitung ... 285

7 Grafikdruck ... 289

- 7.1 Bildschirmaufbau ... 290
- 7.2 Hardwareeinstellung ... 291
- 7.3 Layout der Druckseite ... 292
- 7.4 Grafikwahl und Druck ... 294

8 Zum Abschluß ... 297

Verzeichnis der Abbildungen ... 298

Sachwortverzeichnis ... 302

Übersicht über die Tastatur

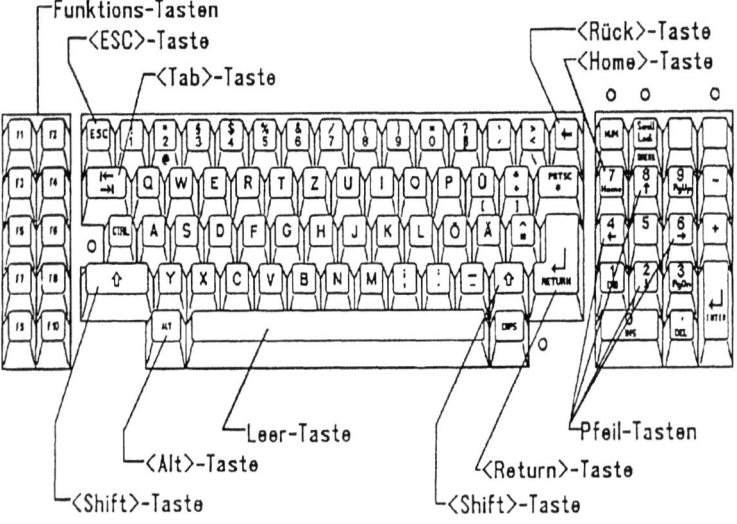

Lotus-Funktionstasten

1 Einführung

Dieses Kapitel soll die Voraussetzungen schaffen, um die praktischen Übungen in den übrigen Kapiteln zu bearbeiten. Dazu gehört, daß Sie erfahren, welche Vorkenntnisse und technischen Vorbedingungen für die Bearbeitung der Übungen auf Ihrer Seite vorliegen sollten. Dazu gehört auch, daß Sie wissen, welches Ziel das Buch hat und nach welchem Konzept die Inhalte dargestellt werden. Schließlich werden in diesem Kapitel einige Grundlagen über Tabellenkalkulationsprogramme allgemein sowie über das Lotus 1-2-3 System vermittelt, dessen wesentlicher Teil aus einem Tabellenkalkulationsprogramm mit erweiterten Möglichkeiten besteht.

Diese Grundlagen ermöglichen Ihnen, bei der Arbeit mit den Übungen den Ablauf Ihrer Arbeitsschritte zu koordinieren. Sie werden beispielsweise sehen, wie Sie den momentanen Zustand Ihrer Arbeit speichern, das Lotus-System verlassen und zu einem späteren Zeitpunkt an derselben Stelle wieder ansetzen können, an der Sie Ihre Arbeit beendet haben.

1.1 Vorbemerkungen

Bevor Sie mit dem Lotus-System arbeiten können, muß dieses installiert worden sein. Mit dem Begriff installieren bezeichnet man die Anpassung des Lotus-Systems an die zu benutzende Hardware. Im vorliegenden Buch wird davon ausgegangen, daß das Lotus-System bereits auf Ihrem Computer installiert ist. Es werden daher nur einige kurze Hinweise zur Installation gegeben. Wenn das Lotus-System auf Ihrem Personal Computer installiert ist, können Sie mit dem Abschnitt *Dateiverzeichnisse* weiter unten fortfahren.

1.1.1 Hinweise zur Installation

Sollte Ihr Lotus-System noch nicht installiert sein, so ist das *Kapitel 1: Installation von 1-2-3* der *Einführung* aus der mit dem Programm gelieferten Lotus Dokumentation die Quelle, die Ihnen eine ausführliche Anleitung zur Installation gibt.

An dieser Stelle werden einige Hinweise gegeben, damit Sie die Installation mit Hilfe der Lotus Dokumentation so durchführen können, daß Sie die Übungen leicht nachvollziehen können.

1.1.1.1 Voraussetzungen für das Installieren

Wenn Sie die Installation des Lotus-Systems durchführen wollen, brauchen Sie:

- 1-2-3 Systemdiskette

- PrintGraph Diskette

- Dienstprogramm Diskette

- Install Bibliothek Diskette

- Tutorial Diskette

1.1 Vorbemerkungen

- Die Lotus Dokumentation *Einführung* oder entsprechende Kenntnisse deren Inhaltes.

- Kenntnisse über Ihre Hardware: Welche Typen von Peripheriegeräte sind an welchen Anschlüssen Ihres Personal Computers angeschlossen? Welcher Bildschirmtyp wird von Ihrem Computer angesteuert?

Wenn Sie die genannten Gegenstände nicht verfügbar haben oder Ihnen genaue Kenntnisse über Ihre Hardware fehlen, lassen Sie die Installation von jemand durchführen, der über die genannten Gegenstände und Kenntnisse verfügt.

1.1.1.2 Durchführen der Installation

Das Lotus-System wird in zwei Schritten installiert:

- Die Dateien auf den von Lotus gelieferten Disketten werden kopiert.

- Das *Install Programm* wird benutzt, um die notwendigen Anpassungen an die Hardware vorzunehmen.

Beide Schritte der Installation laufen je nach Ausstattung Ihres Computers mit externen Speichermedien unterschiedlich ab. Deshalb sind die entsprechenden Abschnitte des Kapitels *Installation von 1-2-3* in der Lotus Dokumentation unterteilt für die Benutzung von Personalcomputern mit Diskettenlaufwerken und für die Benutzung von Personalcomputern mit Festplattenlaufwerken. Suchen Sie den Abschnitt, der für Ihr Computersystem zutrifft, und führen Sie die dort beschriebenen Schritte durch.

1.1.2 Dateiverzeichnisse

Die Programme des Lotus-Systems sind in mehreren Dateien gespeichert. Während Ihrer Arbeit mit Lotus 1-2-3 werden Sie selbst einige Dateien erzeugen, die Ihre Arbeitsergebnisse enthalten. Wenn Sie die Übungsbeispiele nicht alle selbst eingeben möchten und auf die zu diesem Buch erhältliche Begleitdiskette zurückgreifen, haben Sie noch weitere Dateien von der Begleitdiskette.

Das Betriebssystem Ihres Computers erlaubt, die verschiedenen Dateien in verschiedenen Dateiverzeichnissen zu speichern, damit Sie den Überblick bewahren können. Alle Dateiverzeichnisse befinden sich entweder auf Ihren Disketten oder auf Ihrer Festplatte. In jedes Dateiverzeichnis sollten nur zusammengehörige Dateien gespeichert werden.

Ich empfehle deshalb, ein Dateiverzeichnis für die Lotus Systemdateien zu benutzen und für die Dateien, mit denen Sie im Laufe Ihrer Übungen arbeiten, ein zweites.

1.1.2.1 Arbeiten mit Diskettenlaufwerken

Wenn Sie mit Diskettenlaufwerken arbeiten, ist es naheliegend, für das Lotus-System das erste Diskettenlaufwerk mit dem Dateiverzeichnis *A:* und für die Übungsdateien das Verzeichnis *B:* auf dem zweiten Diskettenlaufwerk zu benutzen. In diesem Fall ist es unnötig besondere Dateiverzeichnisse einzurichten. Ersetzen Sie in den Übungen die Angabe *C:\Desk\123* durch *A:* und die Angabe *C:\Desk\123\Buch* durch *B:*. Zusätzlich wird das Lotus Programm Sie hin und wieder auffordern, eine neue Diskette einzulegen. Entnehmen Sie dann die Diskette aus dem Laufwerk A: und ersetzen diese durch die von Lotus angeforderte Diskette.

1.1.2.2 Arbeiten mit Festplatte

Im Buch wird von der Benutzung einer Festplatte ausgegangen, auf der die Lotus Systemdateien im Verzeichnis *C:\Desk\123* gespeichert sind. Dieses Verzeichnis hat ein Unterverzeichnis *C:\Desk\123\Buch*, in dem alle Arbeitsdateien der Übungen verwaltet werden.

Wenn Sie auf Ihrer Festplatte andere Verzeichnisse benutzen, müssen Sie in den Übungen das Verzeichnis *C:\Desk\123* durch Ihr Lotus-Verzeichnis und das Verzeichnis *C:\Desk\123\Buch* durch Ihr Übungsverzeichnis ersetzen.

1.1.3 Dateiverzeichnisse anlegen

Zum Anlegen von Dateiverzeichnissen muß das Betriebssystembereitschaftszeichen (meist *C:>*) sichtbar sein. Hinter dem Bereitschaftszeichen muß der Cursor blinken.

Hinweis: Voraussetzung für die Durchführung der unten angegebenen Befehle ist, daß das Verzeichnis *C:\Desk* vorher schon existiert. Wenn dies bei Ihrer Festplatte nicht der Fall ist, können Sie es zuvor mit dem Befehl *md \Desk* **Return** einrichten. Den Backslash \ (Schrägstrich rückwärts) können Sie auf der Tastatur durch die Tastenkombination **Ctrl-Alt-<** erzeugen. Der Ausdruck Tastenkombination bedeutet, daß Sie die Taste **<** betätigen müssen, während Sie die Tasten **Ctrl** und **Alt** gedrückt halten. Wenn bei Ihrer Tastatur der Backslash \ nicht durch **Ctrl-Alt-<** erzeugt werden kann, funktioniert es mit der Tastenkombination **Alt-92**. Bei dieser Kombination halten Sie die Alt-Taste gedrückt, während Sie auf dem rechten numerischen Zahlenblock der Tastatur nacheinander die Ziffern 9 und 2 schreiben.

Bevor Sie ein Dateiverzeichnis einrichten, machen Sie das Wurzelverzeichnis Ihrer Festplatte zum aktuellen Verzeichnis. Geben Sie dazu ein: *cd * **Return**. Jetzt können Sie ein Dateiverzeichnis anlegen, indem Sie den Befehl *md* (engl. make directory) gefolgt von dem Namen des neuen Verzeichnisses eingeben. Für das in den Übungen benutzte Lotus-Verzeichnis lautet der Befehl also: *md \Desk\123* **Return**. Als nächstes richten Sie das Verzeichnis für die Übungsdateien als Unterverzeichnis des Lotus-Verzeichnisses ein: *md \Desk\123\Buch* **Return**. Anschließend können Sie Lotus nach der Installationsanweisung im Verzeichnis *C:\Desk\123* installieren. Alternativ können Sie aber auch beliebige andere Verzeichnisnamen benutzen. Beispiel: *md \Lotus* **Return** und *md \Lotus\Buch* **Return**

1.1.4 Begleitdiskette

Zu diesem Buch ist eine Begleitdiskette erhältlich, die die Übungsdateien enthält. Wenn Sie mit diesen Dateien arbeiten möchten, benutzen Sie dazu nicht die Begleitdiskette selbst, sondern kopieren die Dateien von der Begleitdiskette in Ihr Arbeitsverzeichnis. Legen Sie dazu die Begleitdiskette in das Diskettenlaufwerk *A:*. Anschließend geben Sie den Befehl ein: *copy a:*.* c:\Desk\123\Buch* **Return**. Dieser Befehl kopiert die Übungsdateien in Ihr Arbeitsverzeichnis. (Vergessen Sie nicht, ggf. den Namen Ihres Arbeitsverzeichnisses anstelle von *c:\Desk\123\Buch* einzusetzen.)

1.2 Ziel und Inhalt

Das Buch vermittelt Ihnen die Kenntnisse, um zu Lotus 1-2-3 für die Lösung Ihrer individuellen Aufgaben zu nutzen.

Ein so vielseitiges Programmpaket wie Lotus 1-2-3 kann nicht in einem Einführungsbuch in allen Bereichen behandelt werden. Die verschiedenen Nutzungsmöglichkeiten von Lotus 1-2-3 werden im Zusammenhang einer praktischen Problemstellung eingeführt. Sie werden bei der Hand genommen und Schritt für Schritt durch die Lösung der Aufgabe geführt. Am Ende einer Übung finden Sie meist Anregungen für die weitere Bearbeitung.

Bei der Auswahl der Übungsinhalte habe ich versucht, neben den Grundlagen der Tabellenkalkulation besonders die Eigenschaften vorzustellen, die Lotus 1-2-3 von anderen Tabellenkalkulationsprogrammen unterscheiden. Die verschiedenen Möglichkeiten des Lotus-Systems, die Sie dabei kennenlernen werden, können Sie nicht nur im dargestellten Zusammenhang benutzen, sondern auch in beliebiger Kombination mit in anderen Übungen vorgestellten Arbeitsweisen. In diesem Sinn sind die behandelten Konzepte als Bausteine zu verstehen, die Sie zur Lösung einer Aufgabe beliebig miteinander kombinieren können.

1.3 Grundlagen

Personal Computer werden immer öfter in Beruf und Privatleben eingesetzt. Ein Computer bearbeitet auch die einfachste Aufgabe nicht ohne ein entsprechendes Programm. Bedeutet dies, daß der Bediener eines Personal Computers, der zur Programmierung seiner individuellen Aufgaben keinen professionellen Programmierer anstellen kann, selbst programmieren lernen muß? Sicher nicht!

Tabellenkalkulationsprogramme wurden mit dem Ziel erfunden, alles, was man mit Bleistift und Papier berechnen kann, schnell und mühelos mit einem Personal Computer zu berechnen. In Fachkreisen wird die Verfügbarkeit von Tabellenkalkulationsprogrammen als einer der Faktoren gesehen, die den Personal Computern zum Durchbruch verholfen haben. Lotus 1-2-3 geht als Tabellenkalkulationsprogramm mit zusätzlichen Fähigkeiten weit über diesen Ansatz hinaus.

Lotus 1-2-3 vereinigt eine leistungsfähige Tabellenkalkulation, Geschäftsgrafik und Datenbank in einem integrierten Programm. Dementsprechend läßt sich die Auswertung von Datenmaterial von der Verwaltung der Primärdaten bis zur Herstellung von kompletten mit Grafiken versehenen Berichten mit Hilfe von Lotus 1-2-3 durchführen. Mit dem zum Programmpaket gehörigen Dateikonvertierungsprogramm *Translate* können zudem Datenbestände aus anderen weit verbreiteten Programmen zur Analyse und Weiterverarbeitung in das Lotus-System übertragen werden.

Alle Arbeiten in 1-2-3 werden in Arbeitsblättern organisiert. Sie können Daten in leere Arbeitsblätter eintragen, zuvor bearbeitete Arbeitsblätter laden und Arbeitsblätter zur späteren Verwendung auf ihrer Diskette oder Festplatte abspeichern.

Bevor Sie mit den einzelnen Übungen beginnen, sollten Sie wissen, wie man Lotus 1-2-3 startet, wie man Befehle an das Programm gibt und wie man Lotus 1-2-3 ordnungsgemäß beendet.

1.3.1 Start von Lotus 1-2-3

Nach dem Anschalten des PC meldet sich das Betriebssystem mit dem Bereitschaftszeichen.

Bei Festplatten ist dies das Zeichen C>. Hinter dem Bereitschaftszeichen blinkt der Cursor. Zum Starten des Lotus-Systems müssen Sie zuerst in das Lotus-Verzeichnis wechseln. Geben Sie ein: *cd C:\Desk\123* **Return**. Für *C:\Desk\123* setzen Sie dabei bitte den Namen Ihres Lotus-Verzeichnisses ein.

Bei Diskettengeräten meldet sich das Bereitschaftszeichen A>. Legen Sie vor der Eingabe des folgenden Befehls die 1-2-3 Systemdiskette in das Laufwerk A und geben ein:

Lotus **Return**

```
1-2-3 PrintGraph Dienstprogramm-Translate Install Tutorial Ende
Lädt 1-2-3 -- Arbeitsblatt- Grafik- Datenbank-Programm


                       1-2-3 Access System
           Copyright 1985 Lotus Development Corporation
           Alle Rechte vorbehalten.        Version 2

   Das Access System erlaubt die Auswahl von 1-2-3, PrintGraph, Translate,
   dem Install-Programm und dem Tutorial. Die Auswahl erfolgt über
   das Menü am oberen Bildschirmrand. Bei einem Diskettensystem erfolgt
   in Access möglicherweise eine Aufforderung, Disketten zu wechseln.
   Starten Sie das Programm entsprechend folgender Anweisungen.

   o  Setzen Sie mit Hilfe der Pfeiltasten den Menüzeiger (der erhellte
      Balken am oberen Bildschirmrand) auf den Namen des gewünschten
      Programms.
   o  Drücken Sie [RETURN], um das Programm zu starten.

   Sie können ein Programm auch starten, indem der Anfangsbuchstabe der
   Menüoption eingegeben wird. Für weitere Informationen [HILFE] drücken.
```

Bild 1-1: Access System

Das *Access System* ist ein Menü, von dem Sie alle Teilprogramme des Lotus-Systems erreichen können.

1.3.2 Menüs

Befehle an das Lotus-System werden in den meisten Fällen über Menüs gegeben. Jedes Lotus-Menü besteht aus einer Reihe von Auswahlworten am oberen Rand des Bildschirms. Sie haben zwei Möglichkeiten eine Menüauswahl zu treffen.

1.3 Grundlagen

- Bewegen Sie den Leuchtzeiger im Menü mit den Tasten **Pfeil nach rechts** oder **Pfeil nach links** über die einzelnen Menüoptionen. Sobald der Leuchtzeiger eine neue Menüoption markiert, erscheint in der Zeile unter dem Menü eine einzeilige Erläuterung des markierten Menüpunktes. Durch die Erläuterung des markierten Menüpunktes sind Lotus-Menüs besonders benutzerfreundlich. Wenn Sie einmal nicht wissen, welche Menüoption zu wählen ist, reicht es in vielen Fällen schon aus, die verfügbaren Menüpunkte mit dem Leuchtzeiger zu markieren und anhand der Erläuterung in der zweiten Zeile zu entscheiden, welches die richtige ist. Wenn Sie anschließend die Taste **Return** betätigen, wird der markierte Menüpunkt gewählt.

- Die zweite Methode zur Wahl einer Menüoption ist schneller, setzt allerdings voraus, daß Sie den zu wählenden Menübefehl schon kennen. Da jeder Befehl in einer Menüzeile einen anderen Anfangsbuchstaben hat, reicht zur Auswahl die Betätigung der betreffenden Buchstabentaste.

Wählen Sie auf die eine oder andere Weise den Menüpunkt *1-2-3*. Das Programm 1-2-3 wird geladen. Nach kurzer Zeit erscheint der 1-2-3 Arbeitsbildschirm.

In den folgenden Übungen werde ich für die Befehlswahl aus Menüs immer die Anfangsbuchstaben der Befehle nennen. Je nach Wunsch können Sie zur Wahl der Befehle jederzeit die andere Methode benutzen.

Auf dem 1-2-3 Arbeitsbildschirm sehen Sie zunächst kein Menü. Hier erscheint ein Menü erst, nachdem Sie es anfordern. Sie können die Tasten / oder < benutzen, um das 1-2-3 Hauptmenü erscheinen zu lassen. Betätigen Sie die Taste <. Das 1-2-3 Menü erscheint. Mit Hilfe dieses Menüs werden Sie in den Übungen den größten Teil der Befehle an 1-2-3 eingeben. Das 1-2-3 Menü ist das umfangreichste Menü des Lotus-Systems. Es hat mehrere Ebenen. Wählen Sie aus dem Menü den Befehl **Arbeitsblatt**. Benutzen Sie nach Wahl die Pfeiltasten und **Return** oder den Anfangsbuchstaben **A**.

Die zweite Menüebene erscheint. Bewegen Sie mit den Pfeiltasten den Leuchtzeiger, um die Erläuterungen der Befehle in der zweiten Menüzeile zu lesen. Auch hier können Sie wieder wahlweise mit den Pfeiltasten und **Return** oder mit den Anfangsbuchstaben Befehle wählen. Wählen Sie den Befehl **Global**.

Es erscheint eine dritte Menüebene. Wählen Sie hier den Befehl **Vorgabe**. Auf diese Weise werden aus dem umfangreichen Angebot von Befehlen, die 1-2-3 zur Verfügung stellt, diejenigen ausgewählt, die Sie für Ihre Arbeit benötigen.

Betätigen Sie die Taste **Esc**. 1-2-3 geht um eine Menüebene zurück. Es erscheint wieder das Menü des Befehls **Global**. Sie können **Esc** benutzen, wenn Sie unbeabsichtigt in einen Menüzweig geraten sind oder während einer Menüauswahl Ihre Meinung ändern. Ein weiterer Druck auf die Taste **Esc**, und Sie sehen wieder das **Arbeitsblatt Menü**. Betätigen Sie noch einmal **Esc**. Das 1-2-3 Hauptmenü erscheint wieder. Mit jeder Betätigung der Taste **Esc** kommen Sie um eine Menüebene zurück.

Während Sie eine Menüauswahl vornehmen können, wird rechts in der obersten Bildschirmzeile das Wort *Menü* gezeigt. Betätigen Sie noch einmal **Esc**. Das Menü verschwindet und die Anzeige rechts oben im Bildschirm wechselt zu *Bereit*. Dies ist der Zustand, in dem Sie Daten auf dem Arbeitsblatt eintragen oder mit der Taste < das Hauptmenü anfordern können.

1.3.3 Beenden von Lotus 1-2-3

Sie sollten erfahren, wie man das Lotus-System wieder verläßt. Fordern Sie mit der Taste < das Menü an, und wählen Sie den Befehl **Ende**. 1-2-3 zeigt das abgebildete Menü, um Sie zu erinnern, daß Sie Ihr Arbeitsblatt noch speichern müssen, wenn Sie Veränderungen vorgenommen haben.

1.3 Grundlagen 11

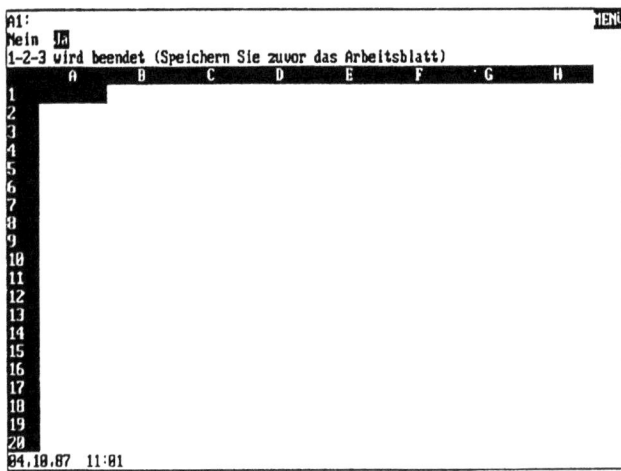

Bild 1-2: Beenden von 1-2-3

Befehle, die eingegebene Daten löschen können, müssen in der Regel durch Wahl des Befehls **Ja** bestätigt werden. Da noch keine Eingaben auf dem Arbeitsblatt vorgenommen wurden, brauchen Sie das Arbeitsblatt jetzt nicht speichern. Wählen Sie mit den Pfeiltasten **Ja** (vgl. Bild 1-2). Das *Access* Menü erscheint wieder. Auch hier müssen Sie den Befehl **Ende** wählen, um das Lotus-System zu verlassen.

Wenn Sie während der Arbeit eine Pause einlegen möchten, speichern Sie Ihr Arbeitsblatt (wie das geht, werden Sie bald erfahren) und verlassen das Lotus-System.

Da der größte Teil der Kommunikation zwischen Ihnen und 1-2-3 über den Bildschirm und die Tastatur abgewickelt wird, möchte ich einige Worte über den Bildschirmaufbau verlieren.

Starten Sie 1-2-3 wieder, indem Sie *Lotus* **Return** eingeben. Wählen im *Access* Menü den Befehl **1-2-3**.

1.3.4 Bildschirmaufbau

Während der Arbeit mit dem Tabellenkalkulationsblatt von 1-2-3 sehen Sie den in Bild 1-3 abgebildeten Bildschirm.

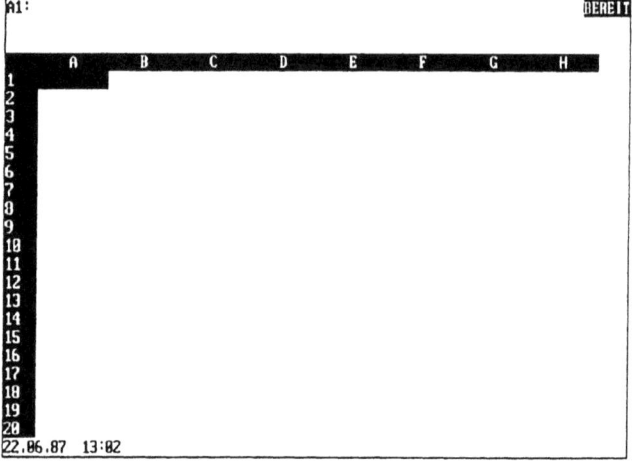

Bild 1-3: Bildschirmaufbau

Der Bildschirm ist in verschiedene Bereiche aufgeteilt, die entweder zur Anzeige von Informationen über den aktuellen Zustand Ihres Arbeitsblattes dienen oder Ihnen ermöglichen, durch Eingabe von Daten oder Befehlen den Zustand Ihres Arbeitsblattes zu beeinflussen.

In den ersten drei Zeilen des Bildschirmes sehen Sie das sogenannte Bedienfeld, das noch weiter unterteilt werden kann. Die nächsten 21 Zeilen (von den Spaltenbezeichnungen A bis H bis zur Zeilenbezeichnung 20 an der linken Seite des Bildschirmes) werden vom Arbeitsblatt eingenommen. Die letzte Zeile des Bildschirmes zeigt Datum und Uhrzeit und in der rechten unteren Bildschirmecke ggf. eine Statusanzeige.

Zum jetzigen Zeitpunkt werde ich nicht auf die genaue Bedeutung aller Bildschirmanzeigen eingehen, sondern nur diejenigen erklären, die für die Bearbeitung des ersten Beispiels notwendig sind. Die übrigen Informationen auf dem Bildschirm werden

Sie nach und nach im Zusammenhang mit den entsprechenden Übungen kennenlernen.

1.3.5 Das elektronische Arbeitsblatt

Wenn Sie 1-2-3 gerade gestartet und noch keine Daten auf Ihrem Arbeitsblatt eingegeben haben (d. h. Ihr Bildschirm entspricht Bild 1-3), sehen Sie die linke obere Ecke des elektronischen Arbeitsblattes von Zeile 1 bis 20 und Spalte A bis H. Das gesamte Arbeitsblatt ist sehr viel größer. Das Arbeitsblatt besteht aus 8192 Zeilen und 256 Spalten. Die Zeilen sind von 1 bis 8192 numeriert, während die Spalten Bezeichnungen von A bis IV tragen (Es geht von A bis Z, dann von AA bis AZ, danach von BA bis BZ, u.s.w.). Sie haben also genügend Platz auch für umfangreichere Arbeiten.

Den Schnittpunkt von Zeilen und Spalten bilden sogenannte Zellen, in die Sie die zu verarbeitenden Informationen eintragen können. Zur Zeit befindet sich ein leuchtender Balken, der Zellzeiger, in der Spalte A in Zeile 1, oder kurz gesagt der Zellzeiger markiert die Zelle A1. In der ersten Zeile des dreizeiligen Bedienfeldes ist links immer die Bezeichnung der Zelle zu sehen, die der Zellzeiger gerade markiert. Sollten Sie den Zellzeiger also einmal aus den Augen verlieren, schauen Sie in der linken oberen Bildschirmecke im Bedienfeld nach, wo er sich versteckt hat.

1.3.6 Bewegung auf dem Arbeitsblatt

Ein wichtiger Grundsatz bei der Arbeit mit 1-2-3 besteht darin, daß Sie bei Dingen, die Sie bearbeiten wollen, angeben müssen, wo diese sich auf dem Arbeitsblatt befinden. In den meisten Fällen ist die Positionsangabe am einfachsten, indem Sie die entsprechende Zelle mit dem Zellzeiger markieren. Damit Sie nicht nur die Zelle A1 bearbeiten können, ist es möglich den Zellzeiger mit Hilfe der Pfeiltasten im rechten Tastaturbereich zu bewegen. Hierzu muß die numerische Tastatur in die Funktion Cursorsteuerung geschaltet sein. Sie können die numerische Tastatur zwischen den beiden Positionen Zahleneingabe und Cursorsteuerung umschalten, indem Sie einmal kurz auf die Taste **Num Lock** drücken. Wenn Sie das jetzt einige Male tun, zeigt Ihnen 1-2-3 jeweils mit seiner Statusanzeige rechts in der letzten Bildschirmzeile, welche Funktion Sie gerade gewählt haben. In der Funktion Zahleneingabe zeigt die Statusanzeige das Wort *Num*, in der Funktion Cursorsteuerung ist Num nicht sichtbar. Schalten Sie jetzt die numerische Tastatur mit der Taste **Num Lock** so, daß in der Statusanzeige Num nicht sichtbar ist. In dieser Einstellung können Sie den Zellzeiger mit den Pfeiltasten in der numerischen Tastatur bewegen.

Gehen Sie mit der **Pfeil nach unten** Taste soweit nach unten, bis der Zellzeiger in der Zeile 25 steht. Wenn Sie versuchen, den Zellzeiger aus dem sichtbaren Ausschnitt des Arbeitsblattes zu bewegen, rollt der Bildschirm in die Richtung, in die Sie den Zellzeiger bewegen, um den nächsten Ausschnitt zu zeigen. Das gleiche Prinzip gilt auch, wenn Sie den Zellzeiger mit der **Pfeil nach rechts** Taste über die Spalte H hinausbewegen.

Versuchen Sie auf diese Weise die Zelle Z300, also die Zelle in Zeile 300, Spalte Z zu markieren. Sie können dazu die jeweilige Pfeiltaste in gedrückter Stellung festhalten. Nach kurzer Zeit setzt die automatische Wiederholfunktion ein, die bei allen Tasten Ihrer Tastatur wirksam ist. Wenn Ihr Personal Computer, während Sie eine der Pfeiltasten gedrückt halten, einen quiekenden Ton abgibt, so bedeutet das, daß Tasten schneller eingegeben werden, als der Computer sie verarbeiten kann. Lassen Sie in diesem Fall die entsprechende Taste los und warten Sie einige Sekunden, bis der Zellzeiger zum Stillstand kommt.

Haben Sie, während Sie den Zellzeiger über das Arbeitsblatt bewegt haben, die erste Zeile des Bedienfeldes beobachtet? Sie gibt immer die Zelle an, in der sich der Zellzeiger befindet.

Da die Bewegung mit Hilfe der Pfeiltasten über das Arbeitsblatt doch recht lange dauert, können Sie mit den Tasten **Pg Up** und **Pg Dn** sich jeweils eine ganze Bildschirmseite, also 20 Zeilen, nach oben bzw. nach unten bewegen. Probieren Sie es einfach aus! Versuchen Sie mit der Taste **Pg Up** wieder in die Zeile 1 zu kommen.

Auch für die Bewegung nach rechts und links existieren Tasten, mit denen Sie den Zellzeiger jeweils um eine ganze Bildschirmseite bewegen können.

Der Tabulator **Tab** (links vom Q) oder **Ctrl-Pfeil nach rechts** bewegt den Zellzeiger eine Bildschirmseite nach rechts, die Taste **Rücktab** oder **Ctrl-Pfeil nach links** bewegt den Zellzeiger eine Bildschirmseite nach links. Dabei halten Sie, um eine Ctrl-Taste (lies: control) zu betätigen, ähnlich wie beim Schreiben großer Buchstaben die Taste **Ctrl** (links vom A) fest und betätigen eine der Pfeiltasten. Die Taste **Rücktab**

1.3 Grundlagen

erreichen Sie, indem Sie die Umschalttaste zusammen mit der **Tab**-Taste betätigen. Testen Sie auch diese Tasten!

Die schnellste Bewegung über weite Strecken ermöglicht die Taste **F5 Gehezu**. Drücken Sie **F5 Gehezu**! In der zweiten Zeile des Bedienfeldes erscheint die abgebildete Meldung.

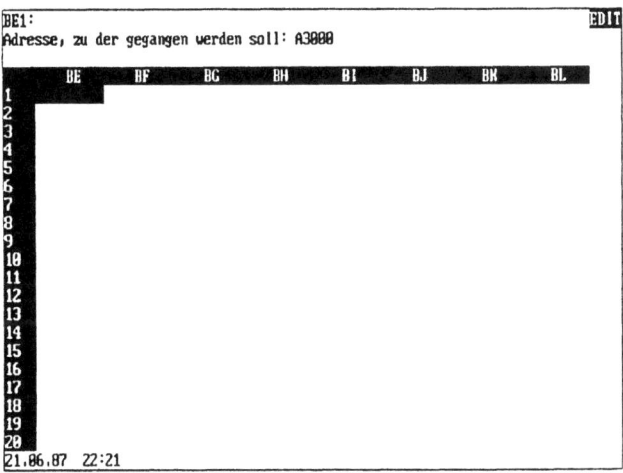

Bild 1-4: Bewegung mit F5 Gehezu

Geben Sie ein: *A3000* **Return**. Schon steht der Zellzeiger in Zelle A3000. Und gleich noch einmal: **F5 Gehezu** *IQ8170* **Return**

Der Zellzeiger befindet sich jetzt ganz in der Nähe der rechten unteren Ecke des Arbeitsblattes. Sie können mit den Pfeiltasten weiter nach rechts unten wandern und sehen, was geschieht, wenn Sie versuchen, den Zellzeiger über die Begrenzungen des Arbeitsblattes hinauszubewegen. 1-2-3 gibt einen dumpfen Warnton ab, der anzeigt, daß eine unzulässige Operation durchgeführt werden sollte.

Die bequemste Möglichkeit, den Zellzeiger wieder in die linke obere Ecke des Arbeitsblattes zu stellen, ist ein Druck auf die Taste **Home**.

1.3.7 Schreiben auf dem Arbeitsblatt

Nachdem Sie wissen, wie Sie sich auf dem Arbeitsblatt bewegen können, interessiert Sie sicher, wie Sie Informationen auf dem Arbeitsblatt eintragen können. Markieren Sie dazu die Zelle B2.

Es gibt zwei grundsätzliche Typen von Eintragungen, Texte oder *Labels* und *Werte*. Labels sind z.B. die Überschriften und Kopfspalten einer Tabelle; Werte sind Zahlen, mit denen Sie Berechnungen anstellen wollen, oder Ergebnisse solcher Berechnungen.

1.3.7.1 Labels

Schreiben Sie: *Einkommen* und beobachten Sie dabei die Modusanzeige in der obersten Zeile des Bedienfeldes rechts. Die Modusanzeige wechselt von *Bereit* zu *Label*. Drücken Sie die Taste **Return**, und beobachten Sie die erste Zeile des Bedienfeldes. Sie sehen den Bildschirm wie in Bild 1-5.

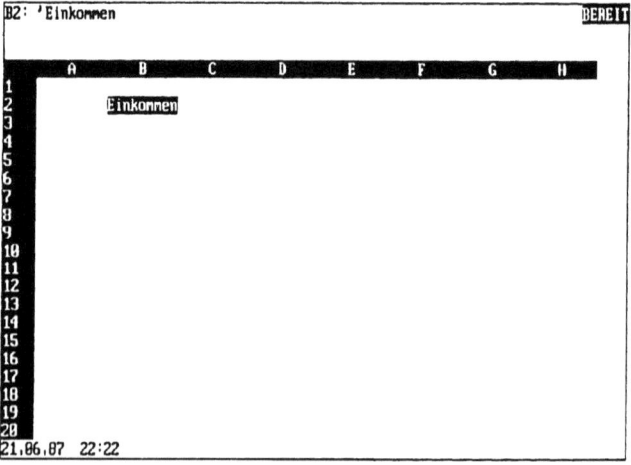

Bild 1-5: Zelle mit Label

1-2-3 hat den Text oder das Label *Einkommen* in der gewünschten Zelle auf dem Arbeitsblatt eingetragen, und die erste Bedienfeldzeile zeigt, wenn Sie die Zelle B2 markieren, den genauen Inhalt der Zelle. Beachten Sie das Apostroph vor Einkommen in der ersten Bedienfeldzeile, das auf dem Arbeitsblatt nicht angezeigt wird. Dies ist ein Justierungszeichen und gibt an, daß der Text rechts davon ein Label ist und wie er in seiner Zelle ausgerichtet wird. Wir werden uns um die genaue Benutzung der drei zugelassenen Justierungszeichen später kümmern. Fürs erste genügt es zu wissen, daß 1-2-3 das Justierungszeichen automatisch ergänzt, wenn sie ein Label eingeben.

1.3.7.2 Werte

Bewegen Sie den Zellzeiger in die Zelle rechts von Einkommen (C2).

Schreiben Sie *1000* und beobachten Sie dabei die Modusanzeige. Die Modusanzeige wechselt von *Bereit* auf *Wert*, um anzuzeigen, daß 1-2-3 davon ausgeht, daß Sie einen Wert eingeben wollen. 1-2-3 erkennt an dem ersten Zeichen, welches Sie in eine Zelle eingeben, ob es sich um einen Wert oder ein Label handelt. Wenn Sie mit einer Ziffer oder einem mathematischen Zeichen beginnen, geht 1-2-3 von einer Werteingabe aus, in den anderen Fällen nimmt es eine Labeleingabe an. Während Sie mit 1-2-3 arbeiten, gelten nicht nur die Ziffern von 0 bis 9 und die Zeichen + und - als mathematische Zeichen, mit denen eine Eingabe beginnen kann, sondern alle hier aufgeführten.

0 1 2 3 4 5 6 7 8 9 + - . , $ (@ #

Wenn Sie die 1000 mit **Return** abschließen, wechselt die Modusanzeige wieder auf *Bereit*, um anzuzeigen, daß 1-2-3 bereit ist, neue Eingaben oder Befehle entgegenzunehmen.

Sie haben dann den Bildschirm in Bild 1-6 vor sich.

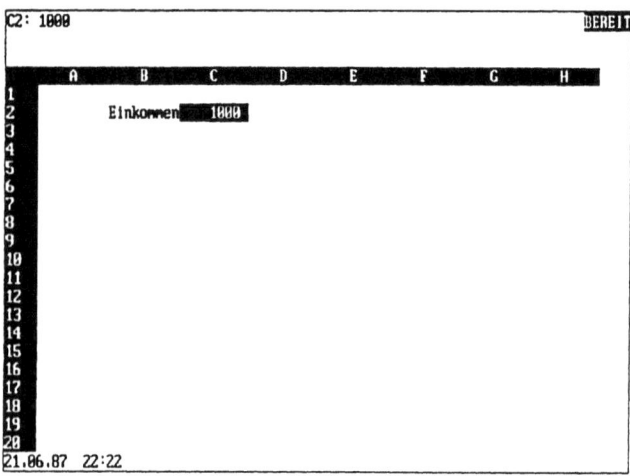

Bild 1-6: Zelle mit Wert

In der ersten Zeile des Bedienfeldes sehen Sie den Inhalt der Zelle C2. Das Justierungszeichen vor der 1000 ist nicht vorhanden; daran erkennen Sie, daß es sich hierbei nicht um ein Label, sondern um einen Wert handelt.

Füllen Sie jetzt die weiteren Zellen aus, wie in Bild 1-7 angegeben. Achten Sie dabei darauf, daß bei der Eingabe der Texte die Modusanzeige auf *Label* und bei der Eingabe der Zahl 550 die Modusanzeige auf *Wert* wechselt. Vergessen Sie nicht, nach jeder Eingabe die **Return** Taste zu betätigen, sonst kann 1-2-3 nicht erkennen, ob Sie 550, 5505 oder 550000 eingeben wollen. Nach jeder Eingabe muß die Modusanzeige wieder *Bereit* zeigen. Sollte dies bei irgendeiner Eingabe nicht der Fall sein, haben Sie warscheinlich versehentlich eine zusätzliche Taste betätigt. In diesem Fall oder wenn Sie sich verschrieben haben, wiederholen Sie einfach die Eingabe in die betreffende Zelle nach folgendem Muster:

1. Markieren der entsprechenden Zellen mit dem Zellzeiger.

2. Eingabe der Zahl oder des Textes.

3. **Return**

1.3 Grundlagen

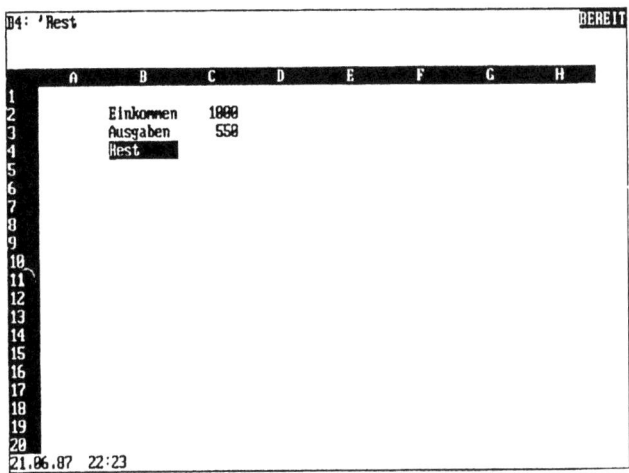

Bild 1-7: Ausgangsgrößen für Differenz

1.3.7.3 Formeln

Sie werden sich jetzt denken, daß bei einem Einkommen von 1000 DM und Ausgaben von 550 DM ein Rest von 450 DM bleibt. Natürlich könnten Sie dieses Ergebnis durchaus als Wert in die Zelle C4 eingeben. Eine der Hauptaufgaben von 1-2-3 besteht jedoch darin, diese Rechenarbeit für Sie zu übernehmen und das Ergebnis anzuzeigen. Es stellt sich also die Frage, wie Sie 1-2-3 mitteilen können, welche Berechnungen durchzuführen und wo die Ergebnisse anzuzeigen sind.

1.3.7.4 Manuelle Formeleingabe

Markieren Sie die Zelle, in der das Ergebnis angezeigt werden soll. Stellen Sie den Zellzeiger in Zelle C4.

Teilen Sie 1-2-3 mit Hilfe einer Formel mit, welches Ergebnis angezeigt werden soll. Zum Aufbau der Formel benutzen Sie die Zeichen für die Grundrechenarten + Addition - Subtraktion * Multiplikation und / Division, % für die Prozentrechnung und ^ für die Potenzierung und die Bezeichnungen der Zellen, die Zelladressen, für die Angabe der zu verrechnenden Werte. Für unsere Differenz wäre das die Formel *c2-c3*. Geben Sie die Formel in der Zelle C4 ein. **Return** nicht vergessen.

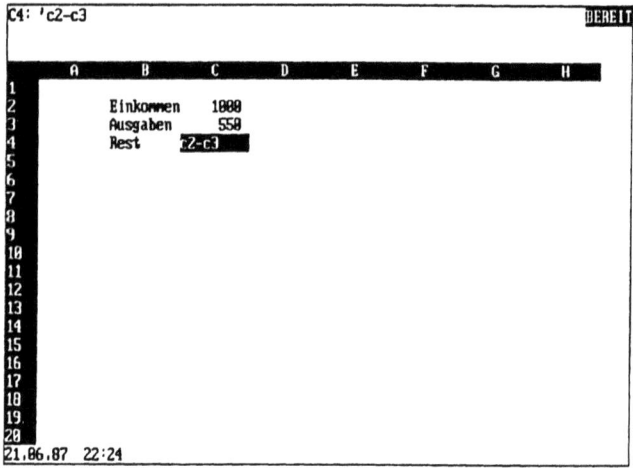

Bild 1-8: Eingabe einer Formel

Nun steht der Text *c2-c3* in der Zelle hinter Rest (vgl. Bild 1-8). Im Bedienfeld können Sie erkennen, daß 1-2-3 das Justierungszeichen ' vor Ihrer Formel ergänzt hat; 1-2-3 hält c2-c3 anscheinend für ein Label. Beachten Sie, daß 1-2-3 immer dann von einer Labeleingabe ausgeht, wenn Ihre Eingabe nicht mit einem der o. gen. mathematischen Zeichen beginnt. Wie können Sie unter diesen Voraussetzungen Formeln, die mit der Bezeichnung einer Zelle beginnen, eingeben?

Mathematisch gesehen ist c2-c3 nichts anderes als +c2-c3. Geben Sie einfach die Formel noch einmal, beginnend mit einem +-Zeichen, ein, und beobachten Sie dabei die Modusanzeige. Nach Eingabe des +-Zeichens zeigt die Modusanzeige *Wert*. 1-2-3 hat erkannt, daß Sie eine Formel meinen. Wenn Sie die Formel mit **Return** abgeschlossen haben, berechnet 1-2-3 das Ergebnis und zeigt es in der Zelle C4 an. Achten Sie darauf, daß in der Zelle nicht die Zahl 450 steht, sondern wie die erste Bedienfeldzeile zeigt, der Wert +C2-C3. Immer, wenn Sie erzwingen müssen, daß 1-2-3 eine Eingabe als Wert erkennt, können Sie diese Eingabe mit einem +-Zeichen beginnen.

1.3 Grundlagen

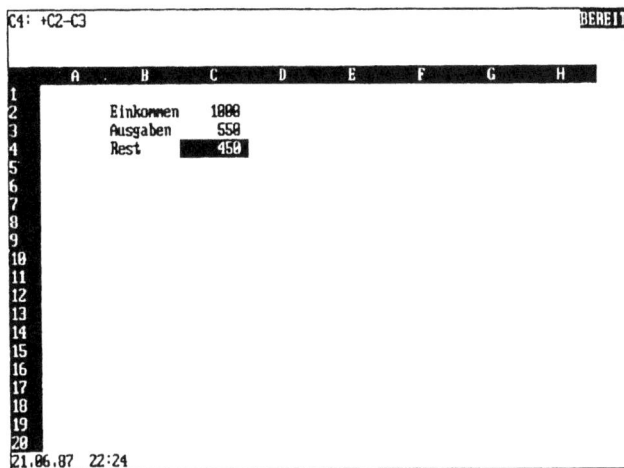

Bild 1-9: Eingabe einer Formel mit führendem +-Zeichen

1.3.7.5 Formeleingabe durch Zeigen

Es wäre nun besonders bei langen Formeln recht mühsam, wenn man zuerst am Rand des Arbeitsblattes die jeweiligen Zelladressen (Spalte und Zeile) für die miteinander zu verrechnenden Zellen ablesen und diese anschließend wie gerade in der Differenzberechnung eingeben müßte. Es gibt daher eine zweite Eingabemöglichkeit für Zelladressen, die in den meisten Fällen sehr viel bequemer ist. Sie markieren die Zellen, die Sie meinen, mit dem Zellzeiger. Die per Hand eingegebene Formel wurde nur gewählt, um das Prinzip, nach dem Formeln aufgebaut werden, zu verdeutlichen. In den meisten Fällen werden Sie jedoch direkt mit dem Zellzeiger auf die betreffenden Zellen "zeigen".

Probieren Sie dies gleich aus. Stellen Sie den Zellzeiger in die Zelle C6, um die Differenz noch einmal auf die neue Art zu berechnen.

Sie beginnen wieder mit +. 1-2-3 zeigt den Modus *Wert* (vgl. Bild 1-10).

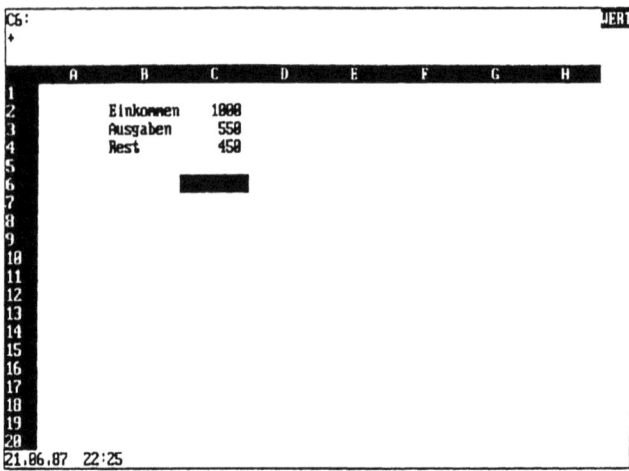

Bild 1-10: Beginn mit +

Zeigen Sie mit dem Zellzeiger auf die Zahl 1000 in der Zelle C2 (siehe Abbildung 1-11). 1-2-3 schreibt *C2*.

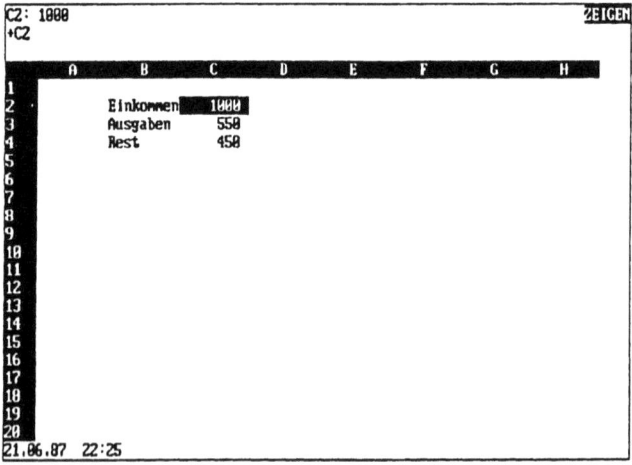

Bild 1-11: Zeigen auf 1000

1.3 Grundlagen

Schreiben Sie -. 1-2-3 springt zurück in Zelle C6. Zeigen Sie mit dem Zellzeiger auf die 550 (vgl. Bild 1-12). 1-2-3 schreibt *C3*.

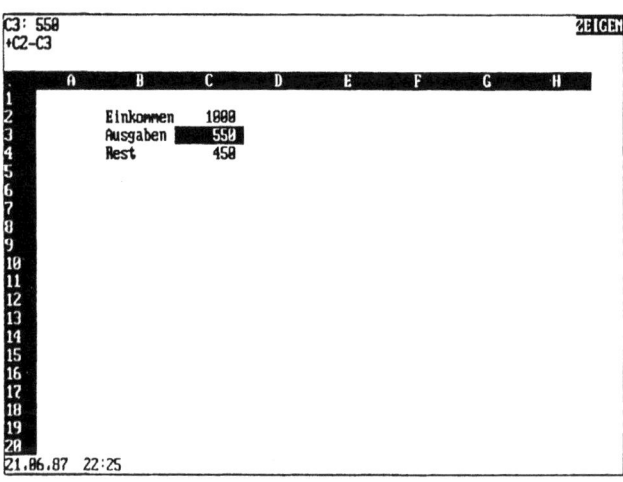

Bild 1-12: Zeigen auf 550

Betätigen Sie **Return**. 1-2-3 berechnet das Ergebnis und zeigt es an. In der ersten Zeile des Bedienfeldes steht die gleiche Formel, die Sie gerade von Hand eingegeben hatten (vgl. Bild 1-13). Die zweite Formel wurde vom Programm zusammengestellt, nachdem Sie durch die Rechenzeichen die Rechenvorschriften und durch Zeigen mit dem Zellzeiger die zu verrechnenden Zahlen angegeben hatten.

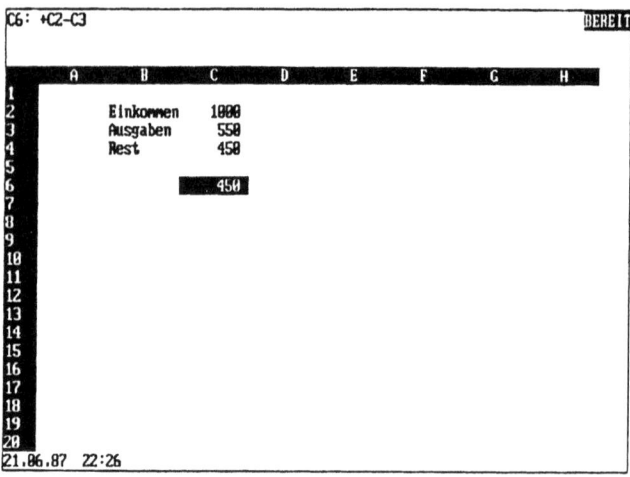

Bild 1-13: Formeleingabe durch Zeigen

1.3.7.6 Korrekturen

Was können Sie tun, wenn Sie Werte oder Labels auf dem Arbeitsblatt falsch eingetragen haben? Sie haben verschiedene Möglichkeiten.

- Sie markieren einfach die betreffende Zelle und tragen das Label oder den Wert noch einmal richtig ein. Die falsche Eintragung wird dadurch gelöscht.

- Sie können den Inhalt der Zelle mit der *Editierfunktion* ändern. Nehmen wir an, Sie hätten sich bei der Eingabe einer Überschrift für die Werte auf dem Arbeitsblatt verschrieben. Markieren Sie die Zelle C1 und schreiben Sie *Janar* **Return**.

1.3 Grundlagen

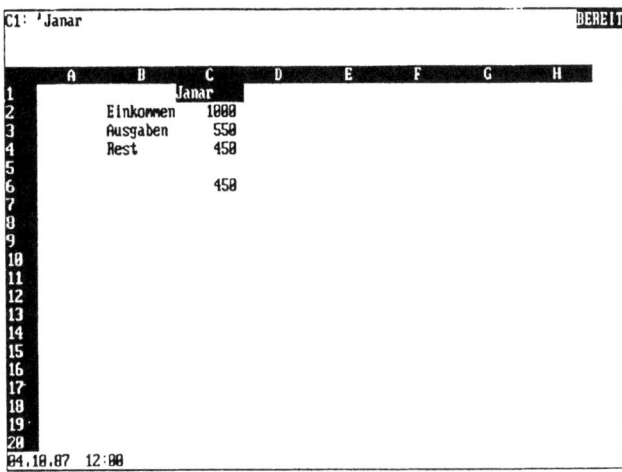

Bild 1-14: Fehlerhafte Zelleingabe

Zum Ändern dieses Labels in 'Januar' markieren Sie wieder zuerst die Zelle, in der das Label steht. Betätigen Sie dann die Funktionstaste **F2 Edit**. Das Label erscheint in der zweiten Zeile des Bedienfeldes. Geben Sie wie in Abbildung 1-15 folgendes ein: 2 mal **Pfeil nach links**, anschließend *u*. Sie können den Cursor in der Zeile bewegen. Zeichen, die Sie schreiben, werden eingefügt. Mit der Taste **Del** können Sie Zeichen löschen.

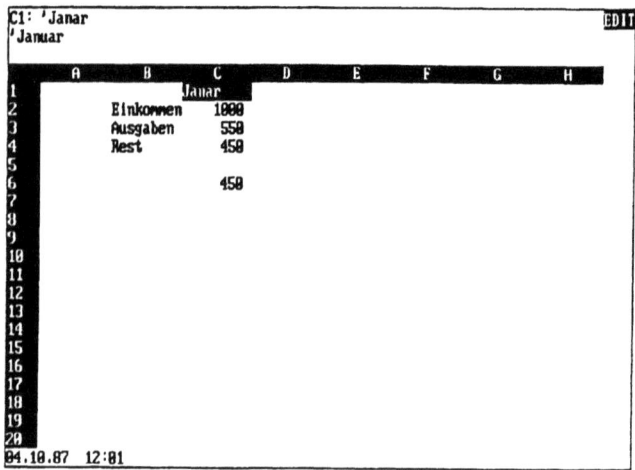

Bild 1-15: Ändern einer fehlerhaften Zelleingabe

Betätigen Sie die Taste **Return**. Mit einem Druck auf die Taste **Return** werden die Änderungen in die Zelle übernommen. Falls Sie die Änderungen nicht übernehmen möchten, brechen Sie das Editieren mit der Taste **Esc** ab.

Diese Methode der Korrektur eines Zellinhaltes ist zu bevorzugen, wenn es sich um Zelleingaben handelt, deren Neuschreiben einige Mühe erfordert.

- Eine dritte Korrekturmöglichkeit ist das völlige Löschen des Zellinhaltes. Markieren Sie die Zelle C1 mit dem Zellzeiger. Rufen Sie mit der Taste < das Menü auf den Bildschirm. Wählen Sie den Befehl **Bereich**. Das Bereich Menü erscheint. Wählen Sie den Befehl **Radieren** aus dem Bereich Menü. Bestätigen Sie die Zelladresse mit **Return**. Der Zellinhalt wird gelöscht.

1.3.7.7 Eingabe von Sonderzeichen

Da nicht auf allen Tastaturen selten benötigte Sonderzeichen zu erreichen sind, wurden die Zeichen, die in Lotus 1-2-3 eine besondere Funktion haben, durch spezielle **Alt**-Tastenkombinationen zur Verfügung gestellt.

Tastenkombination	Sonderzeichen
Alt-1	{
Alt-2	}
Alt-3	~
Alt-4	|
Alt-5	#
Alt-6	^
Alt-7	\
Alt-8	`
Alt-9	§
Alt-0	@

1.3.8 Hilfe

Falls Sie sich in einem Anwendungsfall nicht genau an die Vorgehensweise bei der Benutzung eines Befehls erinnern, reicht ein Druck auf die Funktionstaste **F1 Hilfe**, um eine Erklärung für die spezielle Situation zu bekommen, die Sie gerade bearbeiten. Diese Taste hilft Ihnen auch weiter, wenn ein Befehl fehlerhaft durchgeführt wurde und oben am Bildschirm die Modusanzeige *Fehler* erscheint.

Drücken Sie auf die Taste **F1 Hilfe**. Es erscheint ein Hilfsbildschirm mit verschiedenen hervorgehobenen Stichworten. Wenn die auf dem ersten Hilfsbildschirm angebotenen Erklärungen nicht ausreichen, können Sie unter den Stichworten Zusatzhilfen abrufen.

Markieren Sie das Stichwort *Zelleingaben* mit dem Zellzeiger, und betätigen Sie **Return**. Es erscheint ein Hilfsbildschirm zu Zelleingaben mit weiteren Stichworten. Schauen Sie sich noch einige Hilfsbildschirme von interessanten Stichworten an, indem Sie das Wort markieren und **Return** betätigen. Sie können jederzeit mit der Taste **Rück** (oberhalb von **Return**) um eine Seite zurückblättern.

Zum Abbrechen des Hilfemodus betätigen Sie die Taste **Esc**. **Esc** bricht die Hilfe ab und bringt Sie wieder an die Stelle auf das Arbeitsblatt zurück, an der Sie die Hilfe aufgerufen haben.

1.3.9 Speichern

Zum Schluß sollten Sie Ihre Arbeit speichern. Alle Eingaben, die beim Beenden von 1-2-3 nicht von Ihnen auf Diskette oder Festplatte gespeichert worden sind, sind unwiederbringlich verloren. Rufen Sie mit der Taste < das Menü ins Bedienfeld, und wählen sie den Befehl **Transfer**. Aus dem Transfer Menü wählen Sie den Befehl **Speichern**. 1-2-3 fragt anschließend durch eine Meldung nach dem Dateinamen, unter dem Ihr Arbeitsblatt gespeichert werden soll. Als Dateiverzeichnis schlägt 1-2-3 das Lotus-Systemverzeichnis *C:\Desk\123* vor. Ergänzen Sie den Verzeichnisnamen um den Zusatz *Buch* so, daß der Verzeichnisname des Übungsverzeichnisses gebildet wird. Direkt hinter den Verzeichnisnamen schreiben Sie den Dateinamen *Versuch* und schließen die Eingabe mit **Return** ab. 1-2-3 speichert Ihre Datei.

Hinweis: Diskettenbenutzer antworten auf die Verzeichnisangabe durch 2 mal Esc und geben als Verzeichnisnamen *B:*, gefolgt von dem Dateinamen *Versuch* und **Return**, an.

1.4 Zusammenfassung

Soweit zum Prinzip der Dateneingabe.

Wenn Sie einen Text in eine Zelle des Arbeitsblattes eintragen, wechselt die Modusanzeige von *Bereit* zu *Label*. Die Eintragung wird als Label auf dem Arbeitsblatt eingetragen, sobald Sie die Eingabe mit **Return** abschließen. Labels können Sie sich am Besten als Texte oder Beschriftungen, mit denen Sie nicht rechnen wollen, vorstellen.

Wenn Sie eine Eintragung in eine Zelle mit einem mathematischen Zeichen, z. B. mit einer Ziffer, beginnen, wechselt die Modusanzeige von *Bereit* zu *Wert*. 1-2-3 speichert die Eintragung als Wert, mit dem Sie rechnen können, in der betreffenden Zelle.

Werte können jedoch nicht nur Zahlen sein, sondern auch Formeln. Auch Formeln müssen mit einem mathematischen Zeichen beginnen, damit 1-2-3 sie als Werte erkennen kann.

Formeln geben die Rechenvorschriften an, die 1-2-3 anwenden soll, um aus den Daten auf Ihrem Arbeitsblatt Ergebnisse zu ermitteln. Sie bestehen aus Zahlen, Rechenzeichen und Zelladressen.

Bevor Sie in einzelne Zellen Daten eintragen können, muß die betreffende Zelle markiert werden, d. h. Sie müssen den Zellzeiger zu der betreffenden Zelle bewegen. Dazu stehen Ihnen folgende Tasten zur Verfügung:

Taste	Bedeutung
Pfeiltasten im rechten Teil der Tastatur	eine Zelle in Richtung des Pfeils
Tab (Ctrl-Pfeil nach rechts)	eine Bildschirmseite nach rechts
Rücktab (Ctrl-Pfeil nach links)	eine Bildschirmseite nach links
Pg up	eine Bildschirmseite nach oben
Pg dn	eine Bildschirmseite nach unten
Home	linke obere Ecke des Arbeitsblattes
F5 Gehezu	beliebige Zelle auf dem Arbeitsblatt

Beenden Sie Lotus 1-2-3 durch Eingabe der Tastenfolge < *E J E*.

2 Das erste Kalkulationsmodell

Das folgende Kalkulationsmodell stellt eine wenig realistische Umsatz- und Gewinnberechnung dar. Sie wurde erdacht, um Sie einerseits mit dem grundlegenden Aufbau von Kalkulationsmodellen vertraut zu machen, Ihnen auf der anderen Seite gleichzeitig zu zeigen, worin die Vorteile der Berechnung von Ergebnissen mit Tabellenkalkulationsprogrammen im Vergleich zur Berechnung mit Bleistift, Papier und Tischrechner bestehen.

Im folgenden werden die Bedienungshinweise in zwei Spalten aufgeführt.

Alle Tastenfolgen, die eingegeben werden müssen, werden in der linken Textspalte dargestellt. **Fett** gesetzte Worte stellen Tasteneingaben dar, die Sie an der entsprechenden Stelle betätigen müssen. *Kursiv* gesetzte Tastenfolgen müssen Sie selbst schreiben.

Auf der rechten Hälfte der Seite wird jeweils die Reaktion von 1-2-3 oder die Wirkung der Eingabe beschrieben. Wenn Befehle im laufenden Text vorkommen, erkennen Sie diese an folgender Auszeichnung: **Bereich Radieren**. *Kursiv* gesetzte Worte im Text stellen *Namen* oder *Bildschirmangaben* dar.

Wir gehen davon aus, daß Sie eine Umsatz- und Gewinnprognose für die Monate Januar bis Dezember des nächsten Jahres abgeben wollen. Da Sie die genauen Umsätze und Kosten des nächsten Jahres noch nicht kennen, möchten Sie die Möglichkeiten des Lotus 1-2-3 Arbeitsblattes nutzen, um mehrere Alternativen zu berechnen.

2.1 Start von 1-2-3

Starten Sie 1-2-3!

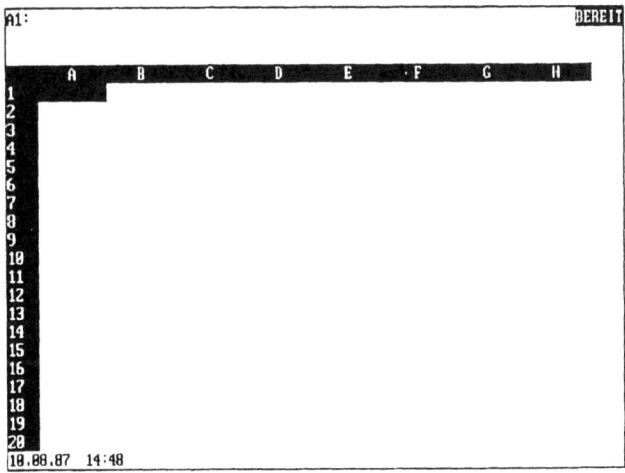

Bild 2-1: Start von Lotus 1-2-3

Lotus **Return Return**   Das erste **Return** übergibt den Befehl **Lotus** an des Betriebssystem. Das zweite **Return** startet 1-2-3 aus dem Access-Menü.

Das Arbeitsblatt erscheint mit dem Zellzeiger in Zelle A1 (siehe Bild 2-1).

2.2 Aufbau der Tabelle

2.2.1 Aufbau einer Zahlenfolge

Beginnen Sie mit der Eingabe der Monatszahlen von 1 bis 12.

1 **Return** Sie geben die Ziffer für Monat 1 in die Zelle A1 ein.

Es wäre möglich, die folgenden 11 Monate auf die gleiche Weise in die rechts folgenden Zellen einzutragen. Sie können jedoch einen einfacheren Weg wählen und sich dabei die Fähigkeiten von 1-2-3 zunutze machen.

Die Zahl, die als Überschrift für einen Monat gilt, ergibt sich, indem zum vergangenen Monat eine 1 addiert wird.

Pfeil nach rechts Sie markieren die Zelle rechts von Januar.

1 + **Pfeil nach links Return** Sie bauen eine Formel auf, die aus dem Januar den Februar berechnet, indem 1 zur Zahlenangabe des vorherigen Monats addiert wird (vgl. Bild 2-2).

2.2 Aufbau der Tabelle 33

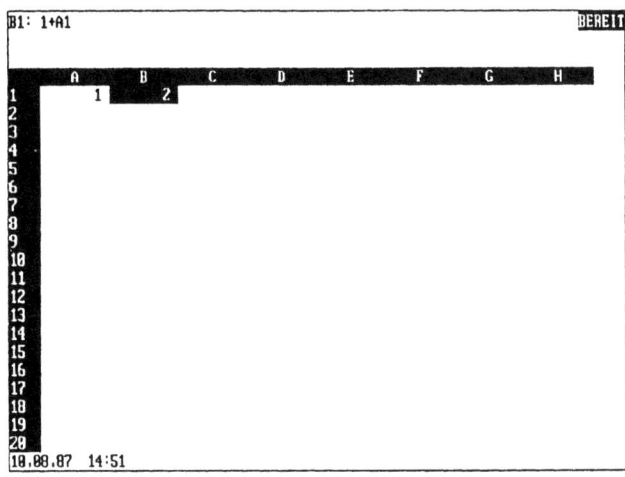

Bild 2-2: Die Formel für den Februar

2.2.2 Kopie von Zellinhalten

Beachten Sie im Bedienfeld die Formel in Zelle B1. Diese Formel gilt für alle folgenden Monate bis zum Monat Dezember. Deshalb können Sie die Formel kopieren.

< K Durch Betätigen der Taste < erscheint das Menü im Bedienfeld. Mit dem Buchstaben K wählen Sie den Befehl **Kopie** (vgl. Bild 2-3).

34 2 Das erste Kalkulationsmodell

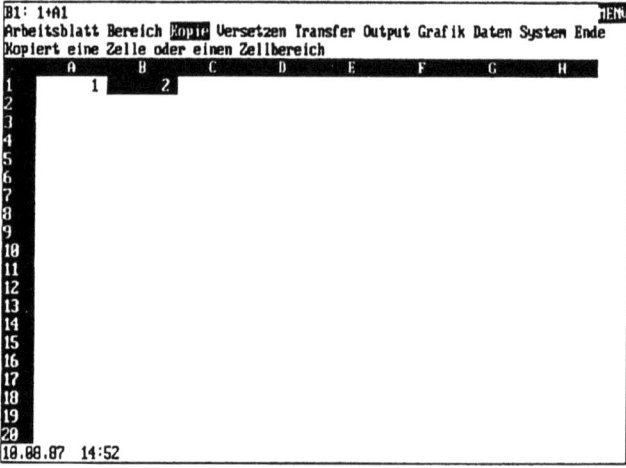

Bild 2-3: Wahl des Befehls Kopie

Return Sie beantworten die Frage "Was kopieren?" mit **Return**, da 1-2-3 die richtige Antwort Zelle B1 vorschlägt (vgl. Bild 2-4).

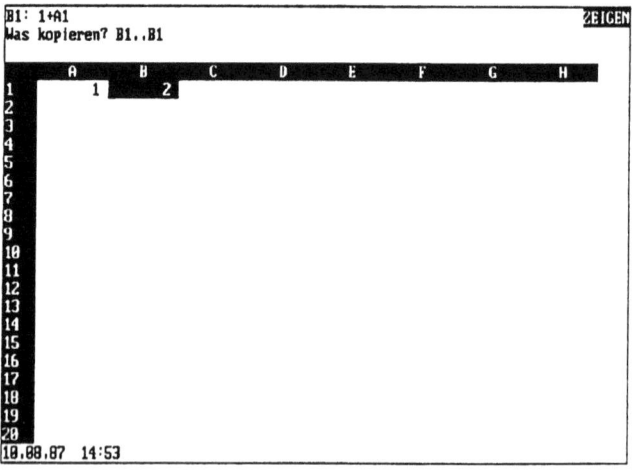

Bild 2-4: Was kopieren?

2.2 Aufbau der Tabelle

Pfeil nach rechts Sie markieren Zelle C1.

. Sie legen die markierte Zelle C1 durch Betätigen der Punkttaste als Eckpunkt eines Bereiches fest, in dem Kopien der Formel aus Zelle B1 erscheinen sollen.

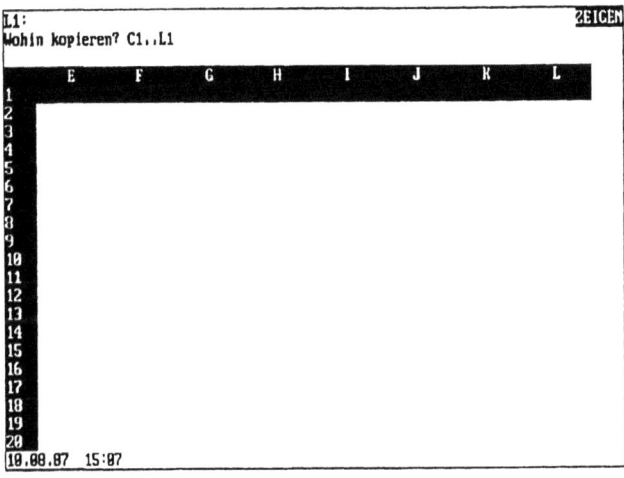

Bild 2-5: Wohin kopieren?

Man nennt das Festlegen des ersten Eckpunktes eines Bereiches auch *ankern*. Die Punkttaste heißt deshalb *Anker*.

9 mal Pfeil nach rechts Sie erweitern den Bereich bis zur Zelle L1 (vgl. Bild 2-5).

Sie beantworten die Frage "Wohin kopieren?", indem Sie den Bereich auf dem Arbeitsblatt markieren, in dem Kopien der Formel erscheinen sollen.

Return 1-2-3 führt den Befehl aus. In den ersten 12 Spalten des Arbeitsblattes erscheinen die Beschriftungen für die Monate von 1 bis 12 (vgl. Bild 2-6).

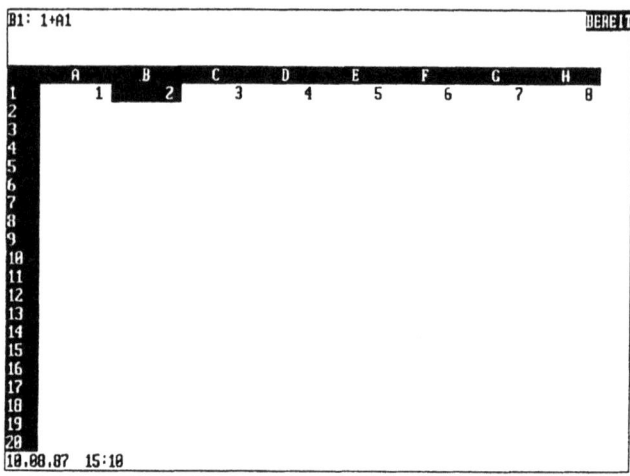

Bild 2-6: Monatsbeschriftungen

2.2.3 Ändern von Zahlenfolgen

Die Beschriftung der Monate mit Hilfe einer Formel hat gegenüber der Beschriftung mit Zahlen den Vorteil, daß Sie leicht anderen Aufgaben angepaßt werden kann. Wenn Sie eine Planung für die folgenden 24 Monate machen wollen, können Sie die Beschriftung leicht anpassen, indem Sie die Formel in der Zelle L1 in die Zellen M1 bis X1 kopieren. Schon haben Sie Beschriftungen für 24 Monate.

Eine andere Möglichkeit besteht darin, einen einzelnen Monat zu ändern.

Home	Markieren von Zelle A1
13 **Return**	Sie geben an, daß Ihre Planung mit der Periode 13 beginnen soll. 1-2-3 berechnet sofort die Beschriftungen für die folgenden 12 Monate.

2.2.4 Berechnung von Anteilen

Lassen Sie uns zur Umsatzplanung zurückkehren!

1 **Return**   1-2-3 zeigt wieder die Monate 1 bis 12.

In der zweiten Zeile des Arbeitsblattes sollen die Umsätze stehen.

Pfeil nach unten   Sie markieren Zelle A2.

1000 **Return**   Sie schätzen den Umsatz auf 1000 DM.

Pfeil nach unten   Sie markieren Zelle A3.

0,6 *** Pfeil nach oben**   Sie schätzen die Kosten auf jeweils 60% des Umsatzes. Deshalb erzeugen Sie eine Formel, die 0,6 multipliziert mit dem Wert der in der Zelle direkt darüber steht (vgl. Bild 2-7).

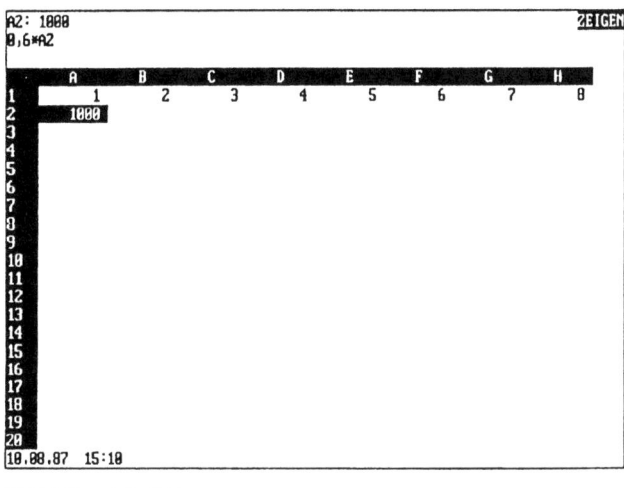

Bild 2-7: Formel für die Kosten

2 Das erste Kalkulationsmodell

Return   1-2-3 berechnet die Kosten.

Der Gewinn je Monat ist in unserem vereinfachten Kalkulationsmodell die Differenz aus Umsatz und Kosten.

Pfeil nach unten   Markieren Sie Zelle A4.

+   Sie beginnen eine Formel mit +, damit 1-2-3 eine Werteingabe erkennen kann.

2 mal Pfeil nach oben   Markieren Sie den Umsatz.

-   Sie geben als Rechenvorschrift Minus ein. 1-2-3 springt zur Ergebniszelle zurück.

Pfeil nach oben   Sie markieren die Kosten, die abgezogen werden sollen (vgl. Bild 2-8).

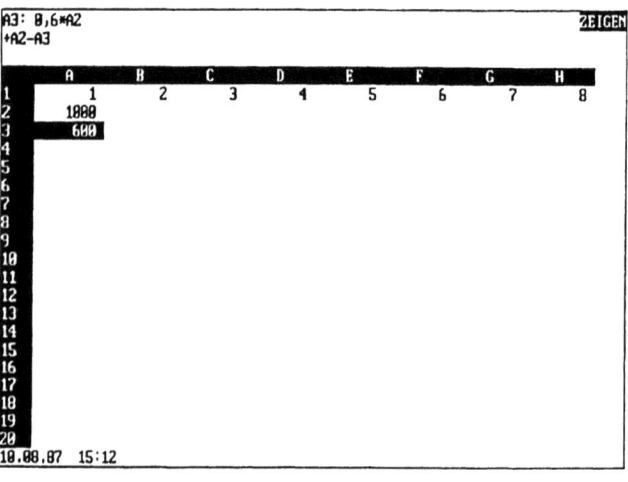

Bild 2-8: Formel für den Gewinn

Return   1-2-3 berechnet die Differenz.

2.2 Aufbau der Tabelle

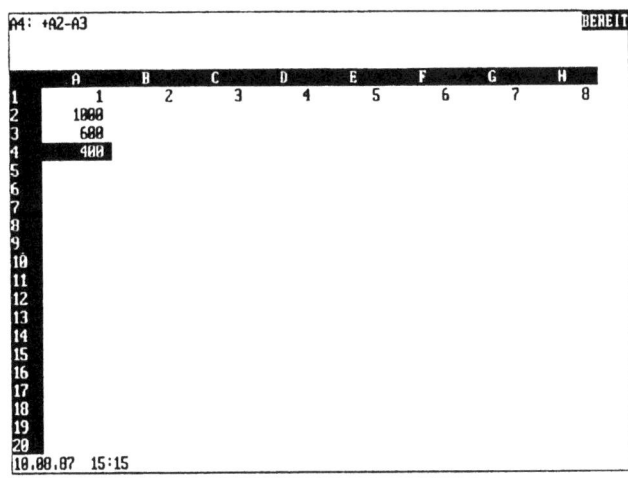

Bild 2-9: Gewinnberechnung für Monat Januar

2.2.5 Einfügen von Spalten

Nun fällt Ihnen ein, daß es nützlich wäre, Labels als Beschriftungen für Umsatz, Kosten und Gewinn in der ersten Spalte des Arbeitsblattes zu haben, so daß auch andere Personen erkennen können, um welche Zahlen es sich handelt.

Leider stehen dort jetzt schon die Beträge für Monat Januar. Also Löschen des Arbeitsblattes und Beginn von vorn?

Zum Glück hat 1-2-3 den Befehl **Arbeitsblatt Einfügen Spalten**. Er dient dazu, zwischen vorhandenen Spalten in einem Arbeitsblatt nachträglich zusätzliche einzufügen.

Home	Markieren Sie die Zelle A1.
< *A E S* Return	< läßt das Menü erscheinen. *A* **Arbeitsblatt** *E* **Einfügen** *S* **Spalten**

Return löst den Befehl aus. 1-2-3 fügt eine neue Spalte vor der Spalte, die Sie markiert haben, ein (vgl. Bild 2-10).

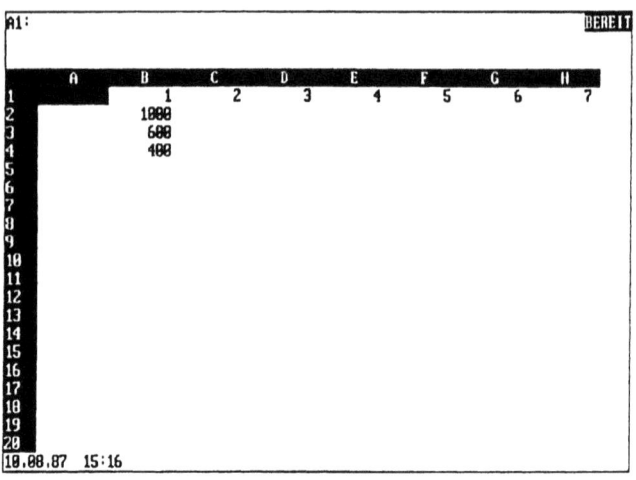

Bild 2-10: Einfügen einer Spalte

Beim Einfügen von Spalten wird, wie auch bei den meisten anderen Änderungsbefehlen, die Gültigkeit der eingegebenen Formeln aufrechterhalten.

In der Zelle A4 war vor Einfügen der neuen Spalte die Formel +A2-A3 für den Gewinn abgelegt. Durch den Befehl Arbeitsblatt Einfügen Spalten wurde diese und alle anderen Formeln entsprechend angepaßt. Die Differenz wird jetzt nach der Formel +B2-B3 ermittelt.

Für die zukünftige Arbeit mit 1-2-3 oder anderen Tabellenkalkulationsprogrammen sollten Sie sich angewöhnen, die Beschriftungen für Zeilen und Spalten als erstes einzugeben. Die Beschriftungen auf dem elektronischen Arbeitsblatt erleichtern die Orientierung bei großen Kalkulationen erheblich.

Sollten Sie beim Aufbau Zeilen oder Spalten vergessen, haben Sie die Sicherheit, daß mit dem Befehl **Arbeitsblatt Einfügen** die fehlenden Angaben nachträglich eingesetzt werden können.

2.2.6 Ausfüllen mehrerer aufeinanderfolgender Zellen

Pfeil nach unten	Sie markieren die Zelle A2 für die Beschriftung Umsatz.
Umsatz Pfeil nach unten	Sie tragen das **Label** Umsatz ein und bewegen den Zellzeiger in Zelle A2.
Kosten Pfeil nach unten	Sie beschriften die Zeile 3 mit Kosten.
Gewinn Return	Sie beschriften die Zeile 4 mit Gewinn.

Zum Eintragen von Daten in Zellen ist es nicht notwendig, nach jeder Eintragung **Return** zu betätigen. Es reicht aus, den Zellzeiger mit einer Pfeiltaste in die nächste Zelle zu bewegen. Dies ist besonders praktisch, wenn Sie mehrere Eintragungen hintereinander in einer Zeile oder Spalte vornehmen. **Return** betätigen Sie nur bei der letzten Eintragung.

Ihr Bildschirm müßte jetzt aussehen wie in Bild 2-11.

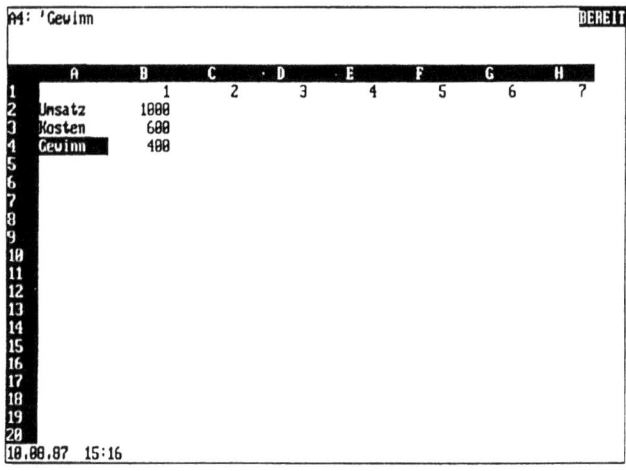

Bild 2-11: Kopfspalte

2.2.7 Prozentuale Steigerung

Sie nehmen an, daß der Umsatz je Monat um 6,5% steigt. Der Umsatz im Monat Februar soll also 106,5% des Umsatzes im Januar sein. Der Anteil der Kosten soll mit 60% des Umsatzes gleich bleiben:

2 mal **Pfeil nach oben**

2 mal **Pfeil nach rechts** Sie markieren Zelle C2.

106,5% * **Pfeil nach links** Sie geben die Formel zur Berechnung des Februarumsatzes ein. 106,5% multipliziert mit dem Umsatz, der links von der markierten Zelle steht (vgl. Bild 2-12). Diese Formel gilt wieder für alle Monate, da Sie annehmen, daß der Umsatz in jedem Monat um 6,5% steigt.

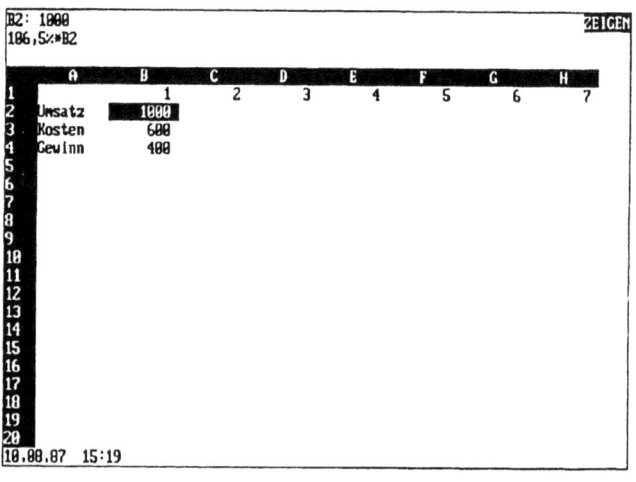

Bild 2-12: Formel für die Umsatzsteigerung

Return 1-2-3 berechnet den Februarumsatz.

2.2 Aufbau der Tabelle

Pfeil nach unten

Pfeil nach links   Sie markieren die Zelle für die Kosten im Januar.

< K   < läßt das Menü erscheinen. K wählt **Kopie**.

2.2.8 Kopie eines Bereiches

Pfeil nach unten   Markiert den Bereich den Bereich von B3 bis B4 zum Kopieren.

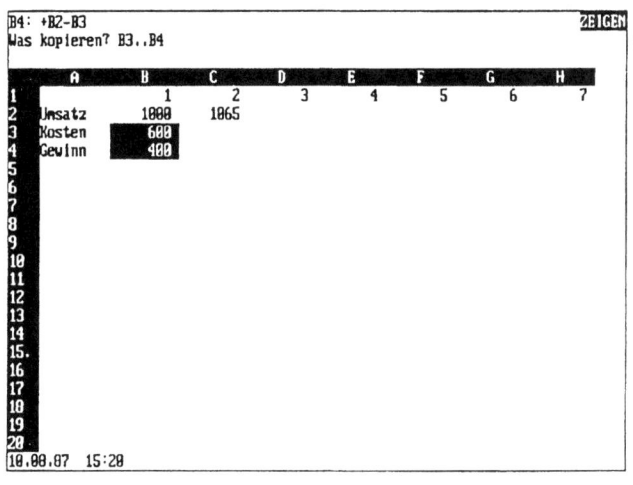

Bild 2-13: Kopie eines Bereiches

Return   Schließt die Wahl des zu kopierenden Bereiches ab.

Pfeil nach rechts   Wählt als Ziel für die Kopie der Kosten- und Gewinnformeln die Zelle C3.

Return Sie haben die Kostenformel von B3 nach C3 kopiert. Gleichzeitig wurde die Formel für den Gewinn von B4 nach C4 kopiert (siehe Abbildung 2-14).

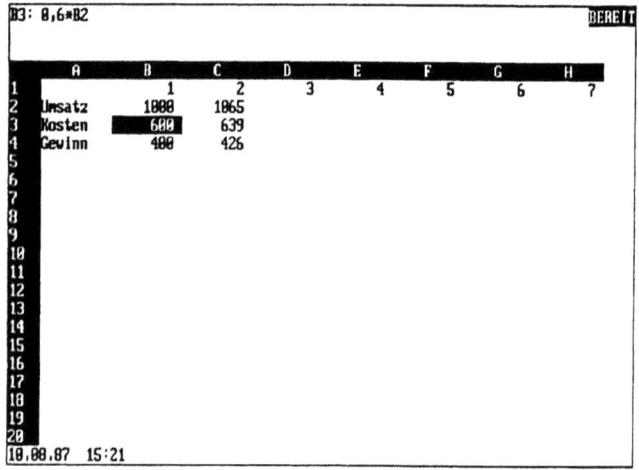

Bild 2-14: Gewinnberechnung für zwei Monate

1-2-3 kann nicht nur einzelne Formeln kopieren, sondern ganze Bereiche. Ein Bereich ist ein zusammenhängendes, rechteckiges Feld auf dem Arbeitsblatt.

Wenn Sie nur eine einzelne Bereichskopie auf dem Arbeitsblatt erscheinen lassen wollen, markieren Sie als Zielpunkt nur die linke obere Ecke des Bereiches, an der die Kopie erscheinen soll. An der markierten Zielzelle erscheint dann die Kopie der linken, oberen Ecke des kopierten Bereiches. Alle anderen Zellinhalte des Ursprungsbereiches werden entsprechend unter bzw. rechts von der Zielzelle erscheinen.

2.2.9 Mehrere Kopien eines Bereiches

Man kann jedoch auch mehrere Kopien eines Bereiches gleichzeitig erzeugen. Sie brauchen noch zehn Kopien des Bereiches von Zelle C2 bis Zelle C4, um die Planung für 12 Monate zu vervollständigen. Die Formeln der Zellen C2 bis C4 gelten analog auch für alle folgenden Monate.

Pfeil nach rechts **Pfeil nach oben**	Markieren Sie den Umsatz im Februar.
< K	< läßt das Menü erscheinen. K wählt **Kopie**.
2 mal **Pfeil nach unten**	Markiert den Ursprungsbereich (vgl. Bild 2-15).

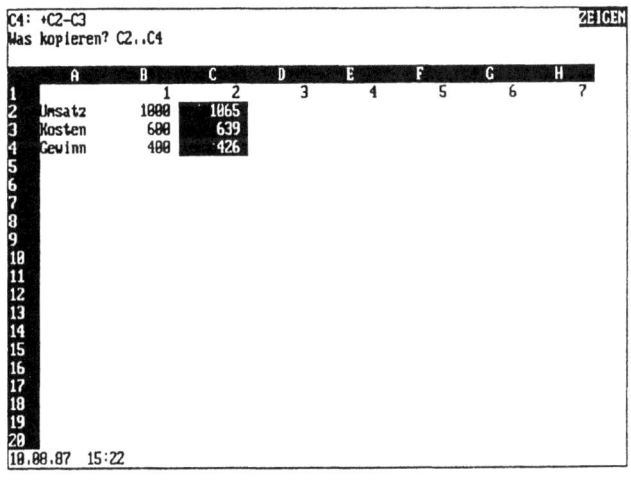

Bild 2-15: Markieren des Ursprungsbereiches

Return	Schließt die Wahl des Ursprungsbereiches ab.
Pfeil nach rechts	Markiert die Zelle für den Umsatz März.
.	*Verankert* die markierte Zelle.
9 mal **Pfeil nach rechts**	Wählt insgesamt 10 linke obere Ecken für 10 Kopien des Ursprungsbereiches (vgl. Bild 2-16).

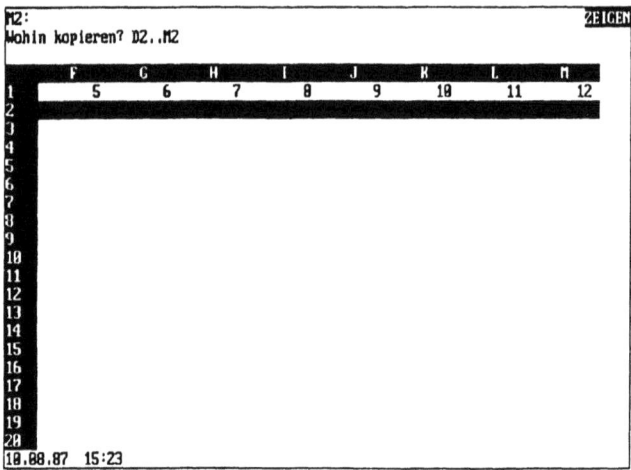

Bild 2-16: Zielbereiche für die Monate 3 bis 12

Return   Führt den Kopierbefehl aus.

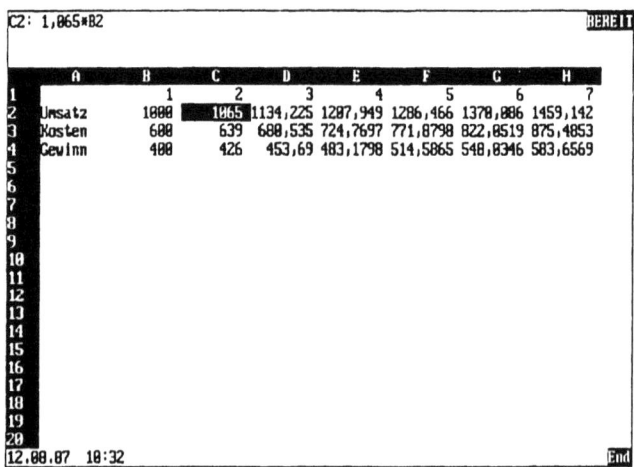

Bild 2-17: Planzahlen für die Monate Januar bis Dezember

2.2.10 Die Summenfunktion

Sie möchten den Gesamtumsatz, die Gesamtkosten und den Gesamtgewinn für die Monate Januar bis Dezember berechnen.

Nach der Methode, die Sie bisher kennen, wäre das sehr mühsam. Sie müßten entweder eine lange Formel bestehend aus zwölf Pluszeichen und zwölf Zelladressen für jede Zeile schreiben, oder Sie geben die Formel durch Zeigen auf die entsprechenden Zellen ein, wobei Sie nacheinander auf zwölf verschiedene Zellen zeigen müßten. Stellen Sie sich die gleiche Aufgabe bei 60 Monaten vor!

Aus diesem Grund bietet 1-2-3 *Funktionen* an, die die Berechnung von verschiedenen Werten dadurch vereinfachen, daß die entsprechende Formel nicht manuell aufgebaut werden muß, sondern die Funktion das Ergebnis direkt zur Verfügung stellt.

Es stehen eine Vielzahl von Funktionen aus den Bereichen Mathematik, Statistik, Datums- und Zeitberechnung, Finanzmathematik und Datenbankauswertung zur Verfügung.

Alle Funktionen haben die folgenden gemeinsamen Eigenschaften.

Alle Funktionen haben einen Namen der mit dem Zeichen @ beginnt. Da dieses Zeichen für 1-2-3 als mathematisches Zeichen gilt, geht 1-2-3 in den *Wertmodus*, sobald Sie eine Funktion eingeben. Funktionen gelten als Wert. Das Ergebnis, das eine Funktion berechnet, kann allerdings durchaus ein Label sein. Es gibt drei verschiedene Möglichkeiten, das Zeichen @ zu erzeugen: Die Tastenkombinationen **Crtl-Alt-2**, **Alt-64** und **Alt-0** können dazu verwendet werden. Wenn Sie Funktionsnamen schreiben, ist es gleichgültig, ob Sie Groß- oder Keinbuchstaben verwenden. Es ist also dasselbe, ob Sie *@Summe()*, *@summe()* oder *@SuMmE()* schreiben.

Auf den Namen jeder Funktion folgt ein Paar von Klammern (), ohne daß zwischen dem Funktionsnamen und der öffnenden Klammer ein Leerzeichen steht. Innerhalb der Klammern stehen die *Funktionsargumente*. Die Funktionsargumente sind die Ausgangsgrößen, aus denen die Funktion das Resultat berechnet. Wenn eine Funktion mehrere Ausgangsgrößen zur Berechnung ihres Ergebnisses benötigt, werden diese Größen durch je ein Semikolon getrennt.

2.2.11 Bewegungen bis zum Bereichsende

Bei dieser Gelegenheit ist es nützlich, einige neue Tastenkombinationen zur schnellen Bewegung auf dem Arbeitsblatt kennenzulernen.

Sie werden die Summenspalte rechts neben dem Monat Dezember einrichten.

End Home Mit der Tastenfolge **End Home** (nacheinander) bewegen Sie den Zellzeiger zur rechten, unteren Ecke des beschriebenen Zellbereiches.

Nach Betätigen der **End** Taste zeigt die Statusanzeige in der letzten Bildschirmzeile das Wort *End*, um zu verdeutlichen, daß jetzt die Bewegungstasten andere Bedeutungen haben. In diesem Status können Sie den Zellzeiger mit einem Druck auf eine der Pfeiltasten bis zum Ende des Bereiches schicken, in dem sich der Zellzeiger zur Zeit befindet. Der Status *End* schaltet sich nach der Bewegung zum Bereichsende automatisch wieder ab. Mit einem weiteren Druck auf die Taste **End** können Sie diesen Status wieder ausschalten, falls Sie ihn versehentlich gewählt haben.

3 mal **Pfeil nach oben**

Pfeil nach rechts Sie markieren die Zelle N1.

Gesamt **Pfeil nach unten** Sie geben die Überschrift für die Summenspalte ein und bewegen sich in die Zelle, die die Summenformel aufnehmen soll.

@summe(Sie schreiben in diese Zelle den Beginn der Summenformel. Beachten Sie, wie 1-2-3 in den Wertmodus geht, sobald Sie das erste Zeichen eingegeben haben (vgl. Bild 2-18).

2.2 Aufbau der Tabelle

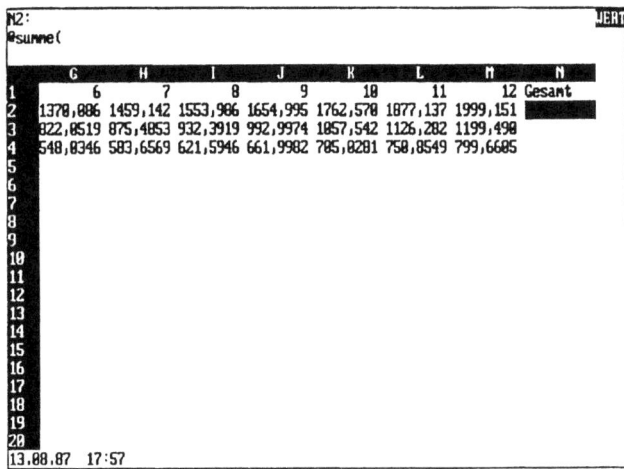

Bild 2-18: Beginn der Summenformel

Pfeil nach links Sie markieren die rechte untere Ecke des zu summierenden Bereiches (vgl. Bild 2-19).

. Sie verankern die Bereichsecke.

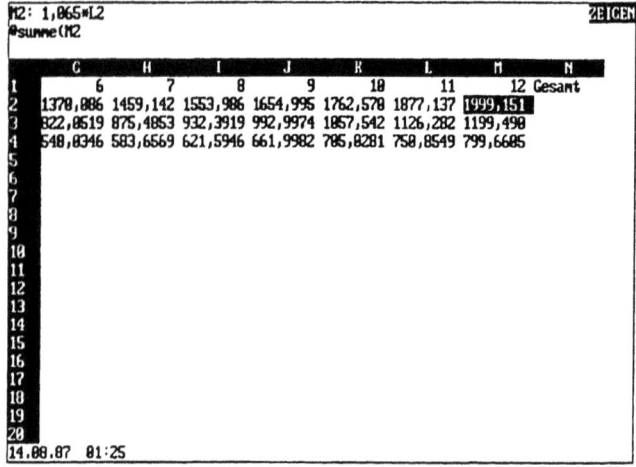

Bild 2-19: Erste Ecke des Summen-Bereiches

End Pfeil nach links   Sie bewegen den Zellzeiger zum Bereichsende nach links.

Hinweis: Als Grenze zwischen zwei Bereichen gilt bei Bewegungen immer ein Wechsel zwischen beschriebenen und leeren Zellen.

Pfeil nach rechts   Sie markieren die linke obere Ecke des zu summierenden Bereiches (vgl. Bild 2-20). Beachten Sie, daß alle Zellen, die summiert werden sollen, hell hinterlegt sind.

2.2 Aufbau der Tabelle

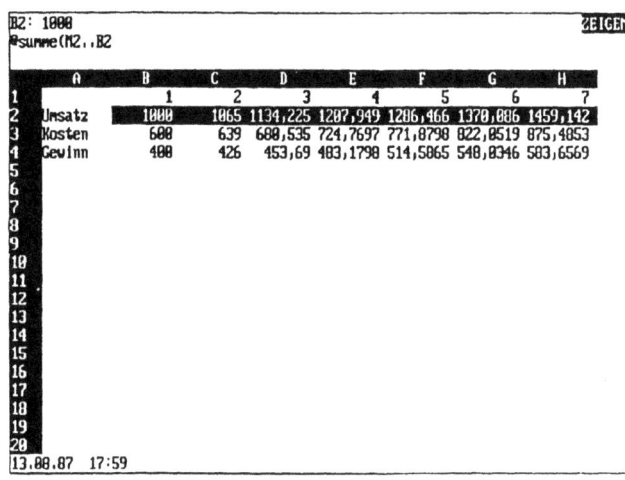

Bild 2-20: Zweite Ecke des Summen-Bereiches

) Return Sie schließen die Klammer der Summenformel. **Return** führt die Berechnung aus.

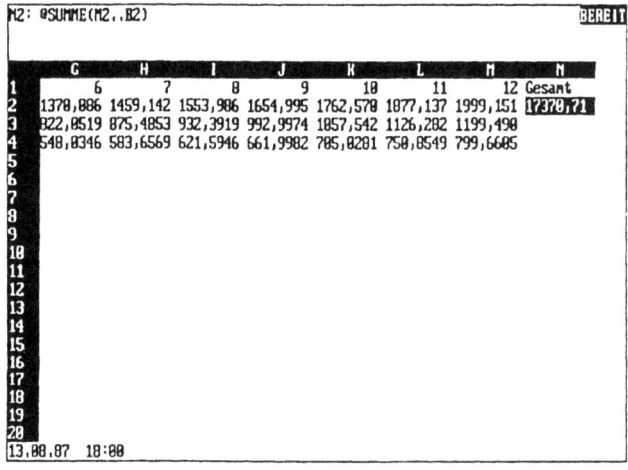

Bild 2-21: Gesamtumsatz

Die Formel zweimal nach unten zu kopieren, ist eine Kleinigkeit für Sie.

< K Return   Hinter "Was kopieren?", wird die richtige
                                     Zelladresse vorgeschlagen.

Pfeil nach unten

. **Pfeil nach unten**   Ankern und zwei linke obere Ecken
                                     markieren (vgl. Bild 2-22).

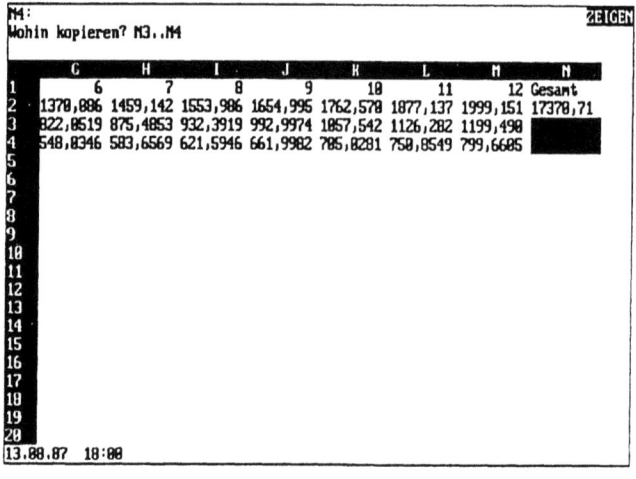

Bild 2-22: Zielbereiche für Kopie

Return   Auslösen des Befehls.

Hinweis: Im Zusammenhang mit Bereichen habe ich in den letzten Abschnitten des öfteren von der linken oberen und der rechten unteren Ecke gesprochen. Im Extremfall, wie z. B. bei der Summierung der Umsätze, können diese Ecken in der gleichen Zeile liegen, obwohl ich von einer oberen und einer unteren Ecke spreche.

Im Fall des gerade durchgeführten **Kopie**-Befehls sind sogar die linke obere und die rechte untere Ecke der zwei angegebenen Zielbereiche exakt dieselbe Zelle; d. h. die beiden Zielbereiche bestehen genau aus je einer Zelle.

In diesem Zusammenhang ist es nützlich zu wissen, daß Bereiche angegeben werden können, indem man zwei beliebige diagonal gegenüberliegende Ecken des jeweiligen Bereiches angibt. Sie können dies mit Hilfe des Zellzeigers durchführen oder durch manuelle Eingabe der Zelladressen.

2.2.12 Zusammenfassung

Herzlichen Glückwunsch! Sie haben die voraussichtlichen Umsätze, Kosten und Gewinne sowie die Summen für zwölf Monate ermittelt.

Damit ist Ihre Kalkulation komplett. Das Erscheinungsbild der Tabelle läßt allerdings noch zu wünschen übrig. Die verschiedenen Beträge haben zum Teil verschiedene Anzahlen von Dezimalstellen. Auch wäre es zu begrüßen, Überschriften optisch von der Kerninformation einer Kalkulation abzusetzen. Bevor wir uns in der nächsten Übung um das Aussehen der Tabelle kümmern, möchte ich kurz rekapitulieren, welche Vorteile der Tabellenkalkulation in diesem Kalkulationsmodell bisher genutzt wurden.

2.2.12.1 Zeigen

Immer, wenn Sie 1-2-3 eine Zelladresse oder eine Bereichsangabe mitteilen müssen, können Sie den Zellzeiger in Verbindung mit den Cursorsteuertasten benutzen. 1-2-3 geht dann in den **Zeigen**-Modus. Beim Angeben von Bereichen müssen Sie eine Ecke des Bereiches mit Hilfe der Taste . verankern. Anschließend führen Sie den Zellzeiger zur diagonal gegenüberliegenden Ecke des Bereiches.

Wenn ein Bereich schon verankert ist, können Sie die verankerte Ecke mit **Esc** lösen. Sie bewegen dann den Zellzeiger zu der Zelle, an der der Bereich beginnen soll und verankern den Bereich dort wieder mit .. Sie können aber auch bei einem verankerten Bereich die Ecke des Bereiches, die Sie bewegen können, von einer Ecke des Bereiches zur nächsten umsetzen. Betätigen Sie dazu bei verankertem Bereich noch einmal die Ankertaste .. Die frei bewegliche Ecke wandert dann im Gegenuhrzeigersinn weiter.

Probieren Sie das Lösen und Umsetzen des Ankers am besten auf einer freien Fläche des Arbeitsblattes mit dem Befehl **Bereich Radieren** aus.

2.2.12.2 Kopie

Mit dem Befehl **Kopie** können Sie den Inhalt einer oder mehrerer Zellen in einen anderen Bereich des Arbeitsblattes übertragen. Daraus folgt, daß dieser Befehl immer sehr nützlich ist, wenn in einer Tabelle für mehrere Spalten oder Zeilen die gleichen Berechnungen ausgeführt werden müssen. Sie definieren die Berechnung nur für die erste Spalte oder Zeile und geben 1-2-3 den Befehl: "Mache das gleiche für die folgenden Spalten (oder Zeilen)!".

Beispiele hierfür im Kalkulationsmodell sind:

- Das Ansteigen einer Wertereihe um einen bestimmten Betrag. - Monatszahlen

- Das Ansteigen einer Wertereihe um einen bestimmten Faktor. - Umsatz

- Die Kosten- und Gewinnformeln sowie die Summenformel am Ende der Tabelle.

2.2.12.3 Einfügen von Spalten

Mit Hilfe des Befehls **Arbeitsblatt Einfügen Spalten** können Sie auch nachträglich flexibel Angaben in Ihre Tabelle einfügen, die Sie bei der ersten Planung noch nicht bedacht hatten. Es existieren entsprechende Befehle, die Sie noch kennenlernen werden, zum Einfügen von Zeilen und zum Versetzen von Tabellenbereichen.

Auf diese Weise ist es möglich, aus einem Konzept schrittweise eine detaillierte Planung zu entwickeln, ohne Arbeiten doppelt durchführen zu müssen. Die Zweiteilung - zuerst Konzept, anschließend Reinschrift - kann entfallen.

2.2.12.4 Funktionen

Am Beispiel der Funktion *@Summe()* haben Sie die erste 1-2-3 Funktion kennengelernt. Funktionen stehen für die gebräuchlichsten Berechnungen zur Verfügung, um den Eingabeaufwand für die Berechnungen zu reduzieren.

2.3 Gestaltung der Tabelle

Ein weiterer großer Vorteil eines Tabellenkalkulationsprogrammes besteht darin, daß Sie das Erscheinungsbild der Tabelle unabhängig von den rechnerischen oder logischen Beziehungen der Kalkulation beeinflussen können.

Beim Gestalten Ihrer Kalkulationen sollten Sie darauf achten, daß Sie die Zusammenhänge der Kalkulation übersichtlich darstellen. Die ersten Schritte in diese Richtung unternehmen Sie schon beim Aufbau der Tabelle, indem Sie als erstes die Beschriftungen für Zeilen und Spalten eingeben.

Mit dem Befehl **Arbeitsblatt Einfügen Spalten** haben Sie einen ersten Befehl zum nachträglichen Ändern des Erscheinungsbildes kennengelernt.

Sie werden nun weitere Befehle zur Gestaltung von Tabellen kennenlernen.

2.3.1 Formate

In den einzelnen Zellen des Arbeitsblattes sind Labels oder Werte gespeichert. Den genauen Inhalt einer Zelle kann man nur beurteilen, wenn man den Zellzeiger zu der betreffenden Zelle bewegt und in der ersten Zeile des Bedienfeldes den Zellinhalt betrachtet oder mit der Taste **F2 Edit** den Zellinhalt in die Editierzeile holt.

Die Anzeige der Zellinhalte auf dem Arbeitsblatt richtet sich nach dem jeweils für die Zelle gültigen Format. Lotus 1-2-3 kennt zwei Arten von Formaten.

2.3.1.1 Globale Formate

Globale Formate gelten für alle Zellen, die nicht durch ein Bereichsformat beeinflußt werden. Man braucht deshalb bei Befehlen für globale Formate keine Zelladressen angeben.

Wie fänden Sie es, wenn alle Zahlen auf ganzzahlige DM-Werte gerundet würden?

Home	Sie bewegen den Zellzeiger in die linke obere Ecke des Arbeitsblattes.
< *A G F F 0* Return	< ruft das Menü. Mit dem Befehl **Arbeitsblatt Global Format Fest 0** legen Sie 0 Dezimalstellen für Ihre gesamte Tabelle fest.

Möchten Sie lieber, wie bei Geldbeträgen üblich, 2 Dezimalstellen angezeigt bekommen?

< *A G F F 2* Return	**Arbeitsblatt Global Format Fest 2** Schon erledigt (vgl. Bild 2-23).

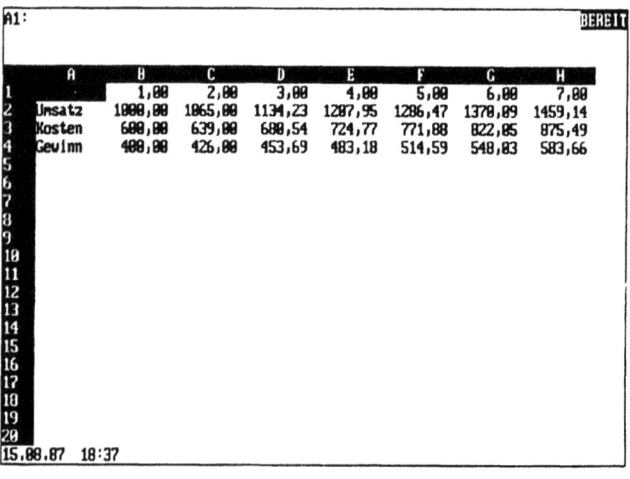

Bild 2-23: Globales Format

2.3.1.2 Bereichsformate

Leider werden durch die Formatierung mit einem globalen Format auch die Monatszahlen mit zwei Dezimalstellen versehen. Um dies zu verhindern, müssen die Monatsangaben individuell mit Hilfe von Bereichsformaten formatiert werden.

Pfeil nach rechts Bewegen Sie den Zellzeiger auf den Monat 1 (Zelle B1).

< B F F 0 Return Der Befehl **Bereich Format Fest 0** wählt ganze Zahlen.

End Pfeil nach rechts Die Tastenfolge **End Pfeil nach rechts** bringt Sie zum rechten Ende der Tabelle.

Pfeil nach links Sie markieren den Bereich von Januar bis Dezember (vgl. Bild 2-24).

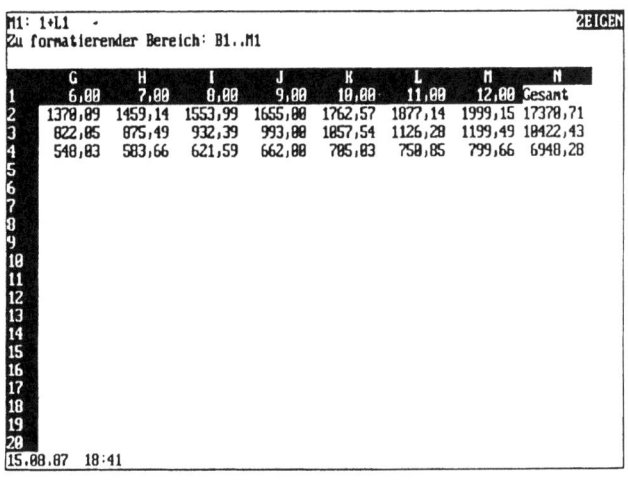

Bild 2-24: Bereichsformat

Return 1-2-3 formatiert nur den angegebenen Bereich mit ganzen Zahlen.

Wenn Sie den Zellzeiger über die einzelnen Zellen der Monatsbezeichnungen bewegen, sehen Sie in der ersten Zeile des Bedienfeldes, daß zusätzlich zum Inhalt der Zellen jetzt auch die Formatierung *(F0)* angezeigt wird. Die Formatierung wird nur für Zellen mit individuellen Bereichsformaten angezeigt.

Die global formatierten Zellen haben keine Formatanzeige im Bedienfeld. Prüfen Sie das, indem Sie eine Umsatzzelle markieren.

Die gerade gültigen globalen Formate können mit dem Befehl **Arbeitsblatt Parameter** überprüft werden.

< *A P* **Return**   1-2-3 zeigt globale Angaben über das Arbeitsblatt an.

Im unteren Bereich der Abbildung 2-25 stehen die Angaben zur Formatierung.

```
                                                                STATUS
 Speicherplatz:
   Normal:................... 207781 von 218416 Bytes (98%)
   Erweitert:................ (Nein)

 Math. Koprozessor:.......... (Nein)

 Neuberechnen:
   Methode:.................. Automatisch
   Reihenfolge:.............. Natürliche Folge
   Iterationen:.............. 1

 Endlosschleife:............. (Nein)

 Zellenanzeige:
   Format:................... (F2)
   Justierung:............... '
   Spaltenbreite:............ 9
   Unterdrückung von Nullen: Aus

 Schutz:..................... Aus
15.08.87  20:14
```

Bild 2-25: Parameteranzeige

Bereichsformate haben Vorrang vor globalen Formaten. Wenn die Tabelle mit einem Globalformat umformatiert wird, und einige Zellen - in unserem Fall die Monate - durch ein Bereichsformat formatiert wurden, ändert sich die Darstellung der Inhalte dieser Zellen nicht.

2.3 Gestaltung der Tabelle

Beliebige Taste   1-2-3 zeigt wieder das Arbeitsblatt.

< A G F W **Return**   Mit Hilfe des Währungsformates (Befehl **Arbeitsblatt Global Format Währung**) setzt 1-2-3 automatisch DM-Einheiten hinter die Beträge. Zusätzlich werden Tausender durch Punkte abgetrennt und negative Werte in Klammern gesetzt.

Leider können Sie das nicht sehen, weil 1-2-3 folgendes anzeigt (siehe Bild 2-26). Beachten Sie aber, daß sich die individuell formatierten Monatszahlen nicht geändert haben.

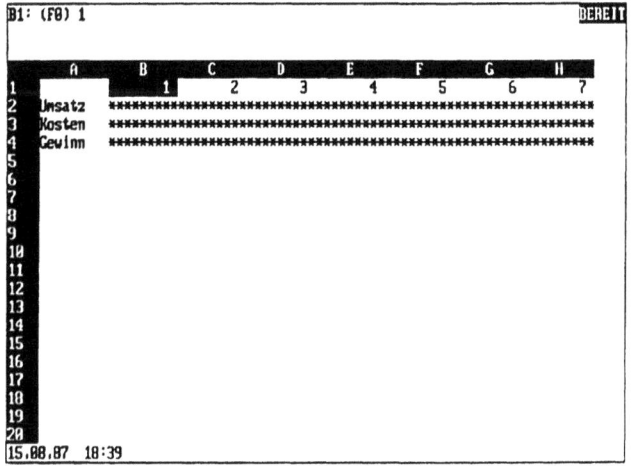

Bild 2-26: Zu breite Werte

2.3.2 Spaltenbreite verändern

Durch die zusätzlichen DM-Angaben hinter den Werten wurden die Zellinhalte breiter als die gegenwärtige Spaltenbreite von 9 Zeichen. Die Anzeige der Sternchen in einer Zelle ist 1-2-3's Weg zu sagen: "Diese Zahl ist zu breit, um in der Spalte angezeigt zu werden."

Was können Sie dagegen tun?

Entweder Sie machen die Zahl schmaler oder die Spalte breiter. Wir entscheiden uns für das letztere.

Auch hier gibt es wieder die Möglichkeit, global das ganze Arbeitsblatt oder nur ausgewählte Spalten zu ändern.

Die entsprechenden Befehle sind: **Arbeitsblatt Global Breite** bzw. **Arbeitsblatt Spalte Bestimmen**.

< *A G B*	Sie wählen
	< **Menü**
	A **Arbeitsblatt**
	G **Global**
	B **Breite**
	1-2-3 geht in den Modus *Zeigen*.

Sie könnten jetzt die gewünschte Spaltenbreite als Zahl eingeben. Da 1-2-3 sich aber im Modus *Zeigen* befindet, können Sie die Spaltenbreite auch mit den Cursorbewegungstasten eingeben.

Pfeil nach rechts	Die Spalte wird um eine Stelle breiter; die Kosten- und Gewinnangaben erscheinen wieder (siehe Abbildung 2-27).

2.3 Gestaltung der Tabelle

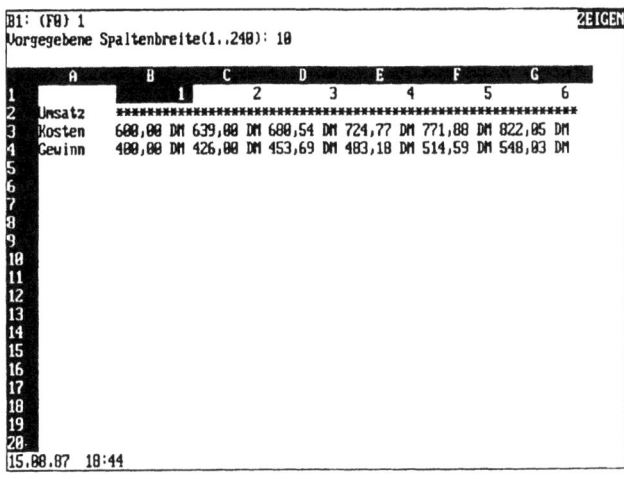

Bild 2-27: Globale Spaltenbreite

3 mal **Pfeil nach rechts**   Erweitern Sie die Spaltenbreite auf 13 Zeichen, so daß auch für die Summen in der letzten Tabellenspalte genügend Platz vorhanden ist.

Return   Der Befehl wird ausgeführt.

2.3.3 Einfügen von Zeilen

Um die Tabelle lesbarer zu gestalten, sollten Sie Linien in die Tabelle einfügen, die verschiedene Teile der Kalkulation voneinander trennen und noch einige Beschriftungen anbringen.

Zuvor müssen Sie noch die entsprechenden Freiräume schaffen.

Zeilen werden auf die gleiche Weise eingefügt wie Spalten. Der entsprechende Befehl lautet **Arbeitsblatt Einfügen Zeilen**

Home   Ausgangspunkt ist die erste Zeile.

< A E Z   Sie wählen den Befehl **Arbeitsblatt Einfügen Zeilen**.

2 mal **Pfeil nach unten**   Sie markieren, wo Sie Zeilen einfügen wollen (vgl. Bild 2-28).

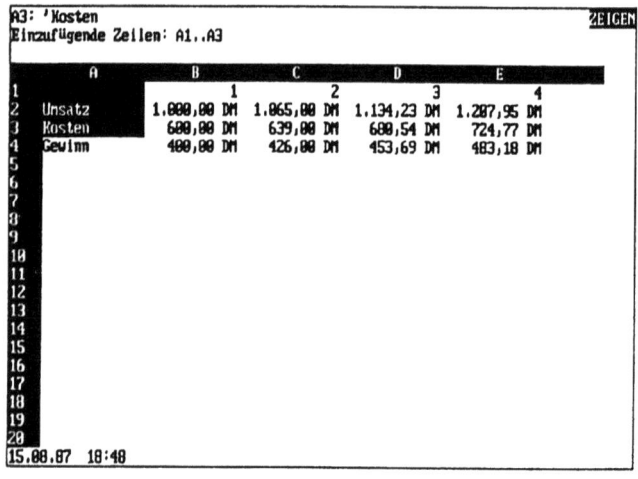

Bild 2-28: Einzufügende Zeilen

Return   1-2-3 fügt drei Zeilen vor der Zeile 1 ein.

4 mal **Pfeil nach unten**   Bewegen Sie sich auf die Umsatzzeile.

< A E Z **Return**   Fügen Sie eine Zeile über der Umsatzzeile ein.

3 mal **Pfeil nach unten**   Bewegen Sie sich auf die Gewinnzeile.

< A E Z **Return**   Fügen Sie eine Zeile über der Gewinnzeile ein (vgl. Bild 2-29).

2.3 Gestaltung der Tabelle 63

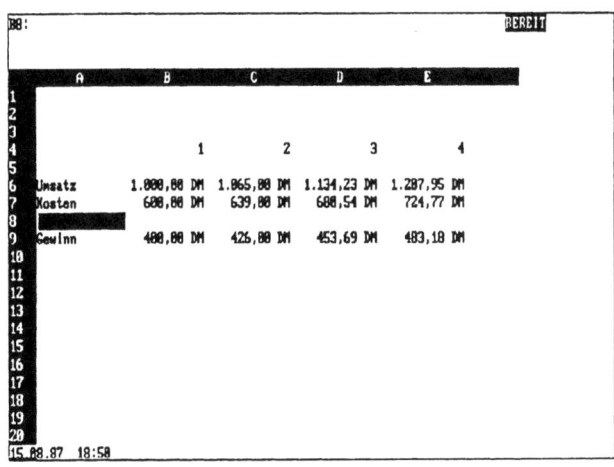

Bild 2-29: Leerzeilen eingefügt

2.3.4 Linien

Eine Linie ist ein **Label** (Text), das aus Minuszeichen besteht. Damit 1-2-3 das Minuszeichen nicht als mathematisches Zeichen interpretiert (Wertmodus), müssen Sie vor dem Minuszeichen ein Justierungszeichen eingeben. Da das Minuszeichen jeweils eine ganze Zelle füllen soll, ist das Zeichen *Label wiederholend* \ gut geeignet.

3 mal **Pfeil nach oben**	Bewegen Sie den Zellzeiger zur ersten Zelle der eingefügten Zeile.
\-	Sie geben das Minuszeichen mit dem Justierungszeichen \ ein.

Hinweis: Das Zeichen \ können Sie mit den Tastenkombinationen **Ctrl-Alt-<** oder **Alt-7** erzeugen.

1-2-3 geht in den Labelmodus, sobald Sie \ betätigen (vgl. Bild 2-30).

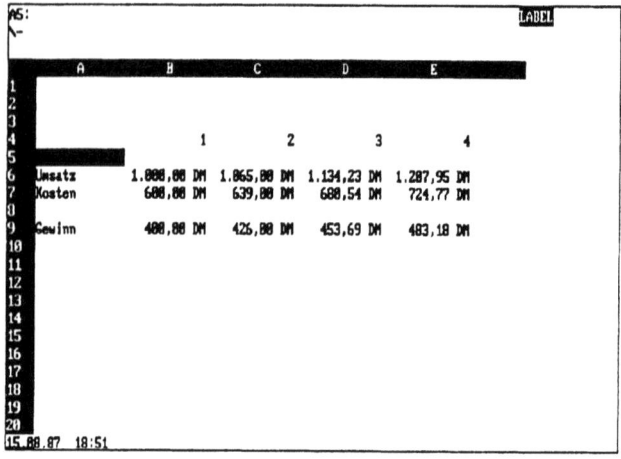

Bild 2-30: Wiederholendes Label

Return   Die Zelle wird mit Minuszeichen gefüllt (siehe Bild 2-31).

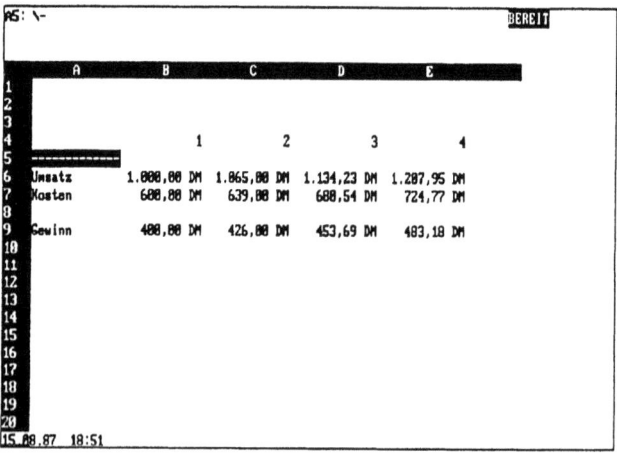

Bild 2-31: Automatisch gefüllte Zelle

2.3 Gestaltung der Tabelle

Der Vorteil der wiederholenden Labels besteht darin, daß die jeweilige Zelle auch dann noch gefüllt wird, wenn man die Spaltenbreite nachträglich verändert.

Als nächstes wird die Zelle so kopiert, daß zwei Linien entstehen.

< *K* Return	Auswahl der zu kopierenden Zelle.
Pfeil nach rechts .	Markieren der ersten Zelle des Zielbereiches und ankern.
2 mal **Tabulator**	Der Zellzeiger bewegt sich um eine Bildschirmbreite nach rechts.
3 mal **Pfeil nach rechts**	Markieren des gesamten Zielbereiches.
Return	1-2-3 setzt die Linie.
< *K* Return	Was kopieren?
3 mal **Pfeil nach unten**	Markieren der ersten Zelle des Zielbereiches.
.	Ankern.
2 mal **Tabulator**	
3 mal **Pfeil nach rechts**	Sie markieren den gesamten Zielbereich (vgl. Bild 2-32).

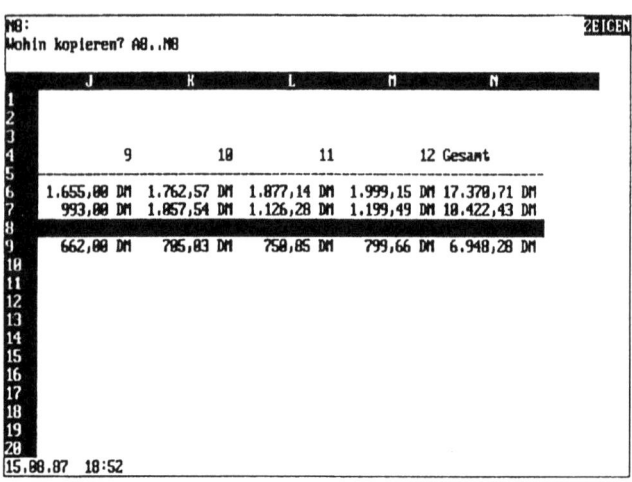

Bild 2-32: Zielbereich für zweite Linie

Return	1-2-3 setzt die zweite Linie.
5 mal **Pfeil nach unten**	Sie markieren die Zeile unter dem Gewinn.
\ = **Return**	Wiederholendes Label aus Gleichheitszeichen.
< *K* **Return**	Was Kopieren?
Pfeil nach rechts .	Markieren Sie den Beginn des Zielbereiches.
2 mal **Tabulator**	
3 mal **Pfeil nach rechts**	Sie markieren den Zielbereich für die doppelte Unterstreichung.
Return	Die **Kopie** wird ausgeführt.

2.3.5 Lange Beschriftungstexte

Home Pfeil nach unten

Pfeil nach rechts   Sie markieren Zelle B2.

Umsatzplanung für das Jahr 1989 **Return**   Sie schreiben ein Label. Lotus 1-2-3 setzt das Label über die rechts anschließenden Zellen fort (vgl. Bild 2-33).

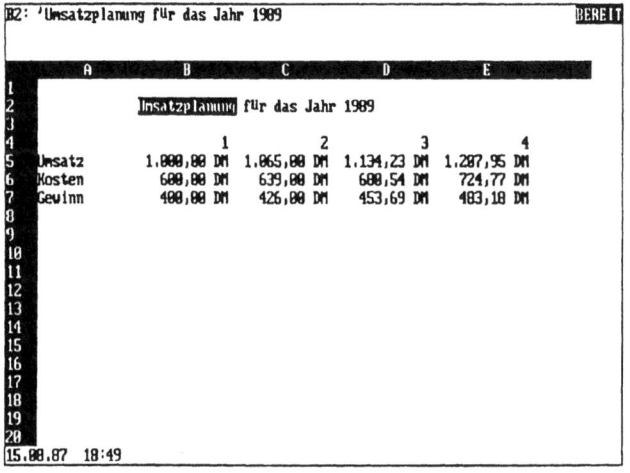

Bild 2-33: Label über mehrere Zellen

Wenn ein Label zu lang ist, um in eine Zelle zu passen, und die rechts folgenden Zellen leer sind, wird es über diese Zellen weitergeschrieben. Sind die folgenden Zellen gefüllt, wird das Label am Rand der letzten freien Zelle abgeschnitten.

Das Label ist nur in der ersten Zelle gespeichert, die folgenden Zellen werden nur zur Anzeige, jedoch nicht zur Speicherung, mitbenutzt.

Beobachten Sie die erste Zeile des Bedienfeldes, während Sie den Cursor über die entsprechenden Zellen bewegen, und prüfen Sie die Zellinhalte.

Pfeil nach rechts	Bewegen Sie den Zellzeiger zur Zelle C2.
6 **Return**	Füllen Sie die Zelle mit einem Wert. 1-2-3 schneidet das Label ab.
< *B R* **Return**	Wählen Sie den Befehl **Bereich Radieren**, um die 6 wieder aus der Zelle zu löschen.

2.3.6 Ausrichtung von Texten

2 mal **Pfeil nach unten**

2 mal **Pfeil nach links**   Markieren Sie die Zelle vor der Angabe Januar.

2.3.6.1 Justierung bei der Eingabe

"*Monate:* **Return**   Sie tragen das Label *Monate:* ein. Das Justierungszeichen " bewirkt, daß das Label rechtsbündig gesetzt wird.

Wenn Sie bei der Eingabe eines Labels kein Justierungszeichen angeben, verwendet 1-2-3 automatisch die Standardannahme. Sie können dieses Justierungszeichen in der Parameteranzeige (vgl. Bild 2-25) sehen.

Falls Sie ein Label eingeben wollen, das mit einer Zahl oder einem anderen mathematischen Zeichen beginnt, müssen Sie ein Justierungszeichen voranstellen.

2.3 Gestaltung der Tabelle

Hier ist eine Aufzählung der möglichen Justierungszeichen:

' Label linksbündig

" Label rechtsbündig

" Label zentriert

\ Label wiederholend

Die Justierung von Labels kann auch nachträglich geändert werden.

2.3.6.2 Nachträgliche Justierung

End Home

6 mal **Pfeil nach oben**	Bewegen Sie sich zum Label *Gesamt*.
< *B J*	Der Befehl **Bereich Justieren** bietet Ihnen die Möglichkeit, die Justierung nachträglich auf linksbündig, zentriert oder rechtsbündig zu ändern.
Z **Return**	Experimentieren Sie, welche Ausrichtung Ihnen am deutlichsten erscheint.

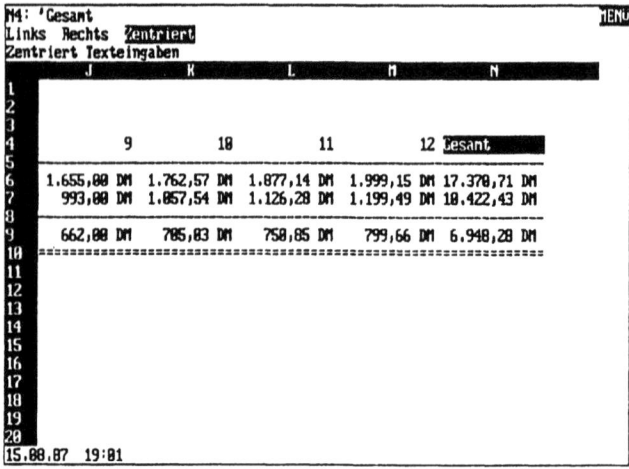

Bild 2-34: Justierung zentriert

< *B J R* Return

Als Alternative die rechtsbündige Ausrichtung (vgl. Bild 2-35).

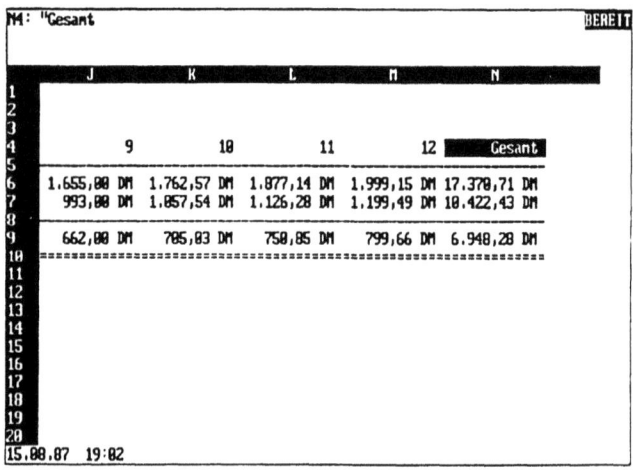

Bild 2-35: Justierung rechtsbündig

2.4 Berechnung von Alternativen

Den wohl größten Vorteil, den ein Tabellenkalkulationsprogramm gegenüber der Planung und Rechnung auf traditionelle Weise hat, werden Sie leicht erkennen, wenn es um die Berechnung von verschiedenen Alternativen geht. Auf dem Arbeitsblatt eines Tabellenkalkulationsprogrammes sind nicht nur die gegenwärtigen Werte von Ausgangsgrößen und Ergebnissen gespeichert, sondern in Form von Formeln auch die gesamte Rechenlogik der Kalkulation. Diese Tatsache versetzt ein Tabellenkalkulationsprogramm in die Lage, bei einer Änderung einer Ausgangsgröße sofort sämtliche Ergebnisse an die Änderung anzupassen.

Problemstellungen, die sich mit solchen Möglichkeiten bearbeiten lassen, sind beispielsweise:

- Die Frage des Importeurs: Wie ändern sich meine Kosten, wenn der Dollarkurs von 1,85 DM auf 2,00 DM steigt?

- Aus der Finanzierung: Wie ändert sich ein Tilgungsplan, wenn der Zinssatz um 0,5% sinkt?

- Wie ändert sich die Erlössituation, wenn von einem neu am Markt einzuführenden Produkt 10000, 15000 oder 20000 Stück je Monat abgesetzt werden können, wobei der Verkaufspreis alternativ bei 1,20 DM, 1,30 DM oder 1,45 DM liegen könnte?

Bevor Sie diese Berechnungen an eigenen, komplexeren Kalkulationsmodellen durchführen, sollen Sie diese Arbeitsweise an Ihrer Umsatzplanung kennenlernen.

Im Zusammenhang mit Tabellenkalkulationsprogrammen hat sich für die Berechnung von mehreren Alternativen durch Ändern der Ausgangsgrößen die Bezeichnung *Was-wäre-wenn*-Analyse durchgesetzt.

2.4.1 Manueller Alternativenvergleich

Die Fragestellung lautet: Wie groß wären Jahresumsatz und Jahresgewinn, wenn bei sonst gleichen Annahmen der Januarumsatz 1785 DM betragen würde?

Bei einer Berechnung mit Stift und Papier müßten Sie jetzt alle Berechnungen noch einmal durchführen. Mit 1-2-3 genügt es, die Zelle des Januarumsatzes zu markieren und den Wert 1785 einzugeben. Da in unserem Modell alle Größen rechnerisch vom Umsatz im Januar abhängen, berechnet 1-2-3 im nächsten Augenblick die geänderten Werte für das ganze Jahr.

Home 5 mal Pfeil nach unten
Pfeil nach rechts
1785   Sie ändern den Januarumsatz auf 1785.

Return   1-2-3 berechnet die neuen Ergebnisse.

End Home   Sie bewegen den Zellzeiger zum Ende der Tabelle, um Jahresumsatz und -gewinn zu sehen (vgl. Bild 2-36).

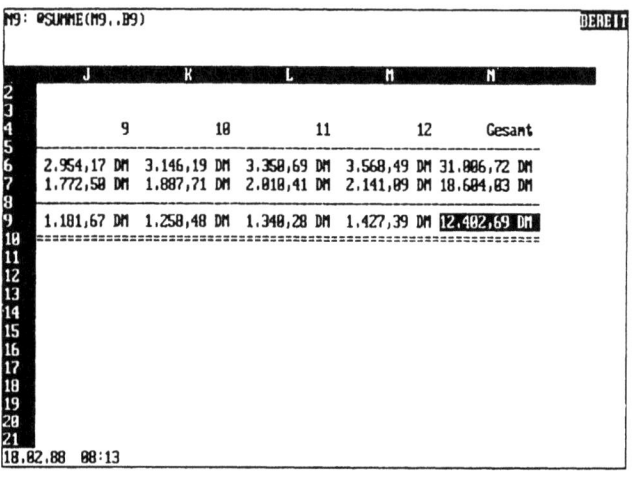

Bild 2-36: Was-wäre-wenn-Vergleich

Berechnen Sie noch einige andere Alternativen, indem Sie mit **Home** zum Anfang der Tabelle springen und dort den Januarumsatz ändern und dann mit **End Home** das Ergebnis am Ende der Tabelle begutachten.

Falls die Zahlen dabei zu groß werden, sehen Sie Sternchen in den entsprechenden Zellen und müssen die Spaltenbreite mit **Arbeitsblatt Global Breite** erweitern.

Wenn Ihnen das Springen vom Anfang zum Ende der Tabelle und zurück zu unbequem ist, gibt es eine Abhilfe.

2.4.2 Verschiedene Fenster

Lotus 1-2-3 ermöglicht Ihnen, den Bildschirm waagerecht oder senkrecht in zwei verschiedene Fenster zu teilen, so daß Sie zwei weit voneinander entfernte Stellen eines Arbeitsblattes gleichzeitig im Blickfeld haben.

Home	Zurück zur linken, oberen Ecke.
F5 Gehezu *A11* **Return**	Bewegen Sie den Zellzeiger dazu an die Stelle, an der Sie den Bildschirm teilen wollen.

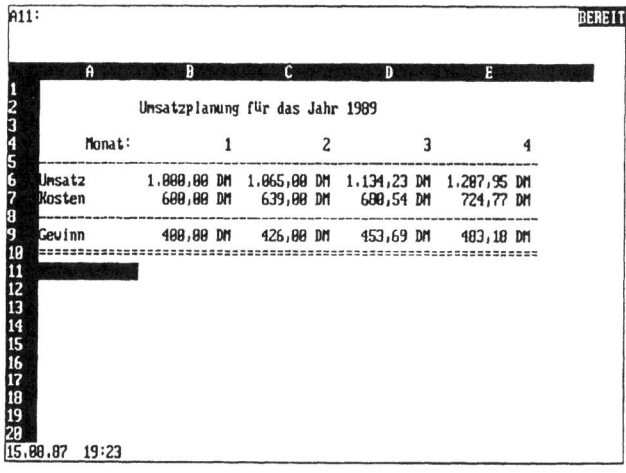

Bild 2-37: Zeile für Bildschirmteilung

< A F H **Return** Der Befehl **Arbeitsblatt Fenster Horizontal** teilt den Bildschirm waagerecht in zwei Fenster. Der Befehl **Arbeitsblatt Fenster Vertikal** bewirkt eine senkrechte Bildschirmteilung.

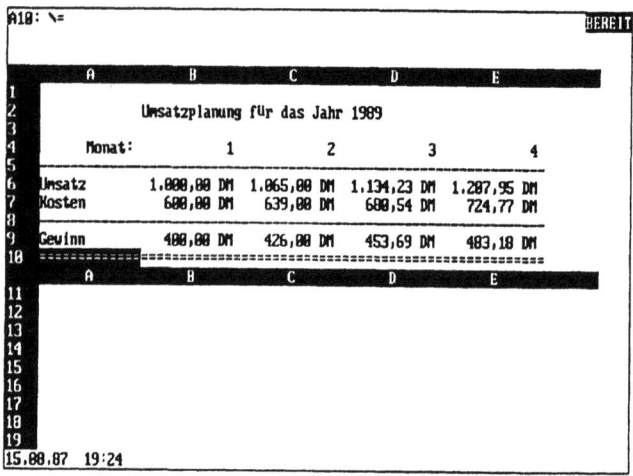

Bild 2-38: Bildschirm mit zwei Fenstern

F6 Fenster Die Taste **F6 Fenster** bewegt den Cursor von einem Fenster in das andere.

Home Sie sehen im unteren Fenster den Beginn der Umsatztabelle.

End Home Sie bewegen den Zellzeiger zur Summenspalte am Ende der Tabelle.

Wenn Sie auf das obere Fenster achten, während Sie den Zellzeiger vom Beginn der Tabelle im unteren Fenster zum Ende bewegen, sehen Sie, daß die Tabelle im oberen Fenster synchron zur Bewegung der unteren Tabelle mitgeführt wird.

2.4 Berechnung von Alternativen

Mit Hilfe der synchronen Bewegung in zwei Fenstern können Sie z. B. zwei weit voneinander entfernte Zeilen in jeweils der gleichen Spalte einer langen Tabelle betrachten.

Man kann die synchrone Bewegung auch abschalten.

< *A F U* **Return**	Der Befehl **Arbeitsblatt Fenster Unsynchron** scheint auf den ersten Blick keine Wirkung zu haben. Wenn Sie jedoch den Zellzeiger bewegen, sehen Sie daß sich die Tabelle im anderen Fenster nicht mehr mitbewegt.
End Home	Die Summenspalte im unteren Fenster wird sichtbar.
F6 Fenster	Sie bewegen den Zellzeiger ins obere Fenster.
Home	Der Anfang der Tabelle wird im oberen Fenster sichtbar.
5 mal **Pfeil nach unten** **Pfeil nach rechts**	Sie markieren den Januarumsatz (vgl. Bild 2-39).

```
B6: 1000                                                    BEREIT

        A         B          C          D          E
1
2              Umsatzplanung für das Jahr 1989
3
4         Monat:        1          2          3          4
5      ─────────────────────────────────────────────────────
6      Umsatz      1.000,00 DM  1.065,00 DM  1.134,23 DM  1.287,95 DM
7      Kosten        600,00 DM    639,00 DM    680,54 DM    724,77 DM
8
9      Gewinn        400,00 DM    426,00 DM    453,69 DM    483,18 DM
10     ==================================================
        J         K          L          M          N

                  9         10         11         12     Gesamt

       1.655,00 DM  1.762,57 DM  1.877,14 DM  1.999,15 DM  17.378,71 DM
         993,00 DM  1.057,54 DM  1.126,28 DM  1.199,49 DM  10.422,43 DM

         662,00 DM    705,03 DM    750,85 DM    799,66 DM   6.948,28 DM
       ==================================================
15.08.87  19:25
```

Bild 2-39: Ausgangsgröße und Jahresergebnis sichtbar

Jetzt können Sie gleichzeitig den Januarumsatz und die Auswirkungen auf das Jahresergebnis sehen. In dieser Konstellation können Sie weitere *Was-wäre-wenn*-Analysen durchführen.

Welchen Wert müßte der Januarumsatz haben, damit der Jahresumsatz genau 20000 DM beträgt? Derartige Aufgaben werden mit Tabellenkalkulationsprogrammen nicht gelöst, indem man die Kalkulationslogik so auflöst, daß als Ergebnis der erforderliche Januarumsatz errechnet werden kann. Sie können auch nicht in der Zelle des Gesamtumsatzes 20000 eingeben und 1-2-3 veranlassen, die Formeln in "umgekehrter" Reihenfolge zu berechnen.

Die einfachste Lösung bei Tabellenkalkulationsprogrammen heißt Ausprobieren. Sie geben für den Januarumsatz einen geschätzten Wert vor und entscheiden, nachdem das Ergebnis angezeigt wurde, ob sie ihn erhöhen oder verringern müssen. Mit einiger Übung erreichen Sie nach ein paar Versuchen das gewünschte Ergebnis bis auf eine geringe Abweichung.

Versuchen Sie es! Beginnen Sie mit 1200 DM Umsatz im Januar! Oder beantworten Sie die Frage: "Bei welchem Januarumsatz habe ich genau 10000 DM Jahresgewinn?"

2.4.3 Automatische Alternativentabelle

Wie fänden Sie einen Befehl, der die Alternativenanalyse automatisch durchführt? Lotus 1-2-3 hat gleich zwei davon! Der Befehl **Daten Tabelle** berechnet eine Alternativentabelle wahlweise für verschiedene Werte von einer oder zwei Ausgangsgrößen. Für das Umsatzmodell ist der Befehl **Daten Tabelle 1** - für eine Variable - geeignet.

Nehmen wir an, Sie sind bei Ihrer Umsatzplanung nicht ganz sicher, daß im Jahr 1989 der Januarumsatz wirklich 1000 DM betragen wird, und möchten deshalb noch verschiedene andere Umsätze in Ihre Planung aufnehmen.

Nachdem die Rechenlogik einmal aufgebaut ist, können Sie mit wenigen Schritten weitere Ergebnisse ermitteln. Sie werden dazu eine Alternativentabelle aufbauen.

Der Befehl **Daten Tabelle** erfordert drei Angaben:

- Die Angabe, wie die Ergebnisse zu ermitteln sind,

- der Bereich, in dem die Tabelle liegen soll und

- die Angabe der Zelle, die in der Kalkulation die verschiedenen, alternativen Ausgangswerte aufnehmen soll.

Im Gegensatz zum vorhandenen Modell sind die Werte in einer Datentabelle Zahlen und keine Formeln. Daraus folgt, daß die Werte in der Datentabelle bei Änderungen in der Kalkulation nicht automatisch neu berechnet werden. Die Neuberechnung einer Datentabelle kann entweder durch erneute Wahl des Befehls **Daten Tabelle** oder durch Betätigen der Taste **F8 Tabelle** ausgelöst werden.

Zum Aufbau der Datentabelle beginnen Sie wieder mit den Überschriften, damit die Klarheit der Kalkulation erhalten bleibt.

2.4.4 Transponieren eines Bereiches

Da die Beschriftungen schon auf dem Arbeitsblatt stehen, brauchen Sie sie nicht noch einmal eingeben.

< A F L Return	Der Befehl **Arbeitsblatt Fenster Löschen** löscht das zweite Fenster auf dem Bildschirm.
F5 Gehezu A6 Return	Bewegen Sie den Zellzeiger zur Beschriftung Umsatz.
< B T	Wählen Sie den Befehl **Bereich Transponieren**. Der Befehl **Bereich Transponieren** kopiert einen Bereich, wobei Zeilen und Spalten vertauscht werden.
3 mal **Pfeil nach unten**	Markieren Sie den zu transponierenden Bereich (vgl. Bild 2-40).

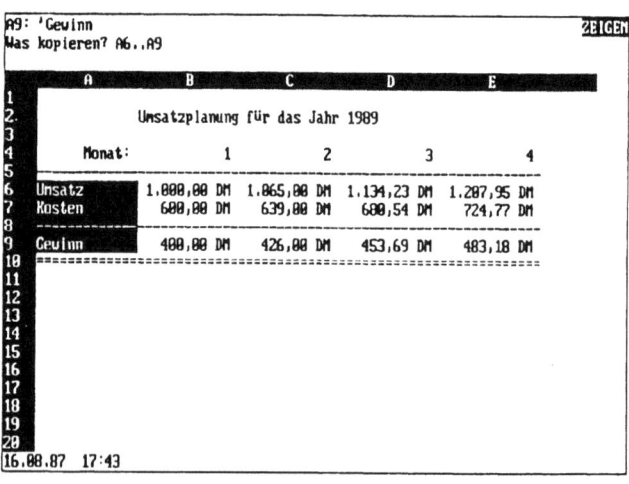

Bild 2-40: Bereich Transponieren

2.4 Berechnung von Alternativen

Return *B12* Beantworten Sie die Frage nach dem Kopierziel mit der Zelladresse B12. Sie können auch den Zellzeiger bis zur Zelle B12 führen.

Return Der Befehl wird ausgeführt. 1-2-3 transponiert den gewählten Bereich einschließlich des Labels \- (siehe Bild 2-41).

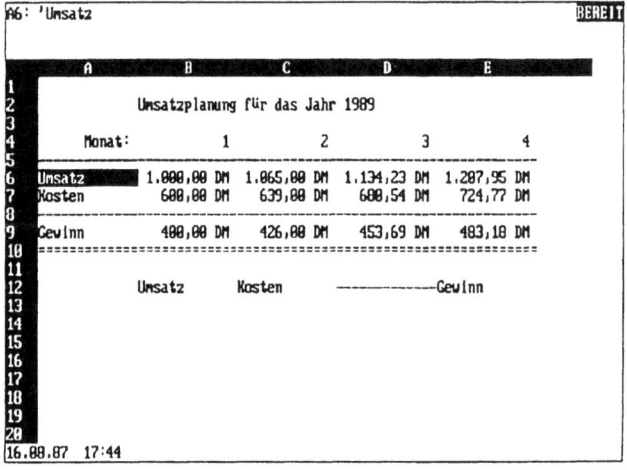

Bild 2-41: Bereich transponiert

2.4.5 Versetzen eines Bereiches

F5 Gehezu *E12* **Return** Bewegen Sie den Zellzeiger zur Beschriftung Gewinn. Die Beschriftung soll um eine Zelle nach links gesetzt werden und dabei die Linie überschreiben.

< V Return Wählen Sie die zu versetzende Zelle.

Pfeil nach links Return	Wählen Sie die Zielzelle, und führen Sie den Befehl aus.
3 mal **Pfeil nach links**	Markieren Sie das Label Umsatz.
< *B J R*	Wählen Sie **Bereich Justieren Rechts**
2 mal **Pfeil nach rechts**	Markieren Sie die Überschriften.
Return	1-2-3 richtet die Labels rechts aus.
Pfeil nach unten	Markieren Sie die Zelle unter Umsatz.
\- **Return**	Geben Sie eine Linie als wiederholendes Label ein.
< K **Return**	Wählen Sie die Linie zum Kopieren aus.
Pfeil nach rechts .	Ankern Sie die erste Ecke des Zielbereiches.
Pfeil nach rechts Return	Markieren Sie den ganzen Zielbereich, und führen Sie den Befehl aus.
Pfeil nach links	Bewegen Sie den Zellzeiger in Zelle A13.
Falls **Pfeil nach unten**	Geben Sie eine Beschriftung ein.
Januarumsatz **Pfeil nach unten**	Die Überschrift für die verschiedenen Januarumsätze wird eingegeben.

Damit sind die Beschriftungen eingegeben. Als nächstes werden die Ausgangswerte zur Berechnung der verschiedenen Alternativen erzeugt.

2.4.6 Füllen eines Bereiches

< D F .	Der Befehl **Daten Füllen** füllt einen festgelegten Bereich mit Werten. Ankern Sie die erste Ecke des Bereiches.
5 mal **Pfeil nach unten**	Markieren Sie den zu füllenden Bereich bis zur Zelle A20.
Return	Der Befehl **Daten Füllen** fragt im Bedienfeld nach dem Beginn der Wertereihe.
1000 **Return**	Geben Sie 1000 ein.
500 **Return**	Geben Sie auf die Frage nach der Steigerung (Schrittwert) 500 ein.
Return	Die Frage nach dem Endwert beantworten Sie mit **Return**. 1-2-3 wird den Anfangswert nur solange um 500 erhöhen bis der markierte Bereich gefüllt ist (vgl. Bild 2-42).

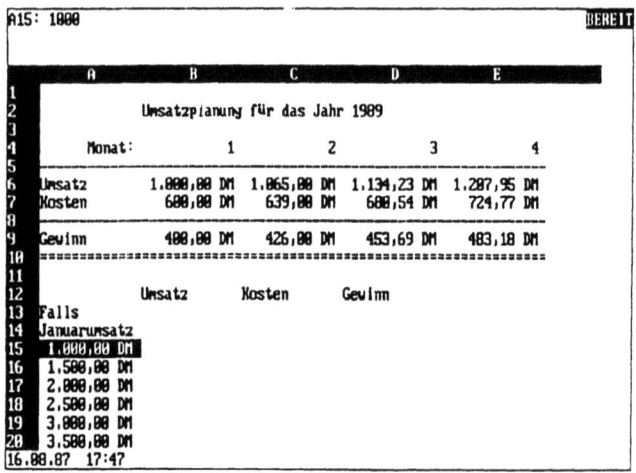

Bild 2-42: Gefüllter Bereich

Als Ergebnisse der Alternativenberechnung sollen die Jahresumsätze, -kosten und -gewinne bei den jeweils in der Spalte A stehenden Januarumsätzen ermittelt werden. Sie könnten unter den Beschriftungen Umsatz, Kosten und Gewinn je eine Summenformel zur Ermittlung der Gesamtbeträge eingeben. Einfacher ist die Angabe der Zelladresse in der letzten Spalte des Kalkulationsmodells.

Pfeil nach oben

Pfeil nach rechts	Markieren Sie die Zelle für den Gesamtumsatz.
+*N6* **Pfeil nach rechts**	Geben Sie die Zelladresse der Zelle, in der der Gesamtumsatz steht, ein oder zeigen Sie mit dem Zellzeiger darauf.
+*N7* **Pfeil nach rechts**	Geben Sie die Zelladresse der Gesamtkosten ein.
+*N9* **Return**	Geben Sie die Zelladresse des Gesamtgewinns ein.

2.4 Berechnung von Alternativen

In diesen drei Fällen ist es bequemer, die Zelladresse selbst zu schreiben als mit dem Zellzeiger zu zeigen, da die Summenspalte am rechten Ende des Kalkulationsmodells relativ weit entfernt ist. Mit den Zelladressen haben Sie 1-2-3 angegeben, woher die Ergebnisse der Alternativenberechnung kommen sollen.

2.4.7 Sichtbare Formeln

Es ist zweckmäßig, die Zellen, die Sie gerade ausgefüllt haben, so zu formatieren, daß die Formeln sichtbar werden, damit man später genau erkennen kann, woher die Ergebnisse stammen.

< B F T   Der Befehl **Bereich Format Text** stellt Zellen mit Formeln so dar, daß man die Formeln und nicht die Ergebnisse der Formeln sehen kann.

2 mal **Pfeil nach links Return**   Wählen Sie den Bereich, und lösen Sie den Befehl aus. 1-2-3 zeigt die Zelladressen (siehe Abbildung 2-43).

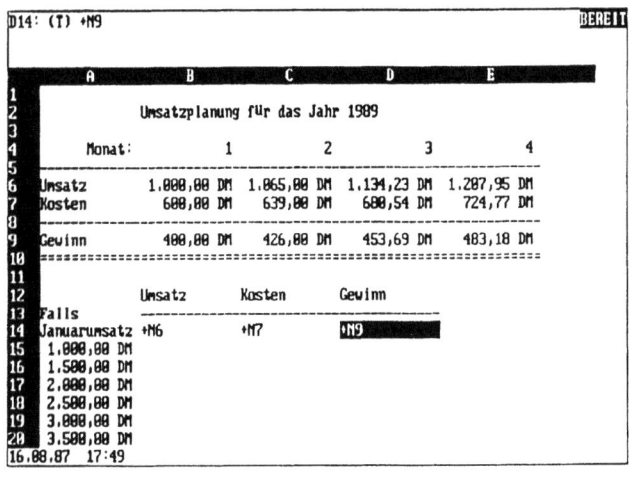

Bild 2-43: Format Text

Als letztes legen Sie den Bereich der Datentabelle und die Ausgangsgröße in Ihrer Kalkulation fest.

3 mal **Pfeil nach links**	Markieren Sie die Beschriftung Januarumsatz.
< D T 1	Der Befehl **Daten Tabelle 1** gilt für Alternativenberechnungen mit einer Ausgangsgröße und beliebig vielen davon abhängigen Ergebnissen. Ihre Ausgangsgröße ist der Januarumsatz, der für die in Spalte A aufgeführten Beträge Ergebnisse liefern soll.
	Die Ergebnisse sind Gesamtumsatz, Gesamtkosten, und Gesamtgewinn. Sie haben die drei Ergebnisse in Form von Zelladressen in den Zellen B13..D13 angegeben.
.	Ankern Sie den Bereich der Datentabelle.
6 mal **Pfeil nach unten** 3 mal **Pfeil nach rechts**	Markieren Sie die ganze Datentabelle einschließlich der Alternativen für die Ausgangsgröße und der Angaben für die Ergebnisse (vgl. Bild 2-44).

2.4 Berechnung von Alternativen 85

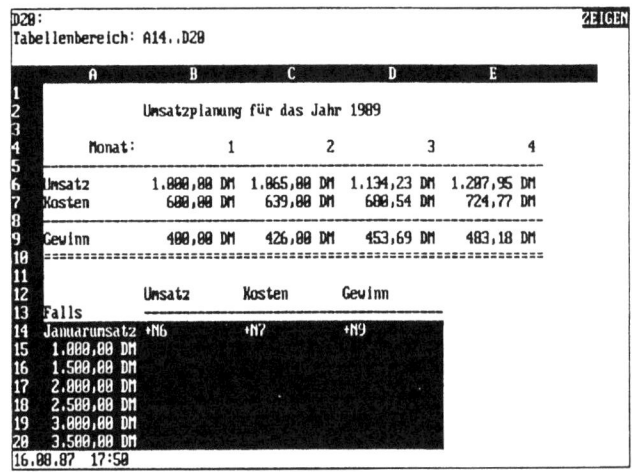

Bild 2-44: Tabellenbereich

Return 1-2-3 fragt nach der Eingabezelle, für die die alternativen Werte in Spalte A gelten sollen.

B6 **Return** Antworten Sie mit B6, oder benutzen Sie den Zellzeiger, um auf den Januarumsatz zu zeigen.

1-2-3 berechnet die Tabelle. Die Modusanzeige *Warten* erscheint während der Berechnung, da die Berechnung bei komplizierteren Kalkulationen länger dauern kann.

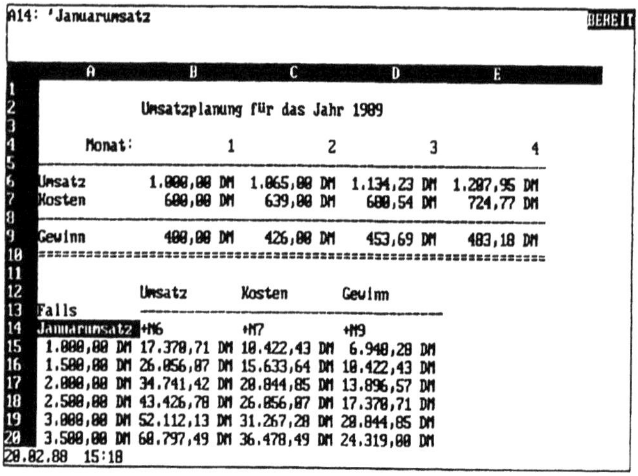

```
A14: 'Januarumsatz                                          BEREIT

        A         B         C         D         E
 1
 2              Umsatzplanung für das Jahr 1989
 3
 4         Monat:      1         2         3         4
 5
 6    Umsatz    1.000,00 DM  1.065,00 DM  1.134,23 DM  1.207,95 DM
 7    Kosten      600,00 DM    639,00 DM    680,54 DM    724,77 DM
 8
 9    Gewinn      400,00 DM    426,00 DM    453,69 DM    483,18 DM
10    =================================================================
11
12                  Umsatz       Kosten       Gewinn
13    Falls       ----------------------------------
14    Januarumsatz  +N6          +N7          +N9
15    1.000,00 DM 17.370,71 DM 10.422,43 DM  6.948,28 DM
16    1.500,00 DM 26.056,07 DM 15.633,64 DM 10.422,43 DM
17    2.000,00 DM 34.741,42 DM 20.844,85 DM 13.896,57 DM
18    2.500,00 DM 43.426,78 DM 26.056,07 DM 17.370,71 DM
19    3.000,00 DM 52.112,13 DM 31.267,28 DM 20.844,85 DM
20    3.500,00 DM 60.797,49 DM 36.478,49 DM 24.319,00 DM
20.02.88   15:10
```

Bild 2-45: Automatisch berechnete Alternativen

Als Ergebnis des Befehls **Daten Tabelle 1** berechnet 1-2-3 die Beträge, die sich für Umsatz, Kosten und Gewinn bei den verschiedenen in Spalte A genannten Januarumsätzen aufgrund Ihres Kalkulationsmodells ergeben würden.

2.5 Übung: Die zweite Umsatzplanung

In der nächsten Übung können Sie einen Fünfjahresplan für die Jahre 1988 bis 1992 aufstellen. Sie können dabei die Befehle und Kalkulationstechniken aus dem ersten Arbeitsblatt noch einmal anwenden. Ich werde nicht mehr alle Tastenbetätigungen beschreiben, sondern nur noch die Grundannahmen der Kalkulation nennen und einige Hinweise zum Vorgehen geben.

Zum Schluß solite Ihr Arbeitsblatt der Abbildung in Bild 2-46 entsprechen.

```
B6: (W2) 8                                                           BEREIT

        A            B          C          D          E          F
1               Fünfjahresplan 1988 - 1992
2
3                    1988       1989       1990       1991       1992
4      ----------------------------------------------------------------
5      Absatz         1000       1100       1210       1331       1464
6      Preis         8,00 DM    7,36 DM    6,77 DM    6,23 DM    5,73 DM
7      ----------------------------------------------------------------
8      Erlöse       8.000 DM   8.096 DM   8.193 DM   8.291 DM   8.391 DM
9      ================================================================
10     Kosten
11      Rohstoffe   3.200 DM   3.238 DM   3.277 DM   3.317 DM   3.356 DM
12      Verwaltung  2.000 DM   2.024 DM   2.048 DM   2.073 DM   2.098 DM
13      Forschung     600 DM     800 DM   1.000 DM   1.200 DM   1.400 DM
14      Spesen        300 DM     300 DM     300 DM     300 DM     300 DM
15     ----------------------------------------------------------------
16     Gesamtkosten 6.100 DM   6.362 DM   6.626 DM   6.889 DM   7.154 DM
17     ----------------------------------------------------------------
18     Gewinn       1.900 DM   1.734 DM   1.568 DM   1.402 DM   1.237 DM
19     Umsatzrendite  23,75%     21,41%     19,13%     16,91%     14,74%
20     ================================================================
23.00.87  12:16
```

Bild 2-46: Fünfjahresplan

2.5.1 Aufgabe

Hier ist die Aufgabenstellung: Geben Sie eine Prognose der Umsatz- und Gewinnentwicklung für die Jahre 1988 bis 1992 unter folgenden Annahmen ab:

- Absatz im Jahr 1988: 1000 Stück, jährliche Steigerung 10%.

- Preis im Jahr 1988: 8 DM, sinkt pro Jahr um 8%.

- Erlöse: Produkt aus Absatz und Preis

- Rohstoffkosten: 40% des Umsatzes

- Verwaltungskosten: 25% des Umsatzes

- Forschungskosten: 600 DM im ersten Jahr; jährliche Steigerung 200 DM.

- Spesen: 300 DM je Jahr

- Gesamtkosten: Summe der einzelnen Kostenarten

- Gewinn: Erlöse minus Gesamtkosten

- Umsatzrendite: Prozentualer Gewinnanteil im Umsatz (100 * Gewinn / Umsatz)

2.5.2 Aufbau der Kalkulation

Tips zur Durchführung: Starten Sie 1-2-3, oder löschen Sie Ihr Arbeitsblatt mit dem Befehl **Arbeitsblatt Radieren**. Vergessen Sie das Speichern nicht, wenn sie das, was Sie zur Zeit auf Ihrem Arbeitsblatt haben, noch brauchen.

Geben Sie zuerst die Beschriftungen in Spalte A und die Überschriften ein.

Bauen Sie mit Hilfe des *wiederholenden Labels* (Justierungszeichen \) und des Befehls **Kopie** die Linien auf. Vergessen Sie beim Markieren von Bereichen nicht den Anker (.).

Geben Sie die Ausgangsgrößen für 1988 ein.

Berechnen Sie die Ergebnisse für das Jahr 1988 mit Hilfe von Formeln und Zeigen mit dem Zellzeiger. Berechnen Sie für die Umsatzrendite zunächst nur Gewinn / Umsatz, ohne mit 100 zu multiplizieren.

Markieren und verbreitern Sie die Spalte A mit dem Befehl **Arbeitsblatt Spalte Bestimmen** auf 14 Zeichen.

Erstellen Sie die Spalte für das Jahr 1989. Soweit sich die Zahlen im Jahr 1989 aus den entsprechenden Zahlen im Jahr 1988 ergeben, sollten Sie Formeln verwenden, die sich auf Zahlen im Jahr 1988 beziehen. Zahlen, die schon in der Spalte 1988 durch Formeln ermittelt wurden, können Sie kopieren.

Wenn die Spalte für das Jahr 1989 fertiggestellt ist, können Sie die komplette Spalte in die Spalten D, E und F kopieren. Denken Sie daran, daß Sie als Ziel für die Kopie jeweils nur die linke obere Ecke des Zielbereiches angeben müssen. (Was kopieren? C3.C20 Wohin kopieren? D3.F3)

2.5.3 Gestaltung der Tabelle

Formatieren Sie die Tabelle: Wählen Sie mit dem Befehl **Arbeitsblatt Global Format Währung** 0 Dezimalstellen. Beachten Sie, daß 1-2-3 mit den nicht gerundeten Werten rechnet, obwohl gerundete Beträge angezeigt werden.

Wählen Sie mit dem Befehl **Arbeitsblatt Global Breite** 11 Stellen Breite für alle nicht individuell formatierten Spalten. Formatieren Sie den Bereich von der Jahreszahl 1988 bis zur letzten Absatzzahl 1464 (B3.F5) mit dem Befehl **Bereich Format Fest** 0. Formatieren Sie die Zeile der Einzelpreise (Zeile 6) mit dem Befehl **Bereich Format Währung** 2. Formatieren Sie die Zeile der Umsatzrendite mit Hilfe des Formates **Bereich Format Prozent** 2.

Hinweis: Das **Format Prozent** multipliziert alle Zahlen mit dem Faktor 100 und setzt ein Prozentzeichen hinter die Zahl. Durch dieses Hilfsmittel kann man den Faktor 100 (s.o.) in den Formeln jeweils einsparen und Prozentrechnungen einfacher durchführen.

Wenn Sie mit Ihrem Fünfjahresplan zufrieden sind, speichern Sie ihn mit dem Befehl **Transfer Speichern** unter dem Namen *Planung*.

3 Drucken und Dateien

Dieses Kapitel beschäftigt sich mit grundsätzlichen Dingen wie dem Drucken oder Speichern der Arbeitsblätter. Sie gelten daher unabhängig von der behandelten Problemstellung für alle Arbeitsblätter gleichermaßen.

In den folgenden Kapiteln werden diese Sachverhalte nicht mehr tiefgehend erklärt. Sollten Sie sich später nicht mehr genau erinnern, wie man eine Überschrift für den Ausdruck gestalten kann, oder Verständnisschwierigkeiten bei der Handhabung von Dateien und Verzeichnissen haben, können Sie in diesem Kapitel nachschlagen.

3.1 Gestaltung eines Berichts

Lotus 1-2-3 hat gegenüber vielen anderen Tabellenkalkulationsprogrammen den Vorteil, daß es über einfache Textverarbeitungsfunktionen verfügt. Sie können deshalb nicht nur die Ergebnisse Ihrer Berechnung oder Planung mit 1-2-3 ermitteln, sondern auch Berichte erstellen.

Zur Demonstration benutzen wir das erste Kalkulationsmodell. Nehmen wir an, Sie geben Ihre Umsatzprognose an einen Kollegen in einer anderen Abteilung weiter und wollen die Kalkulation dazu mit einigen Erläuterungen versehen.

Hinweis: Bevor Sie das Umsatzmodell laden, sollten Sie Ihr aktuelles Arbeitsblatt speichern. Beim Laden eines Arbeitsblattes wird automatisch und ohne Warnung das auf dem Bildschirm befindliche Arbeitsblatt aus dem Hauptspeicher gelöscht. Wenn es zu diesem Zeitpunkt noch nicht auf Platte gespeichert war, ist es verlorengegangen.

< *T L Name, unter dem Sie das Umsatzmodell gespeichert haben* **Return**

oder < *T L Les2-5* **Return**   Der Befehl **Transfer Laden** lädt ein Arbeitsblatt von der Festplatte in den Hauptspeicher, so daß Sie mit 1-2-3 das Arbeitsblatt manipulieren können.

3.1 Gestaltung eines Berichts

Hinweis: Wenn Sie die zum Buch gehörige Begleitdiskette benutzen, können Sie auch das Arbeitsblatt *Les2-5* verwenden.

Home	Sie beginnen in Zelle A1.
< *A E Z*	Der Befehl **Arbeitsblatt Einfügen Zeilen** schafft Raum für den zusätzlichen Text.
17 mal **Pfeil nach unten**	Sie markieren den Bereich, in dem neue Zeilen eingefügt werden sollen.

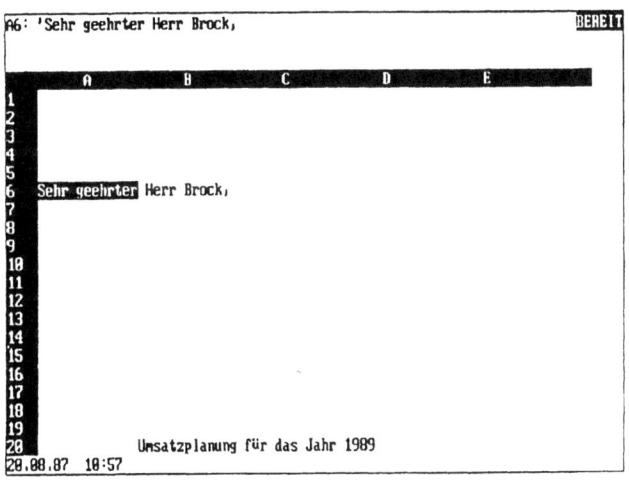

Bild 3-1: Raum für Begleittext

Return	1-2-3 fügt die Zeilen ein und verschiebt die Kalkulation nach unten (vgl. Bild 3-1).

3.1.1 Texteingabe

5 mal **Pfeil nach unten**	Markieren Sie die Zelle, in der der Text beginnen soll.

Sehr geehrter Herr Brock,　　　　　Sie tragen den Text ein.

Pfeil nach unten　　　　　Der Text wird als *langes Label* angezeigt.

beiliegend sende ich Ihnen meine Um-　　Geben Sie den Text in der markierten
satzplanung für den Testmarkt unseres　　Zelle ein (ohne **Return**).
neuen Haarsprays.

Hinweis: Jede Zelle kann unabhängig davon, ob Sie Werte (Formeln) oder Labels eingeben, bis zu 240 Zeichen speichern. Wenn der Text in einer Zelle breiter ist als der Bildschirm, können Sie ihn mit den Editiertasten im Bildschirmausschnitt verschieben.

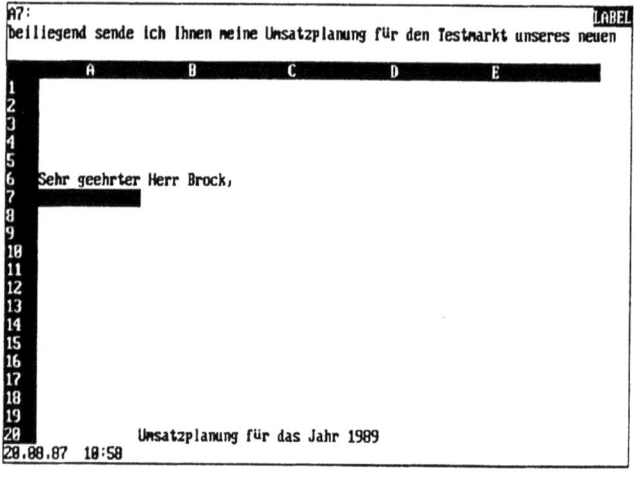

Bild 3-2: Text als Label

Pfeil nach unten *Die Zahlen basieren auf*　Sie markieren die nächste Zeile und geben
Umsätzen vergleichbarer Produkteinfüh-　weiteren Text ein (vgl. Bild 3-2).
rungen, die in den vergangenen Jahren
durchgeführt worden sind.

3.1.2 Textformatierung

Pfeil nach oben Sie markieren den Beginn der zu formatierenden Textpassage.

< B O Der Befehl **Bereich Ordnen** dient zum gemeinsamen Umformatieren von Labels in mehreren Zellen.

4 mal Pfeil nach rechts
3 mal Pfeil nach unten Sie geben den Bereich an, in dem der Text nach der Umformatierung stehen soll wie in Abbildung 3-3.

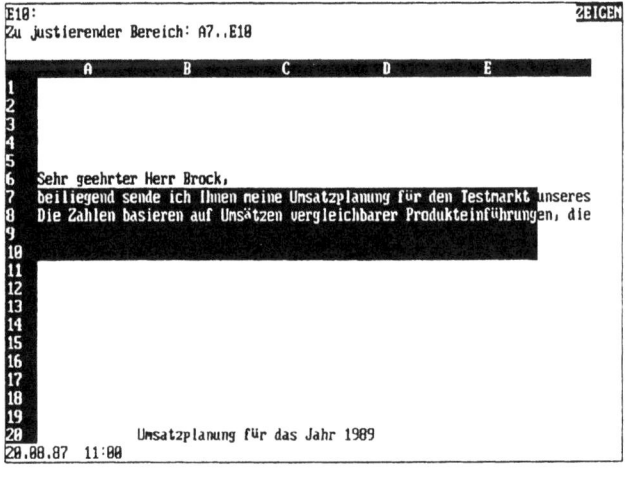

Bild 3-3: Bereich Ordnen

Return 1-2-3 formatiert den Text, so daß er in den markierten Bereich paßt. Die betreffenden Labels werden dabei neu geordnet und es werden zwei neue Labels gebildet.

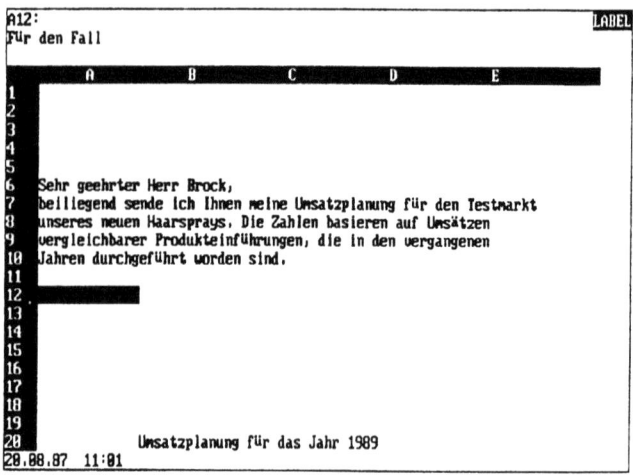

Bild 3-4: Text nach der Umformatierung

5 mal **Pfeil nach unten** *Für den Fall, daß sich die Schätzung des Umsatzes im Januar 1989 als unrichtig erweist, habe ich zusätzliche eine Tabelle erstellt, die die Jahresergebnisse für alternative Januarumsätze angibt.* **Return**

Sie geben eine zweite Textpassage ein.

< *B O* 4 mal **Pfeil nach rechts**
3 mal **Pfeil nach unten Return**

Sie formatieren auch diesen Text mit dem Befehl **Bereich Ordnen** (siehe Abbildung 3-5).

3.1 Gestaltung eines Berichts

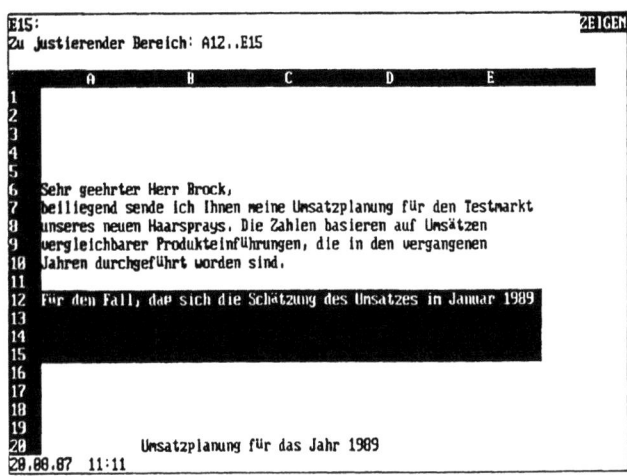

Bild 3-5: Zweiter Textabsatz

5 mal **Pfeil nach unten** Beenden Sie Ihren kurzen Brief.
Mit freundlichen Grüßen **Return**

3.1.3 Seitenwechsel im Arbeitsblatt

1-2-3 gibt Ihnen mit dem Befehl **Arbeitsblatt Neue Seite** die Möglichkeit, an einer beliebigen Stelle im Arbeitsblatt einen Seitenwechsel einzufügen. Der Seitenwechsel wird wie andere Angaben auf dem Arbeitsblatt in einer Zelle gespeichert und kann radiert oder überschrieben werden. Beim Ausdruck bewirkt der Seitenwechsel den Beginn einer neuen Seite unabhängig davon, ob die gerade gedruckte Seite schon gefüllt ist.

Die Alternativentabelle soll als Anlage zu Ihrem Bericht auf einer eigenen Seite gedruckt werden.

F5 Gehezu *A29* **Return** Bewegen Sie sich zu der Stelle, an der die neue Seite begonnen werden soll (vgl. Bild 3-6).

< A N

Der Befehl **Arbeitsblatt N. Seite** fügt eine neue Zeile mit einem Seitenwechsel ein. Der Seitenwechsel ist in der entsprechenden Zelle als Angabe von vier Punkten zu erkennen.

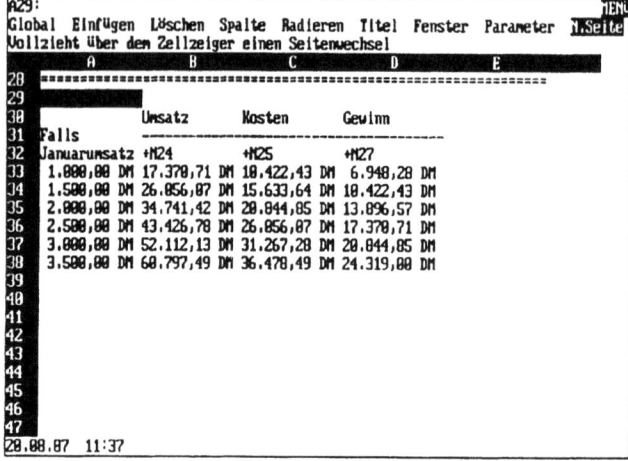

Bild 3-6: Einfügen eines Seitenwechsels

3.2 Drucken

Lotus 1-2-3 bietet zwei Möglichkeiten des Ausdrucks von Arbeitsblättern.

- Druck auf dem Drucker

- Druck in eine Datei

Beide Optionen erfordern eine ähnliche Vorgehensweise. Der Unterschied besteht darin, daß im ersten Fall der Ausdruck auf dem Papier erscheint, im anderen Fall sämtliche Angaben, die normalerweise gedruckt würden, in eine Datei gespeichert werden.

Der Druck in eine Datei kann unter verschiedenen Gesichtspunkten sinnvoll sein.

- In aller Regel kann ein Drucker die zu druckenden Informationen nicht so schnell aufnehmen wie eine Datei. Wenn Sie also umfangreiche Arbeitsblätter drucken müssen und Ihre Zeit knapp ist, kann es nützlich sein, Ihre Ausgaben zunächst in eine Datei zu drucken. Die entstandenen Dateien können später - z. B. in einer Pause - mit Hilfe des Betriebssystems ausgedruckt werden.

- Wenn die Gestaltungsmöglichkeiten in Lotus 1-2-3 für Ihre Zwecke nicht ausreichen, können Sie Ihre Kalkulationsmodelle in 1-2-3 berechnen und die Ergebnisse anschließend per Druckdatei in Ihr Textverarbeitungssystem oder ein anderes Gestaltungsprogramm übergeben. Speziell die Programme aus dem Desk Top Publishing- und Präsentationsbereich sind darauf abgestimmt, auf diese Weise Informationen zur weiteren Gestaltung zu übernehmen.

Da Lotus 1-2-3 unter den Anwendungsprogrammen ein weit verbreiteter Klassiker ist, gibt es eine Reihe von Zusatzprogrammen, die Lotus 1-2-3-Ergebnisse übernehmen, um sie weiterzuverarbeiten. Eine Möglichkeit der Übergabe stellt dabei die Druckdatei dar.

Der Ausdruck eines Arbeitsblattes erfordert folgendes Vorgehen:

- Entscheidung, ob Drucker oder Druckdatei

- Festlegen des zu druckenden Bereiches

- Vorbereitung des Druckers

- Gestaltung des Ausdrucks

- Drucken

Die ersten beiden und der letzte Schritt sind zwingend notwendig, der dritte und vierte Schritt ist nur bei Bedarf zu benutzen. Die nächste Übung zeigt an Hand Ihres gerade erstellten Berichtes einige der Druckmöglichkeiten.

Home	Beginnen Sie in der linken, oberen Ecke des zu druckenden Bereiches.
< O D	Der Befehl **Output** leitet die Druckvorbereitungen ein. Mit dem Befehl **Drucker** entscheiden Sie, daß der Ausdruck auf dem Papier erscheinen soll.
	1-2-3 zeigt das Druckmenü. Das Druckmenü bleibt solange aktiv, bis Sie es mit dem Befehl **Zurück** verlassen. Anschließend geht 1-2-3 wieder in den *Bereit* Modus.

Wenn Sie sich für die Ausspuldatei entscheiden, wird der Ausdruck in eine Druckdatei geleitet. Sie müssen dann noch den Namen der Druckdatei angeben. Der Name der Ausspuldatei sollte wieder maximal 8 Zeichen haben. Lotus 1-2-3 ergänzt automatisch die Endung .prn.

3.2.1 Festlegen des Druckbereichs

Die darauffolgenden Schritte sind für Drucker und Ausspuldatei identisch.

B	Der Befehl **Bereich** bestimmt den zu druckenden Teil des Arbeitsblattes.

. End Home   Ankern Sie den Zellzeiger, und erweitern
                                 Sie ihn, so daß er sämtliche Angaben auf
                                 dem Arbeitsblatt markiert.

Return   1-2-3 merkt sich den markierten Druck-
                                 bereich.

3.2.2 Vorbereitung des Druckers

Richten Sie Ihren Drucker ein, so daß er auf die erste Zeile eines neuen Blattes druckt. Der Computer muß Zugriff auf den Drucker haben (Bereitschaftsanzeige oder On-Line-Anzeige sollte leuchten.).

J   Mit dem Befehl **Justieren** teilt 1-2-3 dem
                                 Drucker mit, daß an der aktuellen Druck-
                                 kopfposition eine neue Seite beginnt. Das
                                 ist notwendig, damit der Drucker beim
                                 Seitenvorschub das Papier die richtige
                                 Anzahl von Zeilen transportiert.

3.2.3 Gestaltung des Ausdrucks

Die folgenden Befehle sind nicht notwendig, sondern dienen der Verbesserung des Druckbildes.

O   Wählen Sie den Befehl **Optionen**, um den
                                 Ausdruck weiter zu gestalten.

3.2.3.1 Vorgabewerte

Bei den meisten der unter dem Befehl **Optionen** bestehenden Auswahlmöglichkeiten schlägt 1-2-3 Vorgabewerte vor, die Sie ändern können. Die Vorgabewerte wurden bei der Installation des Lotus-Systems automatisch festgelegt. Wenn Sie wissen wollen, welche Vorgabewerte zur Zeit gültig sind, lassen Sie sie sich durch den Befehl **Arbeitsblatt Global Vorgabe Parameter** anzeigen.

Wenn Sie die Vorgabewerte immer wieder auf dieselben Werte ändern müssen, benutzen Sie den Befehl **Arbeitsblatt Global Vorgabe Drucker**, um die Vorgabewerte zu ändern. Nachdem Sie mit diesem Befehl neue Vorgabewerte bestimmt haben, benutzt 1-2-3 diese Werte als Vorgabe. Ihre neuen Vorgabewerte bleiben allerdings nur solange wirksam, bis Sie 1-2-3 verlassen. Bei einem neuen Start von 1-2-3 sind wieder die ursprünglichen Vorgabewerte aktiv.

Es besteht auch die Möglichkeit, die Vorgabewerte dauerhaft zu ändern, so daß Ihre eigenen Vorgabewerte auch beim nächsten Systemstart noch gelten. Dazu müssen Sie zuerst mit dem Befehl **Arbeitsblatt Global Vorgabe Drucker** die Vorgabewerte auf die von Ihnen gewünschten ändern und anschließend die Änderungen durch Wahl des Befehls **Arbeitsblatt Global Vorgabe Aktualisieren** in der *Lotus Konfigurationsdatei* speichern. Beim nächsten Start liest das Lotus-System die gewünschten Vorgabewerte aus dieser Datei. Aber Sie waren dabei, Ihren Bericht auszudrucken.

3.2.3.2 Papierdimensionen

Die nächsten sieben Befehle legen das Seitenlayout, also die Anordnung der Arbeitsblattinformationen auf dem Papier fest.

R L   1-2-3 zeigt den Vorgabewert für den linken Rand.

8 **Return**   Legen Sie mit dem Befehl **Rand Links** den linken Rand Ihres Ausdruckes zum Abheften auf 8 Zeichen fest.

R O 5 **Return**   Bestimmen Sie mit dem Befehl **Rand Oben** den oberen Rand mit 5 Zeilen, nachdem Sie sich den von 1-2-3 vorgeschlagenen Vorgabewert angesehen haben.

R U 5 **Return**   Der Befehl **Rand Unten** legt den unteren Seitenrand fest.

3.2 Drucker

R R 75 **Return**   Der **Rand Rechts** soll 75 Zeichen vom linken Papierrand entfernt sein.

S   1-2-3 zeigt den Vorgabewert für die Seitenlänge. In Deutschland werden bei Endlospapier normalerweise Seiten mit 72 Zeilen verwendet. Falls dieser Wert vorgeschlagen wird bestätigen Sie nur mit **Return**, ansonsten mit

72 **Return**

3.2.3.3 Kopfzeilen und Fußzeilen

K   Der Befehl **Kopfzeile** ermöglicht Ihnen, oberhalb jeder Arbeitsblattseite eine Zeile mit gleichbleibenden Angaben zu drucken.

Haarspray Testmarkt | Geplanter Umsatz | @
Return   Geben Sie die in Bild 3-7 abgebildete Kopfzeile ein.

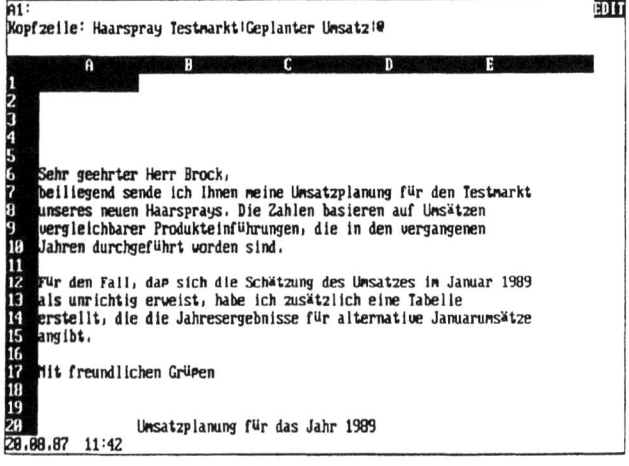

Bild 3-7: Kopfzeile

Bei der Eingabe von Kopf- und Fußzeilen existieren drei Sonderzeichen, die nicht genauso gedruckt werden, wie sie eingegeben wurden:

- Der Klammeraffe @ stellt das aktuelle Datum dar. Beim Ausdrucken wird anstelle des Klammeraffen das Tagesdatum gedruckt.

- Das Nummernzeichen # stellt die Seitennummer dar und wird angegeben, wenn Sie Ihre Seiten numerieren möchten.

- Der geteilte senkrechte Strich | kann bis zu zweimal in der Kopf- und Fußzeile vorkommen und teilt diese entsprechend in bis zu drei Abschnitte. Der Abschnitt vor dem ersten senkrechten Strich wird linksbündig ausgedruckt, der Abschnitt hinter dem ersten und vor dem zweiten senkrechten Strich wird zentriert, und der Abschnitt hinter dem zweiten Strich wird rechtsbündig gesetzt.

Sie können Abschnitte der Kopfzeile, die Sie nicht benötigen, auslassen. z. B.:

Überschrift ohne senkrechten Strich, um linksbündigen Ausdruck zu erreichen;

|zentrierte Überschrift, um eine zentrierte Überschrift zu setzen oder

||rechtsbündig, um nur rechtsbündig zu setzen.

Hinweis: Falls der senkrechte Strich | mit Ihrer Tastatur nicht einzugeben ist, können Sie ihn mit der Tastenkombination **Alt-*124*** oder **Alt-*4*** erzeugen.

Zum Schluß brauchen Sie noch eine Fußzeile, an der der Empfänger Ihres Berichtes erkennen kann, aus welcher Abteilung die Umsatzprognose stammt. Falls Sie Ihrer Prognose nicht trauen, lassen Sie diese Zeile besser weg.

F   Wählen Sie **Fußzeile**.

3.2 Drucker

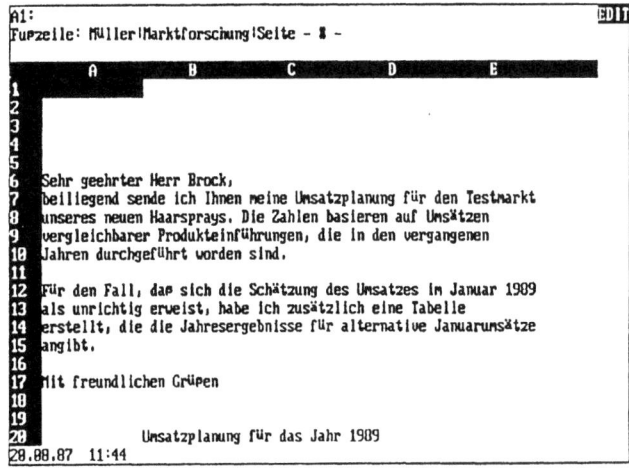

Bild 3-8: Fußzeile

Ihr Name |Marktforschung|Seite - # -   Speichert Ihre Fußzeile.
Return

Z   Wählen Sie **Zurück**, um das Optionenmenü zu verlassen. 1-2-3 zeigt wieder das Druckmenü.

D   Mit dem Befehl **Drucken** lösen Sie den Druck aus.

Die Alternativentabelle wird auf einer neuen Seite unterhalb der Umsatzplanung gedruckt, weil Sie in der Zelle A29 einen Seitenwechsel eingesetzt hatten.

Nachdem der Druck beendet ist, bleibt der Drucker in der Zeile stehen, in die die letzten Angaben gedruckt wurden, damit Sie die Gelegenheit haben, auf derselben Seite noch Informationen aus anderen Arbeitsblättern oder Grafiken zu drucken. Zur weiteren Steuerung stehen zwei Befehle zur Verfügung. Der Befehl **N.Zeile** beginnt eine neue Zeile auf dem Papier, wenn Sie weitere Informationen ab der nächsten Zeile drucken wollen.

S   Der zweite Befehl heißt **Seite** und sollte gewählt werden, wenn der nächste Ausdruck auf einer neuen Seite erfolgen soll. Sie ersparen sich hierdurch beim nächsten Ausdruck die Druckervorbereitung, also das Einstellen des Seitenanfangs und den Befehl **Justieren**.

104 3 Drucken und Dateien

```
Haarspray Testmarkt     Geplanter Umsatz                    12.04.88


Sehr geehrter Herr Brock,
beilliegend sende ich Ihnen meine Umsatzplanung für den Testmarkt
unseres neuen Haarsprays. Die Zahlen basieren auf Umsätzen
vergleichbarer Produkteinführungen, die in den vergangenen
Jahren durchgeführt worden sind.

Für den Fall, dass sich die Schätzung des Umsatzes im Januar 1989
als unrichtig erweist, habe ich zusätzlich eine Tabelle
erstellt, die die Jahresergebnisse für alternative Januarumsätze
angibt.

Mit freundlichen Grüssen

                    Umsatzplanung für das Jahr 1989
           Monat:         1          2          3          4
         ==================================================================
         Umsatz    1.000,00 DM  1.065,00 DM  1.134,23 DM  1.207,95 DM
         Kosten      600,00 DM    639,00 DM    680,54 DM    724,77 DM
         ------------------------------------------------------------------
         Gewinn      400,00 DM    426,00 DM    453,69 DM    483,18 DM
         ==================================================================





Müller               Marktforschung              Seite - 1 -
```

```
Haarspray Testmarkt     Geplanter Umsatz

                  Umsatz         Kosten        Gewinn
Falls         ----------------------------------------------
Januarumsatz   +H24           +H25           +H27
 1.000,00 DM  17.370,71 DM  10.423,43 DM   6.948,28 DM
 1.500,00 DM  26.056,07 DM  15.633,64 DM  10.422,43 DM
 2.000,00 DM  34.741,42 DM  20.844,85 DM  13.896,57 DM
 2.500,00 DM  43.426,78 DM  26.056,07 DM  17.370,71 DM
 3.000,00 DM  52.112,13 DM  31.267,28 DM  20.844,85 DM
 3.500,00 DM  60.797,49 DM  36.478,49 DM  24.319,00 DM
```

```
                   7            8            9
         ==================================================
          1.459,14 DM  1.553,99 DM  1.655,00 DM
            875,49 DM    932,39 DM    993,00 DM
         --------------------------------------------------
            583,66 DM    621,59 DM    662,00 DM
         ==================================================




Müller               Marktforschung              Seite - 2 -
```

```
Müller               Marktforschung              Seite - 3 -
```

```
Müller               Marktforschung              Seite - 4 -
```

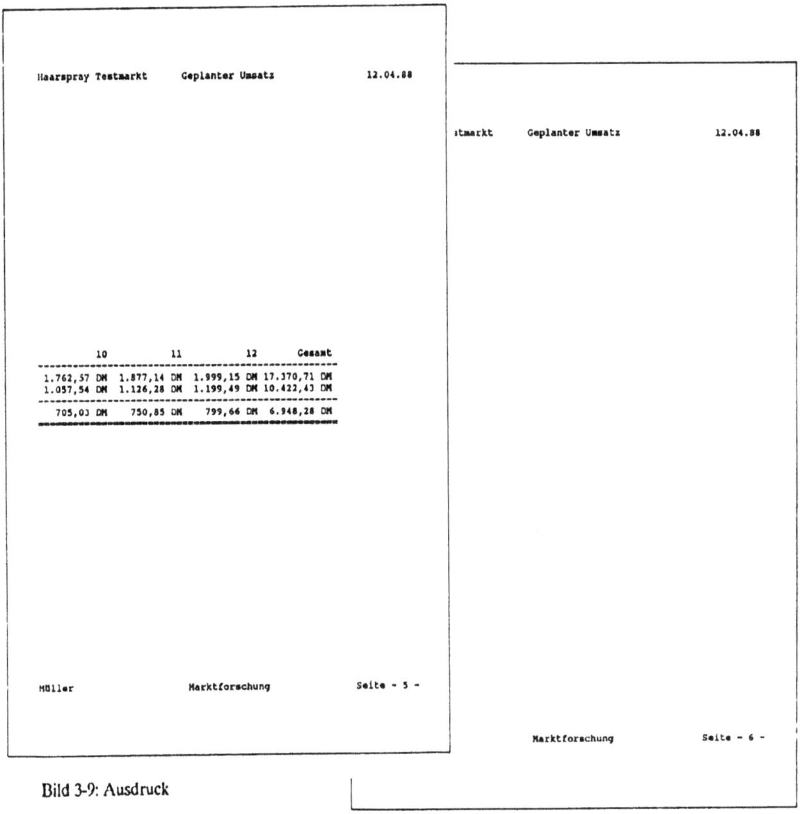

3.2 Drucker

```
Haarspray Testmarkt     Geplanter Umsatz           12.04.88

                                 tmarkt      Geplanter Umsatz            12.04.88




              10           11          12      Gesamt
        ------------------------------------------------
        1.762,57 DM  1.877,14 DM  1.999,15 DM 17.370,71 DM
        1.057,54 DM  1.126,28 DM  1.199,49 DM 10.422,43 DM
        ------------------------------------------------
         705,03 DM    750,85 DM    799,66 DM  6.948,28 DM
        ================================================




Müller           Marktforschung          Seite - 5 -

                              Marktforschung        Seite - 6 -
```

Bild 3-9: Ausdruck

Da das 1-2-3 Arbeitsblatt mit 256 Spalten und 8192 Zeilen sehr viel größer sein kann als eine Papierseite auf dem Drucker, kann es natürlich sehr leicht vorkommen, daß der Ausdruck Ihrer Tabelle nicht auf eine Seite paßt. In solchen Fällen verteilt 1-2-3 den Ausdruck auf mehrere Seiten, so daß Sie die Seiten wie Tapetenbahnen zusammenkleben können.

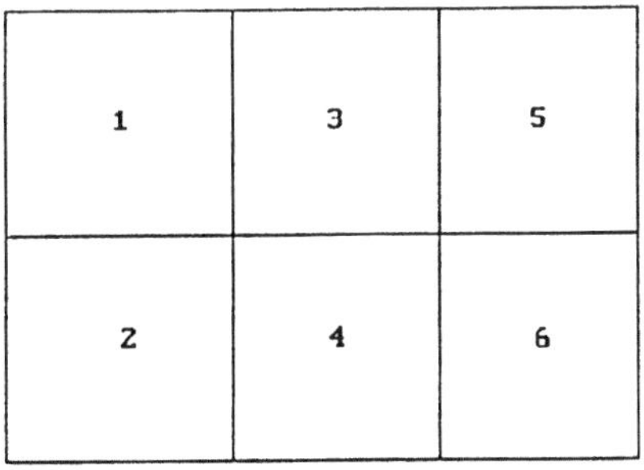

1	3	5
2	4	6

Bild 3-10:
Anordnung der Seiten beim Ausdruck

Z	Wählen Sie **Zurück**; 1-2-3 geht in den *Bereit* Modus.
< *T S Bericht* **Return**	Falls Sie Ihr Arbeitsblatt noch nicht gespeichert haben, wird es nach den zahlreichen Änderungen höchste Zeit. 1-2-3 speichert alle Angaben, die Sie im Druckmenü gemacht haben, zusammen mit dem Arbeitsblatt.

3.2.3.4 Planung des Seitenlayouts

Bevor Sie einen Ausdruck gestalten, sollten Sie sich über die folgenden Punkte Gedanken machen.

- Welchem Zweck soll der Ausdruck dienen? Wenn Sie die ausgedruckte Tabelle in einer Akte abheften wollen, werden Sie die Seite anders gestalten als z. B. den Ausdruck für eine Folie für einen Vortrag.

- Falls Ihre Tabelle auf mehrere Seiten aufgeteilt werden muß, wo kann man die Tabelle am sinnvollsten teilen? Geben Sie anschließend die Werte für Seitenlänge und Ränder so ein, daß die Tabelle wunschgemäß auf verschiedene Seiten verteilt wird. Gegebenenfalls können Sie die Aufteilung in verschiedene Abschnitte auch durchführen, indem Sie mehrere Bereiche des Arbeitsblattes mit Hilfe der Befehle **Bereich**, **N.Zeile**, **Seite** und **Drucken** nacheinander drucken.

- Wenn Sie große Tabellen zusammenhängend betrachten wollen, empfiehlt es sich, nur einen linken Rand, aber keinen rechten, keinen oberen und keinen unteren Rand zu setzen, weil man dann die Seiten besser zusammenkleben kann. Sie brauchen dazu die Angaben über die Seitengröße Ihres Druckers. In den meisten Fällen gelten die Größen 80 Zeichen/Zeile und 72 Zeilen/Seite für DIN-A4 und 132 Zeichen/Zeile und 72 Zeilen/Seite für DIN-A4-quer Papier.

Die Seite wird von 1-2-3 entsprechend Bild 3-11 aufgeteilt.

Bild 3-11: Seitenlayout

Zwischen Kopfzeile, Arbeitsblattdaten und Fußzeile, Arbeitsblattdaten läßt Lotus 1-2-3 je zwei Zeilen frei. Der Wert für den rechten Rand wird in Zeichenpositionen von der linken Papierkante gemessen; z. B. entspricht die Angabe von 72 einem rechtem Rand von 8 Zeichen; die Angabe von 80 keinem rechten Rand (bei 80 Zeichen Papierbreite).

3.2.4 Weitere Druckbefehle

Die bisher nicht benutzten Möglichkeiten des Druckmenüs sollen kurz beschrieben werden, damit Sie im Bedarfsfall wissen, wozu sie dienen.

3.2.4.1 Druckerinitialisierung

Bei vielen Druckern besteht die Möglichkeit, die Schriftart und andere Eigenschaften des Druckbildes über Steuerkodes zu beeinflussen. Sie können die für Ihren Drucker gültigen Steuerkodes dem Druckerhandbuch entnehmen. Die Umschaltung in eine andere Schriftart eignet sich insbesondere auch, um in einer kleineren Schriftart eine größere Anzahl von Spalten auf eine Seite zu drucken. Wenn Ihr Drucker über solche Möglichkeiten verfügt, können Sie den entsprechenden Steuerkode über den Befehl **Optionen Init** vor dem Drucken angeben. Die Steuerkodes müssen dabei in einer vorgegebenen Form eingegeben werden.

Sie beginnen mit einem *Backslash* \ gefolgt von einer dreistelligen Zahl, die Sie aus dem Druckerhandbuch entnehmen. Man kann mit dem Befehl **Arbeitsblatt Global Vorgabe Drucker Folge** auch eine Initialisierungsfolge als Vorgabewert festlegen.

Beispiel: Die Initfolge für Schmalschrift lautet bei vielen Druckern: \015

3.2.4.2 Kopfspalten und Überschriften

Der Befehl **Abgrenzungen** existiert für Spalten und Zeilen. Er ermöglicht Kopfspalten oder Überschriften für Tabellen festzulegen, die auf jeder gedruckten Seite wiederholt werden. Wichtig ist dabei, daß Sie den Bereich der Beschriftungen nicht in den Druckbereich aufnehmen, da die Beschriftungen sonst zweimal auf einer Seite gedruckt würden.

Beispiel: Sie wollen die Umsatzprognose auf jeder Seite mit der Beschriftung aus Spalte A drucken. Wählen Sie als Bereich im Druckmenü den Bereich B22.N28. Wählen Sie als Abgrenzungsspalte mit dem Befehl **Optionen Abgrenzung Spalten** die Spalte A. Wählen Sie **Zurück Drucken.** 1-2-3 druckt die Tabelle mit Beschriftungen auf jeder Seite.

3.2.4.3 Formatierung

Der Befehl **Optionen Weitere** stellt verschiedene Möglichkeiten der Darstellung der Arbeitsblattdaten zur Verfügung.

- Der Befehl **Optionen Weitere Wie angezeigt** druckt die Tabelle so aus, wie Ihren Berichtausdruck.

- Der Befehl **Optionen Weitere Zellformeln** druckt für jede Zelle eine Zeile mit den in dieser Zelle gespeicherten Angaben. Der Ausdruck entspricht den Angaben, die in der ersten Bedienfeldzeile sichtbar sind, wenn der Zellzeiger die betreffende Zelle markiert.

- Der Befehl **Optionen Weitere Unformatiert** unterdrückt die eventuell eingegebenen Kopfzeilen und Fußzeilen.

- Der Befehl **Optionen Weitere Formatiert** schaltet sie wieder an.

3.2.4.4 Rücksetzen von Druckoptionen

Mit Hilfe des Befehls **Löschen** im Druckmenü können gezielt ausgewählte oder alle angegebenen Druckoptionen wieder zurückgenommen werden. Soweit für die zurückgenommenen Druckoptionen Vorgabewerte existieren, z. B. bei den Papierrändern, werden die Vorgabewerte wieder aktiviert.

- Der Befehl **Löschen Bereich** löscht nur den Druckbereich.

- Der Befehl **Löschen Abgrenzungen** löscht die Abgrenzungsbereiche für Spalten und Zeilen.

- Der Befehl **Löschen Format** setzt die Angaben für Seitenränder und Druckerinitfolge wieder auf die Vorgabewerte zurück.

- Mit dem Befehl **Löschen Sämtliche** können Sie alle vorgenannten Druckoptionen zurücknehmen.

3.3 Dateien

Sämtliche Informationen auf den Disketten und Festplatten Ihres Personal Computers werden in Dateien verwaltet. Auch das Lotus 1-2-3-System ist in verschiedenen Dateien gespeichert.

Einige der Dateien enthalten Programme, andere enthalten Ihre Arbeitsblätter. Einige Dateien sind veränderbar, andere bleiben immer unverändert. Wenn Sie neue Arbeitsblätter speichern, steigt die Anzahl der Dateien, löschen Sie nicht mehr benötigte Arbeitsblätter, nimmt deren Anzahl ab. Damit man den Überblick über eine sich ständig ändernde Anzahl von Dateien bewahrt, sollte man die Dateien nach sachlichen Gesichtspunkten in Gruppen zusammenfassen.

3.3.1 Verzeichnisse

Das Betriebssystem des Personal Computers unterstützt die Zusammenfassung nach sachlichen Kriterien, indem es erlaubt, zusammengehörige Dateien in jeweils einem gesonderten Verzeichnis (Directory) abzuspeichern. Man sollte für jedes Anwendungsgebiet von Lotus 1-2-3 ein separates Verzeichnis anlegen und die entsprechenden Dateien dort speichern.

Auf meinem PC sind die Verzeichnisse für Lotus 1-2-3 Anwendungen so angeordnet:

3.3 Dateien 111

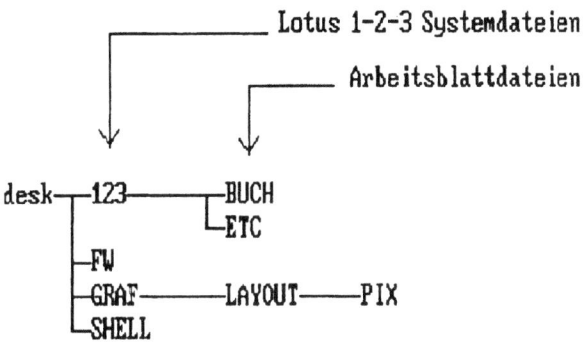

Bild 3-12: Verzeichnisbaum für 1-2-3

Es gibt auf der Festplatte C: ein Verzeichnis, das für Lotus 1-2-3 Systemdateien reserviert ist. In diesem Verzeichnis sind alle zum Lotus 1-2-3-System gehörigen Dateien gespeichert. Der vollständige Name des 1-2-3 Systemverzeichnisses lautet C:\DESK\123.

Im Verzeichnis C:\DESK\123 gibt es zwei weitere Verzeichnisse, in denen nach Anwendungsgebieten die vom Lotus-System verwalteten Dateien abgespeichert werden. In Verzeichnis C:\DESK\123\BUCH werden die Dateien gespeichert, die in dem Buch, das Sie gerade lesen, behandelt werden. Das Verzeichnis C:\DESK\123\ETC ist für sonstige 1-2-3 Anwendungen reserviert. Für weitere Anwendungen werden bei Bedarf neue Verzeichnisse in dem Verzeichnis C:\DESK\123 angelegt.

Die übrigen abgebildeten Verzeichnisse enthalten andere Anwendungsprogramme und haben nichts mit dem Lotus-System zu tun.

Wie gesagt, das gilt nur für die Festplatte in meinem PC und kann bei Ihrem durchaus anders sein. Sie sollten sich auch angewöhnen, auf Ihrem PC verschiedene Sachgebiete in verschiedenen Verzeichnissen zu verwalten. Wie man auf Ihrem PC Verzeichnisse anlegen und löschen kann, hängt davon ab, welche Dienstprogramme bei Ihnen installiert sind. Nähere Hinweise zum Anlegen von Verzeichnissen finden Sie im Kapitel Einführung.

3.3.2 Zugriff auf das Betriebssystem

Der Befehl **System** ermöglicht, aus Lotus 1-2-3 Befehle des Betriebssystems zu nutzen. Sie können auf diese Weise auch neue Verzeichnisse anlegen. Nutzen Sie diese Möglichkeit bitte nur, wenn Sie sich mit dem Betriebssystem und der Organisation der Festplatte ihres PCs auskennen.

Hinweis: Die Möglichkeit des Zugriffs auf das Betriebssystem kann bei Ihrem System unter Umständen eingeschränkt oder nur bestimmten Personen vorbehalten sein.

< S
1-2-3 gibt den Zugriff auf das Betriebssystem frei. Das Betriebssystem meldet sich mit einer Startmeldung. (Die Startmeldung kann bei Ihnen eine andere sein als die in Bild 3-13 abgebildete.) Sie können jetzt Betriebssystembefehle ausführen.

```
(Mit EXIT-Befehl zurück zu 1-2-3)


The IBM Personal Computer DOS
Version 3.20 (C)Copyright International Business Machines Corp 1981, 1986
            (C)Copyright Microsoft Corp 1981, 1986
```

Bild 3-13: Zugriff auf das Betriebssystem

EXIT Return
Geben Sie, um vom Betriebssystem zu 1-2-3 zurückzukehren den Befehl **EXIT** ein. Das Arbeitsblatt erscheint wieder.

3.3.3 Zugriff auf verschiedene Verzeichnisse

Das Lotus-System ermöglicht den Zugriff auf verschiedene Verzeichnisse. In den nächsten Übungen können Sie erfahren, wie man durch verschiedene Verzeichnisse navigiert und wie die Dateiverzeichnisse in 1-2-3 dargestellt werden.

Als Beispiel dient der Verzeichnisbaum aus Bild 3-12. Wenn Sie auf Ihrer Festplatte oder auf Ihren Disketten andere Verzeichnisse haben, ersetzen Sie bei Eingaben immer den Verzeichnisnamen *C:\DESK\123* durch den Namen des Verzeichnisses, in dem sich Ihre Lotus Systemdateien befinden. Ersetzen Sie den Verzeichnisnamen *C:\DESK\123\BUCH* durch den Namen des Verzeichnisses Ihrer Übungsdateien.

Hinweis: Die Dateien in den einzelnen Verzeichnissen können bei Ihnen andere sein.

< T	Der Befehl **Transfer** ist für alle Operationen im Zusammenhang mit Dateien und Verzeichnissen zuständig.
D	Sie wählen **Dateiliste**. 1-2-3 zeigt die Befehle **Arbeitsblattdatei, Druckdatei, Grafikdatei, Weitere**.
W	Wählen Sie **Weitere**. Das Lotus-Systemverzeichnis wird mit allen Dateien angezeigt.

```
A1:                                                              DATEIEN
Dateiname: C:\DESK\123\*.*
            BUCH\        21.06.87       20:19        <DIR>
123.CMP        123.CNF        123.DYN       123.EXE       123.HLP
123.SET        BLOCK1.FNT     BLOCK2.FNT    BOLD.FNT      DBF2.XLT
DBF3.XLT       DIF.XLT        FORUM.FNT     HERK.SET      INSTALL.DUC
INSTALL.EXE    INSTALL.LBR    INSTALL.SCR   ITALIC1.FNT   ITALIC2.FNT
JZZLOTUS.XLT   LOTUS.COM      LOTUS.FNT     OPTIMIZE.EXE  PGRAPH.CNF
PGRAPH.EXE     PGRAPH.HLP     ROMAN1.FNT    ROMAN2.FNT    SCRIPT1.FNT
SCRIPT2.FNT    TRANS.COM      UTIL.SET      VCWRK.XLT     WB.EXE
WR1WKS.XLT     WR1WRK.XLT     WRKWR1.XLT    BUCH\         ETC\




24.08.87  13:29
```

Bild 3-14: Gesamtes Dateiverzeichnis

                                             1-2-3 zeigt den Modus *Dateien* (vgl. Bild 3-14).

Beliebige Pfeiltasten   Sie können mit dem Cursor verschiedene Dateien markieren. In der dritten Bedienfeldzeile zeigt 1-2-3 den letzten Änderungszeitpunkt und die Größe der gerade markierten Datei.

Home   Der Cursor springt zum ersten Dateinamen.

End   Der Cursor springt zum letzten Dateinamen. Verzeichnisse werden in der Dateiliste mit nachfolgendem Backslash \ angezeigt.

Sie haben zwei Möglichkeiten, die Anzeige der Dateiliste zu beenden. Wenn Sie **Return** betätigen, kehrt 1-2-3 in den *Bereit* Modus zurück. Wenn Sie die Taste **Esc** betätigen, haben Sie Gelegenheit, mit Hilfe des Dateiselektors bestimmte Dateien zur Anzeige auszuwählen.

3.3 Dateien

Der Dateiselektor wird in der zweiten Zeile des Bedienfeldes angezeigt und gibt an, welche Dateien gezeigt werden. Er besteht aus zwei Teilen:

- Der erste Teil gibt das Verzeichnis an, aus dem Dateien gezeigt werden. - hier *C:\DESK\123*

- Um mit dem zweiten Selektorteil umgehen zu können, müssen Sie wissen, wie Dateinamen aufgebaut sind.

Hinweis: Dateinamen bestehen ihrerseits wieder aus zwei Teilen, dem ersten Namensteil und der Erweiterung. Der erste Namensteil darf maximal 8 Zeichen umfassen, die Erweiterung maximal 3. Wenn man einen Dateinamen schreibt, werden der erste Namensteil und die Erweiterung durch einen Punkt (.) getrennt.

1-2-3 ergänzt beim Speichern und Laden von Dateien automatisch die Erweiterungen.

- *.WK1* für Arbeitsblattdateien

- *.PRN* für Druckdateien

- *.PIC* für Grafikdateien

Deshalb brauchen Sie die Dateierweiterungen nicht angeben.

Der zweite Selektorteil gibt an, welche Dateinamen aus dem betreffenden Verzeichnis angezeigt werden. Dabei gelten zwei Sonderzeichen. Das Fragezeichen ? steht für ein beliebiges Zeichen im Dateinamen. Das Sternchen * steht für beliebig viele beliebige Zeichen des Dateinamens. Der zweite Teil des Selektors ist zur Zeit *.* - das bedeutet also, es sollen Dateien mit beliebigem ersten Namensteil und beliebiger Erweiterung angezeigt werden - demnach alle vorhandenen Dateien.

Esc	Brechen Sie die Dateianzeige ab. Der zweite Selektorteil wird gelöscht. 1-2-3 geht in den *Edit* Modus und ermöglicht Ihnen die Angabe einer neuen Dateiauswahl.
123*.*	Sie wählen Dateien, die mit 123 beginnen. Die Zeichen hinter 123 sind sowohl für

den ersten Namensteil als auch für die Erweiterung beliebig.

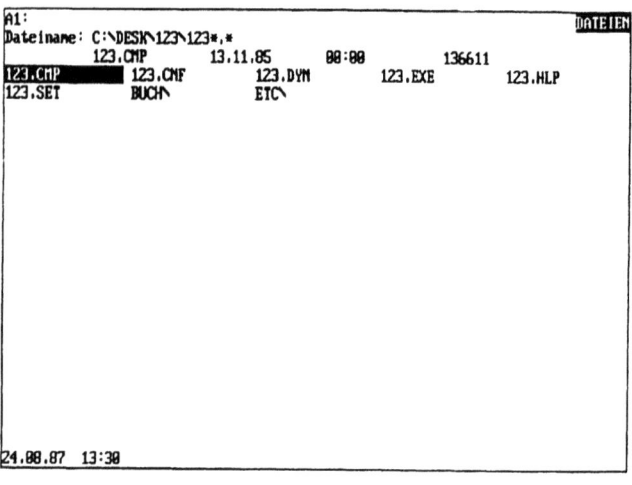

Bild 3-15: Selektor C:\DESK\123\123*.*

Return　　　　　　　　　　　　1-2-3 zeigt die 123 Dateien an (vgl. Bild 3-15).

Esc *.com　　　　　　　　　　　Sie wählen Dateien mit der Erweiterung *COM*.

3.3 Dateien

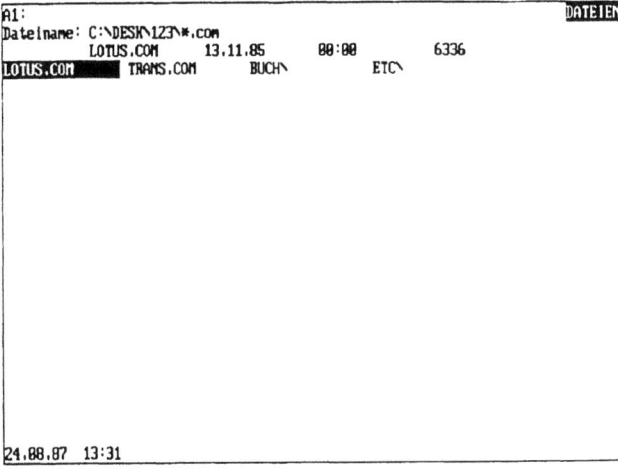

Bild 3-16: Selektor C:\DESK\123*.com

Return 1-2-3 zeigt die .COM Dateien an.

Lassen Sie sich noch die Dateien mit der Erweiterung *.SET* und der Erweiterung *.CNF* im Lotus-Systemverzeichnis anzeigen.

Die Ergebnisse sehen Sie in den Abbildungen 3-17 und 3-18:

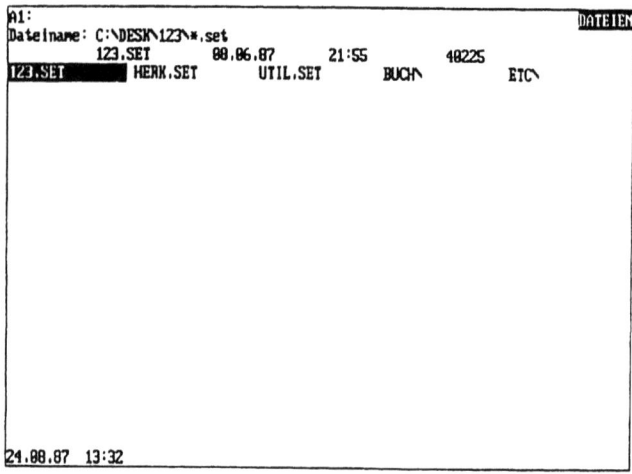

Bild 3-17: Hardwaretreibersätze

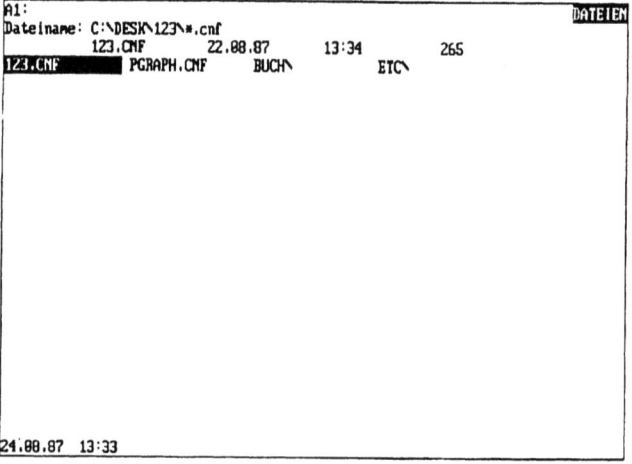

Bild 3-18: Konfigurationsdateien

Die Dateien mit der Erweiterung *.SET* werden vom *Install* Programm erstellt und geändert und enthalten die Hardwaretreiber, für die Ihr Lotus-System konfiguriert worden ist.

3.3 Dateien

Die Dateien mit der Erweiterung .CNF enthalten die Vorgabewerte, die aktiv sind, wenn Sie das Programm starten.

- *123.CNF* enthält Vorgabewerte für 1-2-3.

- *PGRAPH.CNF* enthält Vorgabewerte für das Programm PrintGraph, mit dem Sie Grafiken drucken können.

Diese Dateien werden durch die Programme 1-2-3 bzw. PrintGraph selbst geändert, wenn Sie neue Vorgabewerte speichern.

Cursortasten **Return**   Markieren Sie in der Dateianzeige das Verzeichnis Ihrer Übungsdateien (bei mir *BUCH*).

Hinweis: Falls Sie mit Diskettenlaufwerken arbeiten und sich das Lotus Systemverzeichnis auf einem anderen Laufwerk befindet als Ihre Übungsdateien, können Sie diese Übung nicht durchführen.

Die Dateiliste zeigt nun das Verzeichnis *C:\DESK\123\BUCH*. Beachten Sie, daß sich der Selektor in der zweiten Zeile des Bedienfeldes durch Auswahl des *BUCH*-Verzeichnisses entsprechend geändert hat (vgl. Bild 3-19).

```
A1:                                                            DATEIEN
Dateiname: C:\DESK\123\BUCH\*.*
           AUFLOES.WK1   22.88.87    17:32         1851
AUFLOES.WK1    BARWERT.PIC   BROTE.WK1    KOPIERER.PIC  LEASEEND.WK1
LEASEG.DBF     LEASEG.WK1    LEASEK.DBF   LEASEK.WK1    LES1-1.WK1
LES2-1.WK1     LES2-2.WK1    LES2-3.WK1   LES2-4.WK1    LES2-5.WK1
LES2-6.WK1     LES3-1.WK1    LES4-1.WK1   NUTZG.BAK     NUTZG.DBF
NUTZG.WK1      NUTZK.DBF     NUTZK.WK1    NUTZUNG.DB    PGNANZ.PIC
PGNANZ2.PIC    PGNZEIT.PIC   PGNZEIT2.PIC UBERS.DB      VERTEIL.PIC
WHDISLAS.PIC   WRK.WK1       WRK2.WK1     ZINS.WK1




24.88.87  13:38
```

Bild 3-19: Verzeichnis C:\DESK\123\BUCH

Der Dateiselektor kann in zwei Schritten geändert werden.

Esc	1-2-3 löscht den Dateinamen. Sie können mit Hilfe der Zeichen * und ? eine neue Dateigruppenbeschreibung angeben.
Esc	Das zweite **Esc** löscht auch den Verzeichnisteil des Selektors. Sie können einen neuen Verzeichnisnamen angeben.
Esc	Das dritte **Esc** bringt Sie zurück in den **Menü**-Modus. Sie können andere Befehle wählen.
D A	Wählen Sie den Befehl **Transfer Dateiliste Arbeitsblätter**. 1-2-3 zeigt die Arbeitsblattdateien im Systemverzeichnis.
Cursortasten **Return**	Wählen Sie das *BUCH*-Verzeichnis zur Anzeige aus. 1-2-3 ändert den Selektor und zeigt die Arbeitsblattdateien im Übungsverzeichnis.

Die verschiedenen anderen Unterbefehle des Befehls **Transfer Dateiliste** ändern den Dateinamensteil des Dateiselektors auf die entsprechende Erweiterung

- *.WK1* für Arbeitsblätter

- *.PRN* für Druckdateien

- *.PIC* für Grafikdateien

und zeigen anschließend die Dateien an. Sie stellen damit eine vereinfachte Möglichkeit dar, den Dateiselektor auf die meistbenötigsten Erweiterungen zu ändern.

Return	Gehen Sie zurück in den *Bereit* Modus.
< *T I*	Der Befehl **Transfer Index** erlaubt es, das Verzeichnis das 1-2-3 im Selektor vorschlägt, zu ändern. Das wird sich immer

dann als bequem erweisen, wenn Sie mehrmals hintereinander auf dasselbe Verzeichnis zugreifen möchten.

C:\Desk\123\Buch **Return**   Ändern Sie das Standardverzeichnis auf Ihr Übungsverzeichnis.

< *T D A*   1-2-3 zeigt jetzt sofort die Arbeitsblattdateien in Ihrem Übungsverzeichnis.

Durch die Festlegung Ihres Übungsverzeichnisses als Standardverzeichnis können Sie sich jedesmal beim Speichern oder Laden von Dateien die Angabe des Verzeichnisses ersparen. Diese Angabe bleibt solange wirksam, bis Sie 1-2-3 neu starten. Bald werden Sie auch eine Möglichkeit kennenlernen, die Änderung permanent zu speichern.

Return   1-2-3 geht in den **Bereit**-Modus.

Hinweis: Die Dinge, die in Bezug auf Dateiverzeichnisse und den Selektor für den Befehl **Transfer Dateiliste** gelten, gelten sinngemäß auch für die anderen Befehle die mit einem Selektor Dateien auswählen.

3.3.4 Löschen von Dateien

Der Befehl **Transfer Radieren** hat die gleichen Unterbefehle wie **Transfer Dateiliste**. Testen Sie den Befehl **Transfer Radieren Arbeitsblätter**.

< *T R A*   Wählen Sie **Transfer Radieren Arbeitsblätter**. 1-2-3 zeigt den Dateiselektor für Arbeitsblattdateien in Ihrem Übungsverzeichnis, weil Sie den **Index** mit dem vorletzten Befehl geändert haben.

Beliebige Pfeiltasten   In der dritten Zeile des Bedienfeldes werden die dem Selektor entsprechenden Dateien zur Auswahl mit dem Cursor angezeigt. Falls mehr Dateien vorhanden sind

	als gleichzeitig gezeigt werden können, besteht die Möglichkeit, die Dateinamen mit den Cursortasten durch das Fenster zu rollen.
Home	Bewegen Sie den Cursor zum ersten Dateinamen.
End	Bewegen Sie den Cursor zum letzten Dateinamen.
F3 Name	Mit Hilfe der Funktionstaste F3 Name können Sie in die von der Dateiliste bekannte, erweiterte Darstellung umschalten. Das ist nützlich, wenn Sie unter vielen Dateien auswählen oder den Aktualitätsstand (letzte Änderung) der Dateien beurteilen müssen.
F3 Name	Schalten Sie zurück in die einzeilige Darstellung.

Hinweis: Die Umschaltung zwischen einzeiliger und erweiterter Darstellung mit der Taste F3 Name ist immer möglich, wenn Dateien zur Auswahl angeboten werden.

Cursortasten Return	Wählen Sie eine Datei zum Löschen.
	1-2-3 fragt zur Sicherheit nach einer Bestätigung.
N	Antworten Sie mit Nein. Nur wenn Sie mit Ja antworten, wird die Datei gelöscht.

3.3.5 Vorgabewert für Standardverzeichnis

Jedesmal, wenn Sie 1-2-3 starten, liest das Programm aus der Konfigurationsdatei *123.CNF* die Vorgabewerte, wie z. B. Druckvorgaben, das Standardverzeichnis

3.3 Dateien

(Index), etc.. Sie können sich mit Hilfe des Befehls **Arbeitsblatt Global Vorgabe Parameter** ansehen, welcher Index zur Zeit als globaler Vorgabewert gilt.

Der Befehl **Arbeitsblatt Global Vorgabe Index** ändert den Index in den globalen Vorgabewerten.

Nachdem Sie den globalen Vorgabeindex geändert haben, können Sie den Befehl **Arbeitsblatt Global Vorgabe Aktualisieren** wählen.

Dann wird Ihr neues Vorgabeverzeichnis, wieder zusammen mit allen anderen auf der globalen Parameterseite gezeigten Vorgaben, in der Datei *123.CNF* gespeichert und gilt danach solange, bis Sie es wieder ändern.

Hinweis: Auch die anderen Werte auf der globalen Parameteranzeige können mit den Befehlen im Vorgabemenü dauerhaft geändert werden. Lotus 1-2-3 läßt sich auf diese Weise an Ihre individuellen Bedürfnisse anpassen. Sie sollten davon jedoch erst Gebrauch machen, wenn Sie Lotus 1-2-3 so gut kennen, daß Sie wissen, welche Bedeutung die einzelnen Parameter haben und welche Wahl für Sie am nützlichsten ist.

< A G V P   Wählen Sie die globale Parameteranzeige, um sich den Vorgabewert für den Index anzusehen.

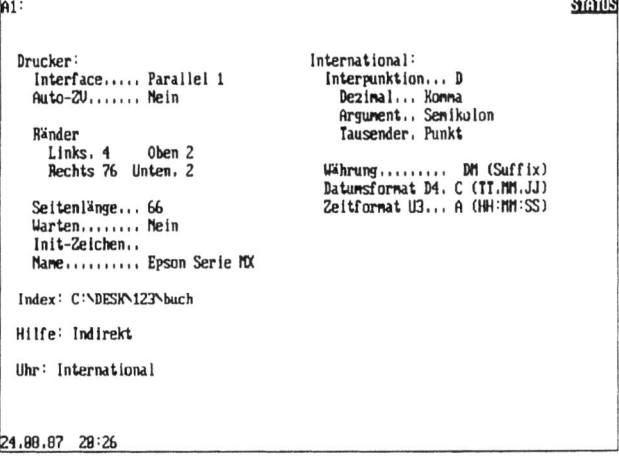

Bild 3-20: Globale Parameteranzeige

Beliebige Taste	1-2-3 zeigt das Vorgabemenü.
I C:\Desk\123\Buch **Return**	Ändern Sie den Index auf das Verzeichnis, in dem Sie Ihre Übungsdateien speichern (vgl. Bild 3-21).

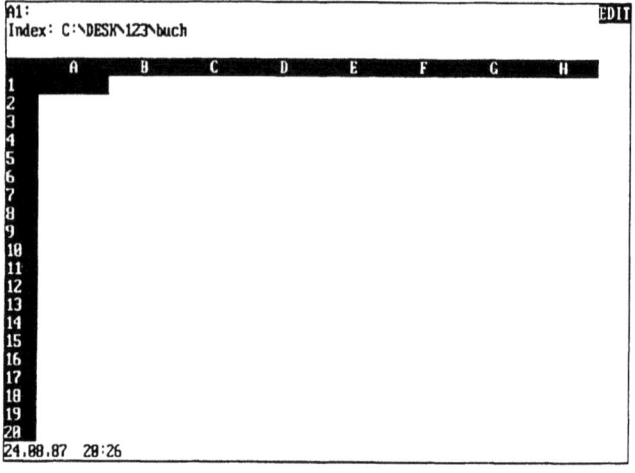

Bild 3-21: Ändern des Standardverzeichnisses

P	Überzeugen Sie sich mit dem Befehl **Parameter**, daß die Änderung durchgeführt worden ist.
Beliebige Taste	Kehren Sie zurück zum Vorgabemenü.
A	Der Befehl **Aktualisieren** speichert die Änderung in der Datei *123.CNF*.
E	Mit dem Befehl **Ende** kommen Sie in den *Bereit* Modus zurück.

3.3.6 Weitere Dateibefehle

Die Befehle **Transfer Fremd** und **Transfer Kombinieren** mit ihren Unterbefehlen dienen der Übernahme von Daten aus anderen Dateien in das aktuelle Arbeitsblatt. Sie werden in diesem Buch nicht weiter benutzt. Der Befehl **Transfer Extrakt** wird in Kapitel Fünf verwendet.

4 Finanzmathematik

Lotus 1-2-3 gilt als besonders leistungsfähig im Bereich der finanzmathematischen Anwendung. Das liegt zum einen daran, daß es als eines der ersten Tabellenkalkulationsprogramme eine umfassende Auswahl an finanzmathematischen Funktionen geboten hat, auf der anderen Seite aber auch sicher an der leichten Darstellbarkeit der errechneten Ergebnisse durch die integrierten Grafikfunktionen.

Man kann komplexe Zusammenhänge leichter analysieren, wenn man in der Lage ist, sie in einer übersichtlichen Grafik darzustellen. Wenn man dazu noch ohne großen Aufwand zwischen Grafik und Arbeitsblatt umschalten kann und die grafische Darstellung sich automatisch an geänderte Werte anpaßt, ist das eigentlich die ideale Situation, um weitreichende vergleichende Analysen durchzuführen.

Die Übungen in diesem Kapitel sollen Sie mit einigen neuen Konzepten vertraut machen:

- Titelspalten

- Grafische Darstellung von Wertereihen

- Sortieren

- Parameter von Arbeitsblättern

- Zeitseriennummern

4.1 Bewertung von Investitionen

Wenn Sie Geld übrig haben oder welches erwirtschaften wollen, können Sie sich Gedanken machen, wie Sie Ihr Geld gewinnbringend investieren. Die folgende Übung stellt eine einfache Investitionsanalyse am Beispiel von Wertpapieren dar. Da sie jedoch nicht speziell auf den Vergleich von verschiedenen Wertpapieren abgestimmt ist, können Sie die Vorgehensweise leicht auf die Bewertung von beliebigen Investitionen übertragen.

Allen Investitionen ist gemeinsam, daß - wie der Name schon sagt - etwas investiert werden muß. Man spricht in der Investitionsrechnung von Auszahlungen. Die Auszahlungen für die Investition können zu Anfang der Investitionslebensdauer oder später anfallen.

Man erhält, oder erhofft wenigstens, in den Perioden der Investitionslebensdauer Einzahlungen aufgrund der Investition. Da unter Umständen Auszahlungen und Einzahlungen in gleichen Perioden anfallen, bildet man die Differenz Einzahlung minus Auszahlung je Periode und hat damit eine Zahlungsreihe, an der die Investition bewertet werden kann.

Im Beispiel des Wertpapierangebots stellt sich die Zahlungsreihe etwas einfacher dar. Man bezahlt beim Kauf den Kurswert - die Differenz Einzahlung minus Auszahlung ist also negativ - und bekommt danach nur noch positive Einzahlungen.

Beginnen wir mit der Analyse!

Hier unser Angebot:

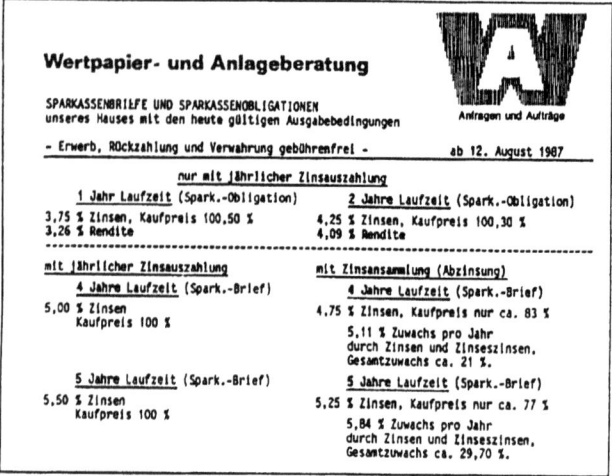

Bild 4-1: Wertpapierangebot

Falls Sie das aktuelle Arbeitsblatt noch nicht gespeichert haben, sollten Sie zuerst den Befehl **Arbeitsblatt Speichern** benutzen, um Ihr Arbeitsblatt zu speichern.

< A R J Return   Beginnen Sie mit dem Befehl **Arbeitsblatt Radieren** ein neues Arbeitsblatt.

Geben Sie die abgebildeten Beschriftungen und Linien ein (vgl. Bild 4-2).

4.1 Bewertung von Investitionen 129

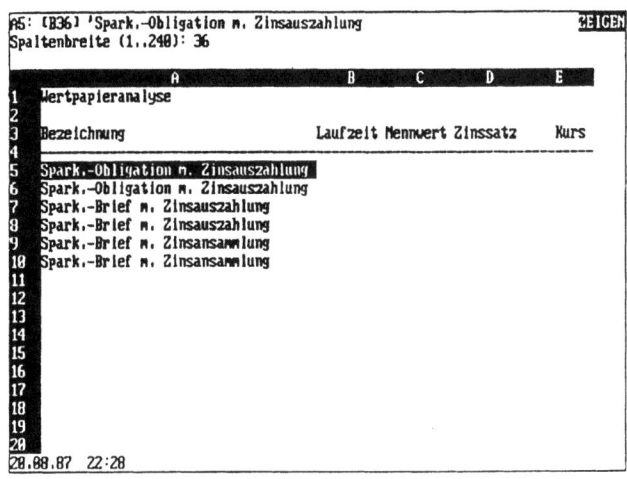

Bild 4-2: Beschriftungen für die Wertpapieranalyse

Home < *A S B 36* **Return** Markieren Sie die Spalte A, und legen Sie mit dem Befehl **Arbeitsblatt Spalte Bestimmen** eine Spaltenbreite von 36 Zeichen fest.

Beachten Sie die Anzeige [B36] im Bedienfeld, die nur gezeigt wird, wenn die markierte Spalte eine von der globalen Spaltenbreite abweichende Breite hat.

2 mal **Pfeil nach unten**

Pfeil nach rechts < *B J R* Wählen Sie rechtsbündige Justierung für die Labels der Überschrift.

. 3 mal **Pfeil nach rechts** Ankern Sie, und erweitern Sie den Zellzeiger bis zum Label *Kurs*.

Return Justiert die Labels.

Pfeil nach rechts 2 mal Pfeil nach unten *1000* Return	Tragen Sie in die Zelle C5 den Wert 1000 ein.
< *K* Return	Kopieren Sie die 1000,
Pfeil nach unten .	geankert in Zelle C6,
4 mal Pfeil nach unten	5 mal nach unten.
Return	Der Befehl wird ausgeführt.

4.1.1 Rechnen mit Prozentsätzen

Pfeil nach rechts	Markieren Sie die Zelle neben der ersten 1000.
	Geben Sie die in Bild 4-1 abgebildeten Zahlen ein.

Hinweis: Sie können die Zahlen eingeben, wie sie auf dem Wertpapierangebot stehen. *3,75%* (einschließlich des Prozentzeichens) für den Zinssatz des ersten Wertpapiers, *100,5%* für den Kurs.

Wenn Sie eine Zahl mit Prozentzeichen % eingeben, teilt 1-2-3 den Wert automatisch durch 100, bevor er weiter verarbeitet wird. Durch diese Technik kann man die Prozentsätze in Berechnungen als Faktoren verwenden und alle Prozentrechnungen einfacher aufbauen.

Wenn die Prozentfaktoren als Prozentsätze angezeigt werden sollen, benutzen Sie den Befehl **Format Prozent**; entweder als Bereichsformat oder global (vgl. Bild 4-3).

4.1 Bewertung von Investitionen

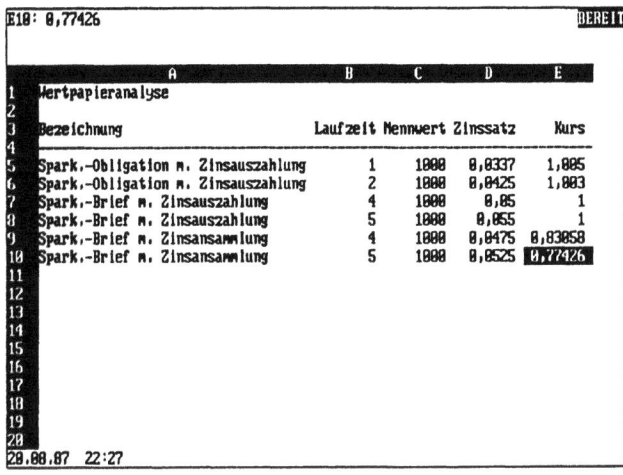

Bild 4-3: Prozentsätze als Faktoren

< B F P Return   Wählen Sie den Befehl **Bereich Format Prozent**.

5 mal **Pfeil nach oben**   Markieren Sie den Bereich aller Prozent-
Pfeil nach links Return   faktoren und formatieren Sie ihn, so daß Prozentsätze angezeigt werden.

Sie haben jetzt alle Angaben aus dem Wertpapierangebot übernommen.

7 mal **Pfeil nach oben**   Markieren Sie die Zelle F3, und geben Sie
Pfeil nach rechts   die übrigen Beschriftungen ein (siehe Abbildung 4-4).

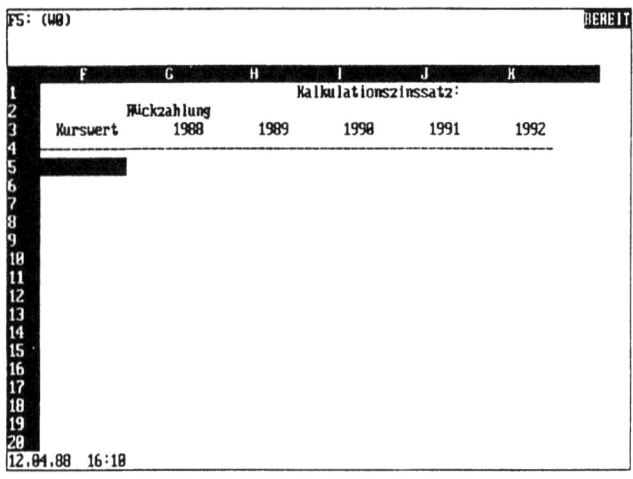

Bild 4-4: Weitere Beschriftungen

F5 Gehezu *F5* Return	Markieren Sie die Zelle F5.
+ 3 mal Pfeil nach links *** Pfeil nach links Return**	Bauen Sie die Formel zur Berechnung des Kaufpreises auf. Sie multiplizieren den Nennwert mit dem Kurs.
< *K* Return	Kopieren Sie die Formel,
Pfeil nach unten .	geankert in Zelle F6,
4 mal Pfeil nach unten	5 mal nach unten (vgl. Bild 4-5).

4.1 Bewertung von Investitionen

```
F10:                                                          ZEIGEN
Wohin kopieren? F6..F10
       B         C          D           E         F          G
 1                                                       Rückzahlung
 2   Laufzeit  Nennwert   Zinssatz     Kurs     Kurswert    1988
 3   --------------------------------------------------------------
 4
 5       1       1000       3,37%     100,58%     1005
 6       2       1000       4,25%     100,38%
 7       4       1000       5,00%     100,00%
 8       5       1000       5,58%     100,00%
 9       4       1000       4,75%      83,06%
10       5       1000       5,25%      77,43%
11
12
...
20
20.08.87  22:51
```

Bild 4-5: Kopie der Formel für den Kurswert

Return   Führt den Befehl aus.

4.1.2 Tabellentitel

Wenn Sie den Zellzeiger im rechten Bereich der Tabelle bewegen, können Sie bei umfangreicheren Kalkulationen die Orientierung verlieren, in welcher Zeile Sie gerade Eintragungen vornehmen. Stellen Sie sich vor, Sie hätten nicht sechs, sondern 36 Investitionsalternativen. Der Überblick auf dem Arbeitsblatt, den Sie sich schaffen, indem Sie bei einer neuen Kalkulation zuerst die Beschriftungen eingeben, geht wieder verloren, sobald die Tabelle größer als eine Bildschirmseite wird. Lotus 1-2-3 bietet mit dem Befehl **Arbeitsblatt Titel** eine Lösung für dieses Problem an. Mit Hilfe dieses Befehls können Sie bestimmte Zeilen und Spalten im Bildschirmfenster halten, während Sie den Zellzeiger über das Arbeitsblatt bewegen.

Cursortasten   Bewegen Sie den Zellzeiger auf Ihrem
                              Arbeitsblatt so, daß Ihr Bildschirm
                              genauso aussieht, wie Bild 4-6. Auch der

Zellzeiger muß sich in derselben Zelle befinden.

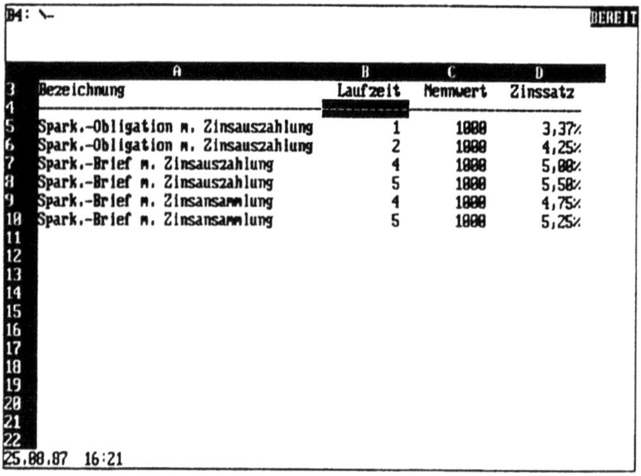
B4: \- BEREIT

	A	B	C	D
3	Bezeichnung	Laufzeit	Nennwert	Zinssatz
4				
5	Spark.-Obligation m. Zinsauszahlung	1	1000	3,37%
6	Spark.-Obligation m. Zinsauszahlung	2	1000	4,25%
7	Spark.-Brief m. Zinsauszahlung	4	1000	5,00%
8	Spark.-Brief m. Zinsauszahlung	5	1000	5,50%
9	Spark.-Brief m. Zinsansammlung	4	1000	4,75%
10	Spark.-Brief m. Zinsansammlung	5	1000	5,25%
11				
12				
13				
14				
15				
16				
17				
18				
19				
20				
21				
22				

25.08.87 16:21

Bild 4-6: Auswahl der Titel

< *A T H* **Return**

Wählen Sie den Befehl **Arbeitsblatt Titel Horizontal**. Der Befehl stellt alle Zeilen, die oberhalb des Zellzeigers sichtbar sind, als Titelzeilen fest.

20 mal **Pfeil nach unten**

Bewegen Sie die Zellzeiger nach unten. Die Titelzeile bleibt im Bildschirmfenster.

PgUp

Die Eintragungen werden wieder sichtbar.

8 mal **Pfeil nach rechts**

Die Titelzeile wird entsprechend der übrigen Tabelle bewegt.

4.1.3 Bildschirmfenster bewegen

Es gibt noch einen anderen Weg, einen bestimmten Ausschnitt des Arbeitsblattes in das Bildschirmfenster zu bekommen. Bisher haben Sie immer den Zellzeiger bis zu einer Bildschirmkante geführt und bekamen den nächsten Arbeitsblattausschnitt beim weiteren Bewegen in das Bildschirmfenster.

Mit dem Status *Rol* bewegen Sie das Bildschirmfenster direkt. Der Zellzeiger bleibt solange wie möglich in derselben Zelle.

Scroll Lock	Schalten Sie den *Rol* Status ein. 1-2-3 zeigt in der Statuszeile den Status *Rol*.
Cursortasten	Bewegen Sie den Bildschirmrand solange, bis Ihr Bildschirm wieder aussieht wie der in Bild 4-6. Sie bewegen jetzt sofort die Bildschirmabgrenzung in die Richtung der Pfeiltaste, auch dann, wenn der Zellzeiger sich nicht am Bildschirmrand befindet.
Scroll Lock	Sobald Ihr Bildschirm mit dem aus Bild 4-6 übereinstimmt, schalten Sie den Status *Rol* wieder ab.
Cursortasten	Markieren Sie die Zelle B4.
< A T B	Der Befehl **Arbeitsblatt Titel Beide** legt sowohl die oberhalb des Zellzeigers sichtbaren Zeilen als auch die links des Zellzeigers sichtbaren Spalten als unbewegliche Titel fest.
Cursortasten	Bewegen Sie den Zellzeiger auf dem Arbeitsblatt. Es kann nur noch der rechte untere Bereich des Bildschirmfensters bewegt werden. Sie markieren in dem Augenblick, wenn Sie den Befehl **Arbeitsblatt**

	Titel Beide ausführen, die linke obere Ecke dieses Bereiches.

Wir brauchen für die Wertpapierbewertung nur eine Titelspalte.

Cursortasten	Erzeugen Sie zuerst wieder die Bildschirmanzeige aus Bild 4-6.
< A T V	Der Befehl **Arbeitsblatt Titel Vertikal** erledigt das.

Die Wirkung sehen Sie in Abbildung 4-7. Auch wenn Sie den Zellzeiger über die Spalte D hinaus nach rechts bewegen, bleiben die Bezeichnungen der Wertpapiere sichtbar.

```
F5: +C5*E5                                                         BEREIT

                    A                      D         E         F
1   Wertpapieranalyse
2
3   Bezeichnung                         Zinssatz    Kurs    Kurswert
4   -----------------------------------------------------------------
5   Spark.-Obligation m. Zinsauszahlung    3,37%   100,50%    1005
6   Spark.-Obligation m. Zinsauszahlung    4,25%   100,30%    1003
7   Spark.-Brief m. Zinsauszahlung         5,00%   100,00%    1000
8   Spark.-Brief m. Zinsauszahlung         5,50%   100,00%    1000
9   Spark.-Brief m. Zinsansammlung         4,75%    83,06%    830,58
10  Spark.-Brief m. Zinsansammlung         5,25%    77,43%    774,26
11
12
13
14
15
16
17
18
19
20
20.08.87   22:54
```

Bild 4-7: Titelspalten

Geben Sie jetzt die Zahlungsreihen der einzelnen Investitionsalternativen ein. Berechnen Sie die Beträge aus dem Wertpapierangebot in Abbildung 4-1.

4.1 Bewertung von Investitionen

```
C5: (W0) 1837,5                                                    BEREIT

        F          G          H          I          J          K
  1                                   Kalkulationszinssatz:
  2              Rückzahlung
  3    Kurswert     1988       1989       1990       1991       1992
  4    ─────────────────────────────────────────────────────────────
  5    1.005 DM   1.038 DM
  6    1.003 DM      43 DM   1.043 DM
  7    1.000 DM      50 DM      50 DM      50 DM   1.050 DM
  8    1.000 DM      55 DM      55 DM      55 DM      55 DM   1.055 DM
  9      831 DM                                    1.000 DM
 10      774 DM                                                1.000 DM
 11
 12
 13
 14
 15
 16
 17
 18
 19
 20
25.08.87  17:56
```

Bild 4-8: Rückflüsse aus den Investitionen

Hinweis: Der Befehl **Arbeitsblatt Titel Annullieren** löscht die Titel wieder.

F5 Gehezu *F5* **Return**	Markieren Sie den ersten Kurswert.
< *B F W 0* **Return**	Wählen Sie das Währungsformat, gerundet auf ganze Beträge,
. 5 mal **Pfeil nach rechts** 5 mal **Pfeil nach unten** **Return**	und erweitern Sie den Zellzeiger, so daß Sie alle Zahlungen markieren.
< *A G B 11* **Return**	Der Befehl **Arbeitsblatt Global Breite** setzt die Spaltenbreite für alle nicht individuell bestimmten Spalten auf 11 Zeichen.
< *T S Wertpap* **Return**	Speichern Sie das Arbeitsblatt, so daß Sie später darauf zurückgreifen können.

4.1.4 Statischer Investitionsvergleich

Sie können jetzt, da Sie die notwendigen Kenngrößen und Zahlungsflüsse für alle Wertpapiere auf Ihrem Arbeitsblatt haben, leicht mit Hilfe einiger Formel Vergleichskennzahlen für die verschiedenen Investitionsalternativen berechnen. Als Kennzahlen kämen z. B. in Frage:

- Die absolute Höhe des Gewinns

- Der prozentuale Gewinn je investierter DM

- Der Gewinn je Jahr der Laufzeit

- Der prozentuale Gewinn je investierter DM je Jahr

Ich denke, Sie können die jeweiligen Formeln selbständig aufbauen. Überlegen Sie sich, welche Kennzahl Sie verwenden wollen.

Wenn Sie aus den bis zu fünf Einzahlungen für jedes Wertpapier zuerst die Summe berechnen, können Sie für alle Alternativen die gleiche Formel benutzen.

Tragen Sie rechts des bisher beschriebenen Bereiches die benötigten Überschriften ein. Ermitteln Sie dann die Kennzahlen für die erste Alternative und kopieren Sie die Formeln für die übrigen Wertpapiere. Abhängig von der Kennzahl, die Ihnen am meisten "liegt", werden Sie die Alternativen in eine Rangfolge einordnen. Die Rangfolge kann für die verschiedenen Kennzahlen eine andere sein.

Die berechneten Größen sind ausnahmslos **statische** Bewertungen. Der Begriff *statisch* bedeutet in der Investitionsrechnung, daß der Zeitpunkt einer Zahlung in dem betreffenden Bewertungsverfahren keine Rolle spielt.

Daß dies nicht so ist, sieht man leicht, wenn man sich zwei Investitionen vor Augen führt, die - bei gleichen Auszahlungen - zu je 2000 DM Einzahlungen führen, die erste nach einem Jahr, die zweite nach zwei Jahren. Im Fall der ersten Investition kann man die Einzahlung ein Jahr lang auf die Bank legen und hat nun einen Gewinn gegenüber der ersten Investition erreicht.

4.1.5 Dynamischer Investitionsvergleich

Im Gegensatz zu den statischen Methoden berücksichtigen die *dynamischen* Investitionsrechnungen die Zeitpunkte der Zahlungen. Sie beziehen alle Zahlungen durch Auf- oder Abzinsung auf einen einheitlichen Zeitpunkt. Die *dynamischen* Investitionsrechnungen arbeiten daher mit einem Kalkulationszinssatz, der zur Verzinsung benutzt wird. Mit der Verfügbarkeit von Tabellenkalkulationsprogrammen mit finanzmathematischen Funktionen wurde der rechentechnisch aufwendigere dynamische Investitionsvergleich erstmalig genauso leicht durchführbar wie die statische Analyse.

Für den Investitionsvergleich der Wertpapiere auf Ihrem Arbeitsblatt werden wir den Kapitalwert als Bewertungsmaßstab benutzen. Der Kapitalwert zinst alle Zahlungen auf den heutigen Wert ab und berechnet, um wieviel größere Finanzmittel im Vergleich zur Anlage zum Kalkulationszinssatz Sie durch eine Investition hätten. Investitionen können einen positiven oder negativen Kapitalwert haben, je nachdem, ob Sie im Lichte des Kapitalwertes im Vergleich zum Kalkulationszinssatz daran verdienen oder verlieren.

Der langen Rede kurzer Sinn: Lotus 1-2-3 kann die Abzinsung einer Zahlungsreihe auf den Barwert mit Hilfe der Funktion @*Netaktwert(Zinssatz; Zahlungsreihe)* vornehmen. Die Funktion @*Netaktwert* geht davon aus, daß die Zahlungen der Zahlungsreihe in gleichmäßigen Abständen erfolgen und der Zinssatz in Form eines Zinsfaktors angegeben wird.

Obwohl der Kauf der Wertpapiere zum Kurswert eine Auszahlung darstellt, wird diese nicht in die Zahlungsreihe genommen. Da der Kauf zum jetzigen Zeitpunkt erfolgt, braucht die Auszahlung nicht abgezinst werden.

Hinweis: Wenn Sie das Arbeitsblatt, auf dem Sie Ihre statischen Kennzahlen ausgerechnet haben, noch brauchen, müssen Sie es jetzt speichern.

< T L *Wertpap* **Return**	Laden Sie wieder Ihr ursprüngliches Arbeitsblatt.
6 mal **Pfeil nach rechts** 2 mal **Pfeil nach oben**	Bewegen Sie den Zellzeiger zur Zelle K3, und tragen Sie die Labels Kapitalwert und \- ein.

Kapitalwert **Pfeil nach unten**	
\- Pfeil nach unten	
F5 Gehezu *K1* **Return**	Gehen sie zur Zelle K1
2% **Return**	und tragen Sie den Kalkulationszinsfuß ein.
< B F P Return Return	Formatieren Sie die Zelle im Prozentformat.
4 mal Pfeil nach unten	Gehen Sie zurück zur Zelle L5.
Pfeil nach rechts	
- 6 mal Pfeil nach links	Beginnen Sie die Formel für den Kapitalwert mit einem Minuszeichen, und zeigen Sie auf den Kaufpreis. Der Kaufpreis stellt eine "negative Einzahlung" dar.
+ @*Netaktwert(* **4 mal Pfeil nach oben Pfeil nach links ;**	Schreiben Sie die Funktion @*Netaktwert* und zeigen Sie auf den Kalkulationszinssatz. Bei Eingabe des Semikolons springt 1-2-3 zurück.
5 mal Pfeil nach links	Markieren Sie alle Einzahlungen, und
. 4 mal Pfeil nach rechts	schließen Sie die Klammer.
Return	Es wird der Kapitalwert des ersten Wertpapiers berechnet.
< B F W 3 Return Return	Formatieren Sie den Kapitalwert als Währungsbetrag mit 3 Dezimalstellen.
< K Return	Wählen Sie **Kopie**,
Pfeil nach unten	und kopieren Sie die Kapitalwertformel
.	für die fünf anderen Wertpapiere.
4 mal Pfeil nach unten	
Return	Führt die Kopie durch.

4.1 Bewertung von Investitionen

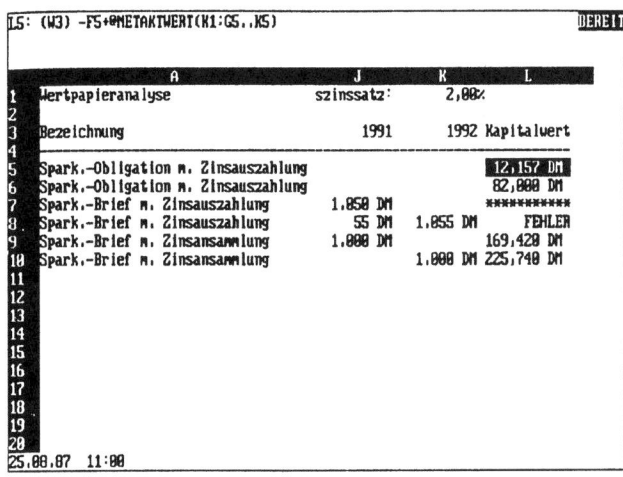

Bild 4-9: Fehler aufgrund einer relativen Zelladresse

4.1.6 Zelladressen

1-2-3 zeigt in Zelle L7 Sternchen. Sie kennen den Grund aus dem ersten Kalkulationsmodell. Der Wert ist zu groß, um in der Spalte angezeigt zu werden.

In der Zelle L8 wird der Wert *Fehler* angezeigt. Auf diese Weise teilt 1-2-3 Ihnen mit, daß der Wert einer Formel nicht berechnet werden kann. Das Ergebnis der Formel ist der Wert *Fehler*.

Warum kann der Kapitalwert der dritten Investition nicht berechnet werden?

4.1.6.1 Relative Zelladressen

Bisher haben sich die von Formeln erzeugten Kopien an Ihren Zielpunkten immer auf Zellen bezogen, die denjenigen in der Ursprungsformel entsprachen. Im ersten Kalkulationsmodell wurde der Januargewinn aus dem Umsatz und den Kosten im Januar ermittelt, während die Kopie dieser Formel für die Berechnung des Februargewinns den Umsatz und die Kosten im Februar verwandte.

Obwohl alle Gewinne mit Kopien der Formel im Januar berechnet wurden, verwendeten die Formeln immer entsprechende Zellen für die Ausgangswerte. Genau gesagt, verwenden relative Formel, wenn sie kopiert werden, Zellen, die in der gleichen Entfernung und in der gleichen Richtung zur Ergebniszelle liegen. Lotus 1-2-3 ist so nett, beim Kopieren die Zelladressen entsprechend anzupassen. Eine relative Zelladresse kann man daran erkennen, daß in der Formel nur die Spaltenbezeichnung gefolgt von der Zeilenbezeichnung angegeben ist. (Beispiel: K1)

1-2-3 hat im Wertpapiermodell die Formeln dergestalt angepaßt, daß in der ersten Kopie die Zelle K2 als Adresse für den Kalkulationszinssatz benutzt wurde und bei der zweiten Kopie die Zelle K3.

Die Zelle K2 ist leer. Leere Zellen werden von 1-2-3 bei Berechnungen als Wert 0 interpretiert. Folgerichtig wird die zweite Zahlungsreihe mit dem Zinssatz 0 abgezinst. Das Resultat ist genau die Summe der Zahlungen einschließlich der Auszahlung für den Kaufpreis des Wertpapiers.

Bei der zweiten Kopie der Kapitalwertformel verwendet 1-2-3 als Zinssatz wieder die entsprechend weit entfernte Zelle, die Jahreszahl 1992. Wenn man 1992 als Prozentfaktor interpretiert, entspricht der Wert einem Zinssatz von 199200%. Der Kapitalwert wird negativ und damit zu groß, um in die Zelle zu passen.

Bei der dritten Kopie schließlich verwendet 1-2-3 als Zinssatz die Linie. Und das kann nun wirklich keinen vernünftigen Kapitalwert mehr ergeben. Die Funktion @Netaktwert erzeugt den Wert *Fehler*.

4.1.6.2 Absolute Zelladressen

Was ist zu tun?

Die Lösung heißt absolute Zelladressen. Sie werden mit Hilfe von Dollarzeichen $ angegeben (Beispiel: $K$1). Lotus 1-2-3 bietet zusätzlich eine bequemere Möglichkeit. Die Taste **F4 Abs** wandelt eine Zelladresse von der relativen in die absolute Form um. Die Angabe einer absoluten Zelladresse in einer Formel bedeutet, daß unabhängig davon, wohin die Formel kopiert wird, immer genau die mit der

4.1 Bewertung von Investitionen

Zelladresse bezeichnete Zelle für die Berechnung verwendet werden soll und nicht eine "entsprechende".

Probieren Sie es gleich aus, und korrigieren Sie die Kapitalwertformel so, daß immer die absolute Zelladresse K1 verwandt wird.

F2 Edit	Gehen Sie in den Edit-Modus, um die erste Kapitalwertformel zu korrigieren.
9 mal Pfeil nach links	Bewegen Sie den Cursor in der Editierzeile im Bedienfeld zur Zelladresse K1.
F4 Abs	Der erste Druck auf die Taste **F4 Abs** wandelt die Zelladresse in eine Adresse mit absoluter Zeilenbezeichnung und absoluter Spaltenbezeichnung um.
F4 Abs	Drücken Sie noch einmal auf die Taste **F4 Abs**. Der zweite Druck auf die Taste **F4 Abs** wandelt die Adresse in eine mit absoluter Zeilenbezeichnung und relativer Spaltenbezeichnung um. Diese Angabe ist notwendig, wenn man in einer Formel immer dieselbe Zeile, aber eine entsprechende Spalte benötigt.
Noch einmal **F4 Abs**	Die Adresse verwandelt sich in eine mit absoluter Spalte und relativer Zeile. Wenn Sie immer dieselbe Spalte, aber entsprechende Zeilen brauchen, benutzen Sie diese Form.
F4 Abs	Sie haben wieder eine relative Zelladresse.
F4 Abs	Nachdem Sie alle möglichen Formen von Zelladressen begutachten konnten, wählen Sie diejenige, die für unsere Zwecke am geeignetsten ist (vgl. Bild 4-10).

Hinweis: Die Umwandlung der Zelladressen mit der Taste **F4 Abs** ist auch im Modus *Zeigen* möglich. Sie werden normalerweise die absoluten Zelladressen gleich beim Aufbau der Formeln angeben.

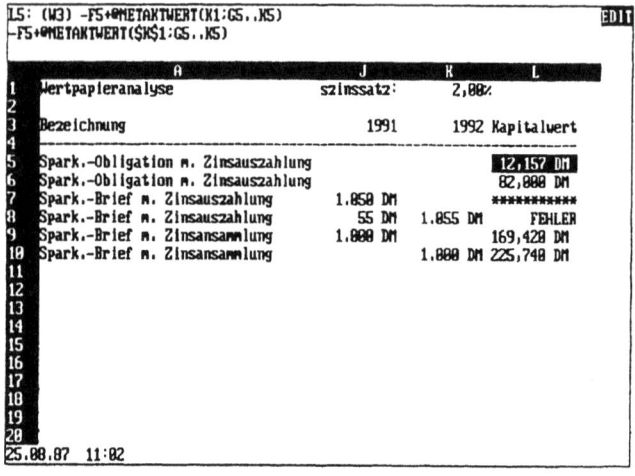

Bild 4-10: Korrigierte Formel mit absoluter Zelladresse

Return	Schließen Sie die Formelkorrektur mit **Return** ab.
< K Return	Wählen Sie die neue Formel zum Kopieren
Pfeil nach unten	in die fünf nächsten Zeilen.
4 mal Pfeil nach unten	
Return	1-2-3 zeigt die korrekten Ergebnisse.

Die verschiedenen Kapitalwerte sind so zu interpretieren, daß sie angeben, über wieviel höhere Finanzmittel Sie im Vergleich zur Anlage zum Kalkulationszinssatz bei Durchführung der betreffenden Investition verfügten. Damit die Ergebnisse bei verschiedenen Investitionslaufzeiten vergleichbar sind, ist der Kapitalwert auf den heutigen Zeitpunkt abgezinst.

4.1.7 Grafische Darstellung

Bei vielen Investitionsalternativen lassen sich die Kapitalwerte leichter überblicken, wenn sie grafisch dargestellt werden.

Vergleichen Sie die Kapitalwerte der Wertpapiere unter dem Gesichtspunkt der verschiedenen Laufzeiten in einem Balkendiagramm.

4.1.7.1 Vorüberlegungen

Hinweis: Bevor Sie an die Erstellung einer Grafik gehen, sollten Sie eine grobe Vorstellung davon haben, wie die Grafik die Werte darstellen soll. Machen Sie sich Gedanken über die Fragen:

- Was soll auf der X-Achse stehen?

- Was soll auf der Y-Achse stehen?

Anschließend wählen Sie die entsprechenden Befehle und Werte aus.

Die Laufzeiten sollen auf der X-Achse, die Kapitalwerte auf der Y-Achse eines Balkendiagramms dargestellt werden.

4.1.7.2 Wahl der Wertereihen

Schätzen Sie, wie lange es mit 1-2-3 dauert, bis Sie das Balkendiagramm erstellt haben!

F5 Gehezu *B5* Return	Markieren Sie die Zelle B5, bevor Sie mit der Grafikerstellung beginnen.
< *G*	Der Befehl **Grafik** läßt das Grafikmenü erscheinen. 1-2-3 geht erst wieder in den *Bereit* Modus, wenn Sie den Befehl **Zurück** wählen.

T	Bestimmen Sie mit dem Befehl Typ den Typ der Grafik.
B	Wählen Sie das Balkendiagramm. 1-2-3 zeigt wieder das Grafikmenü.
X	Bestimmen Sie, welche Werte auf der X-Achse abgetragen werden sollen. 1-2-3 fordert zur Eingabe eines Bereiches auf.
. 5 mal Pfeil nach unten	Ankern Sie den Bereich, und markieren Sie die Werte, die die Laufzeiten angeben (vgl. Bild 4-11).

```
B10: 5                                                          ZEIGEN
Bereich für X-Achse: B5..B10

               A                       B         C         D
 1  Wertpapieranalyse
 2
 3  Bezeichnung                     Laufzeit   Nennwert  Zinssatz
 4  ─────────────────────────────────────────────────────────────
 5  Spark.-Obligation m. Zinsauszahlung    1      1000     3,37%
 6  Spark.-Obligation m. Zinsauszahlung    2      1000     4,25%
 7  Spark.-Brief m. Zinsauszahlung         4      1000     5,00%
 8  Spark.-Brief m. Zinsauszahlung         5      1000     5,50%
 9  Spark.-Brief m. Zinsansammlung         4      1000     4,75%
10  Spark.-Brief m. Zinsansammlung         5      1000     5,25%
11
12
...
20
20.08.87   23:13
```

Bild 4-11: X-Bereich

Return	Schließt die Wahl des X-Bereiches ab.
A	1-2-3 läßt bis zu sechs Wertereihen zu, die auf der Y-Achse dargestellt werden können. Die entsprechenden Bereiche werden über die Buchstaben A bis F angegeben.

4.1 Bewertung von Investitionen

End Pfeil nach rechts   Markieren Sie den ersten Kapitalwert.
End Pfeil nach rechts

.   Ankern Sie.

End Pfeil nach unten   Markieren Sie alle darzustellenden Zahlen.

Return   Schließt die Wahl des A-Bereiches ab.

K   Der Befehl **Kontrolle** bringt die Grafik auf den Bildschirm.

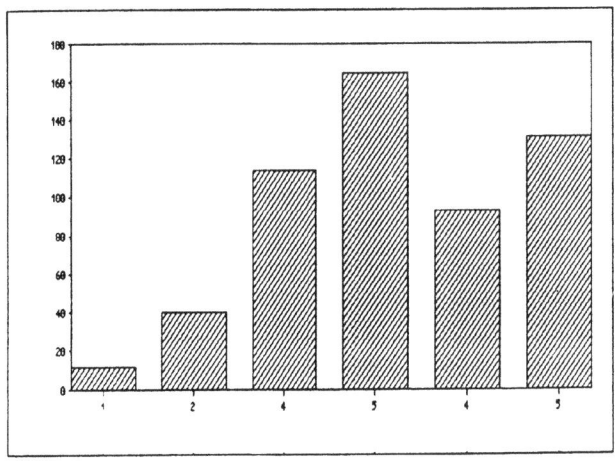

Bild 4-12: Balkendiagramm

Wenn Sie in der Zwischenzeit keine Kaffeepause gemacht haben, hat das keine 2 Minuten gedauert.

Beliebige Taste   1-2-3 bringt Sie in das Grafikmenü zurück.

Sie können die Grafik noch aussagekräftiger machen. Lotus 1-2-3 läßt bis zu zwei Titelzeilen für die Grafik zu.

4.1.7.3 Grafikbeschriftungen

O	Der Befehl **Optionen** ermöglicht, die Gestaltung der Grafik zu verändern. Es lassen sich Beschriftungen anbringen und Skalierungen und Formate verändern.
T	Der Befehl **Titel** ist für Überschriften und Achsenbeschriftungen zuständig.
E	Wählen Sie die **Erste** Titelzeile.
Wertpapieranalyse **Return**	Schreiben Sie die Überschrift.
T Z	Der Befehl **Titel Zweite** gibt die zweite Überschrift ein.
Laufzeit von 1 bis 5 Jahren **Return**	Geben Sie die Überschrift ein.
T X	Jetzt noch mit dem Befehl **Titel X-Achse**
Laufzeit **Return**	die Beschriftung für die X-Achse und
T Y	mit dem Befehl **Titel Y-Achse**
Kapitalwert **Return**	die Y-Achsenbeschriftung eingeben.
Z	Der Befehl **Zurück** bringt Sie ins Grafikmenü und
K	**Kontrolle** zeigt die Grafik.
Beliebige Taste	Mit einem Tastendruck kommen Sie weiter.

4.1.7.4 Eigenschaften der Achsen

O S	Der Befehl **Optionen Skalierung** erlaubt die Achsen zu ändern.
Y F W 0 **Return**	Wählen Sie als Format für die Y-Achse das **Format Währung** mit 0 Dezimalstellen.
Z Z K	**Zurück Zurück Kontrolle** zeigt die Grafik.
Beliebige Taste	Gehen Sie wieder ins Grafikmenü.
O R H	Der Befehl **Optionen Raster Horizontal** bringt Linien in die Diagrammfläche, die das Ablesen von Werten erleichtern.
Z K	**Zurück Kontrolle** zeigt die Linien.
Beliebige Taste	Mit einem Tastendruck kommen Sie weiter.

4.1.7.5 Eigenschaften der Balken

O C Z K	Mit dem Befehl **Optionen Color** können Sie auf Farbbildschirmen eine farbige Darstellung wählen. Auf monochromen Bildschirmen wird die Schraffur der Balken durch eine Grautönung ersetzt. Der Befehl **Optionen Monochrome** macht diese Einstellung wieder rückgängig. **Zurück Kontrolle** zeigt die neuen Balken an.
Beliebige Taste	Kehren Sie zum Grafikmenü zurück.

Wie fänden Sie Beschriftungen für die einzelnen Balken, die das entsprechende Wertpapier angeben?

O B	Der Befehl **Optionen Beschriftungen** erledigt das.
A	Wählen Sie **A** für die Balken des A-Bereichs. Für die anderen Wertereihen B bis F stehen entsprechende Befehle zur Verfügung.
Home 4 mal Pfeil nach unten	Sie müssen den Bereich angeben, in dem sich die Beschriftungen befinden.
. End Pfeil nach unten	Ankern und erweitern Sie den Bereich bis zur letzten Investitionsalternative.
Return	Schließt die Bereichswahl ab.
Z	Wählen Sie **Zentriert** als Ausrichtung für die Beschriftungen. 1-2-3 kehrt zur Wahl der Beschriftung der nächsten Wertereihe in das Beschriftungsmenü zurück.
Z	Wählen Sie **Zurück**, um in das Optionenmenü zu kommen
Z	und **Zurück**, um in das Grafikmenü zu kommen.

Hinweis: Sie können auch zweimal **Esc** benutzen, wenn Sie das Beschriftungs- und Optionenmenü verlassen wollen.

K	**Kontrolle** zeigt Ihnen die Grafik. Sie müßte jetzt so aussehen wie in Bild 4-13.

4.1 Bewertung von Investitionen 151

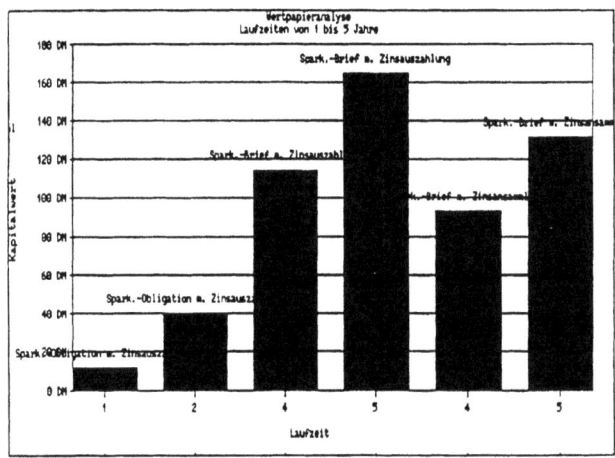

Bild 4-13: Aufbereitete Balkengrafik

Hinweis: Bitte beachten Sie, daß die Skalierung der X-Achse zur Zeit nur die Reihenfolge der Wertpapiere, nicht jedoch die Länge der Laufzeiten widerspiegelt (Nominalskala).

4.1.7.6 Druckvorbereitungen

Beliebige Taste   Betätigen Sie eine beliebige Taste, um in
                               das Grafikmenü zurückzukommen.

Grafiken können nicht direkt aus Lotus 1-2-3 gedruckt werden. Zum Drucken der Grafiken wird das Programm *PrintGraph* benutzt, das Sie über das *Access* Menü erreichen können.

Die Druckfunktion nicht integriert in 1-2-3 zu haben, hat für Sie zwei Vorteile:

- Der zusätzliche Programmcode für die Druckfunktionen verbrauchte zusätzlich wertvollen Speicherplatz, den Sie gut für Ihre Arbeitsblätter verwenden können. (Informieren Sie sich über den durch Ihr Arbeitsblatt belegten Speicherplatz durch Anzeigen der Parameterseite mit Hilfe des Befehls **Arbeitsblatt Parameter**.)

- Der Ausdruck von Grafiken dauert auf den üblichen Druckern relativ lange. Deshalb würde es unangenehme Wartezeiten verursachen, wenn Sie Ihre Grafiken während der Bearbeitung der Arbeitsblätter ausdruckten.

Die Designer des Lotus-Systems sind einen anderen Weg gegangen. Um eine Grafik zu drucken, erstellen und gestalten Sie die Grafik zuerst mit dem Grafikmenü in 1-2-3. Anschließend wird die Grafik gespeichert. Das dauert nur wenige Sekunden. Der Ausdruck der Grafik erfolgt zu einem späteren Zeitpunkt mit dem Programm *PrintGraph*. Wir werden uns im letzten Kapitel mit dem Programm *PrintGraph* beschäftigen.

Speichern Sie jetzt Ihre Grafik.

S	Wählen Sie den Befehl **Speichern** im Grafikmenü.
Balken Return	Geben Sie der Grafik den Dateinamen *Balken*. 1-2-3 ergänzt die Erweiterung *.PIC*. Wenn Sie möchten, können Sie sich die Datei mit dem Befehl **Transfer Dateiliste Grafikdatei** anzeigen lassen.
Z	Zuvor müssen Sie noch des Grafikmenü durch Wahl des Befehls **Zurück** verlassen.

1-2-3 ist wieder im Modus *Bereit*.

Hinweis: Die mit dem Befehl **Speichern** aus dem Grafikmenü gespeicherten *.PIC*-Dateien können vom Lotus-System nicht mehr verändert werden. Der einzige Zweck einer Grafikdatei besteht in der Übergabe der Grafik an das Programm *PrintGraph*.

Die Angaben, die Sie im Grafikmenü zur Erstellung einer Grafik angegeben haben, werden beim Speichern des Arbeitsblattes mit dem Befehl **Transfer Speichern** automatisch zusammen mit allen anderen Angaben auf dem Arbeitsblatt gespeichert. Wenn Sie das betreffende Arbeitsblatt wieder laden, finden Sie die Grafik in demselben Zustand, in dem Sie sie zusammen mit dem Arbeitsblatt gespeichert hatten.

4.1.8 Sortieren

Wenn man eine Investitionsanalyse durchführt, sollte man dann nicht auch die Investitionsalternativen nach ihrer Rangfolge gemäß dem Kapitalwert ordnen? Sicher vermuten Sie schon, daß das Ordnen nach einem Kriterium mit Lotus 1-2-3 mit wenigen Befehlen erledigt ist. Richtig! Nur sortiert 1-2-3 nicht nur nach einem, sondern nach bis zu zwei Kriterien. Darüber werden Sie im nächsten Kapitel mehr erfahren.

Zuerst eine einfache Sortierung nach dem Kapitalwert.

F5 Gehezu *L5*	Markieren Sie dazu die Spalte mit dem Kapitalwert.
< *D S*	Wählen Sie den Befehl **Daten Sortieren**. 1-2-3 zeigt das Sortiermenü.
D	Der Befehl **Datenbereich** gibt an, welcher Teil des Arbeitsblattes in den Sortiervorgang einbezogen werden soll.
A5.L10	Geben Sie den Bereich an, der Ihre Investitionsalternativen enthält.
1	Wählen Sie aus diesem Menü den 1. Sortierschlüssel.
Return	Da Sie mit dem Zellzeiger schon die richtige Spalte markiert, können Sie mit **Return** antworten.
S **Return**	1-2-3 fragt nach der Sortierfolge. Antworten Sie mit *S* für steigend. (*A* steht für absteigend.)
S	Wählen Sie anschließend den Befehl **Sortieren**.

```
L5: (W3) -FS+@METAHTWERT($K$1:G5..X5)                           BEREIT

         .   A   .                        J         K        L
1  Wertpapieranalyse                  szinssatz:  2,00%
2
3  Bezeichnung                          1991      1992  Kapitalwert
4
5  Spark.-Obligation m. Zinsauszahlung                      12,157 DM
6  Spark.-Obligation m. Zinsauszahlung                      40,685 DM
7  Spark.-Brief m. Zinsansammlung      1.000 DM             93,265 DM
8  Spark.-Brief m. Zinsauszahlung      1.050 DM            114,232 DM
9  Spark.-Brief m. Zinsansammlung                1.000 DM  131,471 DM
10 Spark.-Brief m. Zinsauszahlung         55 DM  1.055 DM  164,971 DM
11
12
...
20
26.08.87  20:54
```

Bild 4-14: Sortierte Wertpapiere

1-2-3 ist im *Bereit* Modus.

F10 Zeichnen Sie sind jederzeit, wenn kein Menü sichtbar ist, nur einen Tastendruck von der Grafik entfernt.

Lotus 1-2-3 hat die Grafik automatisch an die veränderte Reihenfolge der Wertpapiere angepaßt.

Die Grafikfunktion in 1-2-3 stellt jeweils die Inhalte der Zellen grafisch dar, die mit den Befehlen des Grafikmenüs zur grafischen Aufbereitung ausgewählt wurden. Wenn sich die Werte ändern, etwa durch eine *Was-wäre-wenn* Analyse, stellt die Grafik die veränderten Werte in den ausgewählten Bereichen dar. Die Grafik in 1-2-3 spiegelt also immer die aktuellen Werte im Arbeitsblatt wider.

Nicht an veränderte Werte angepaßt werden dagegen Grafiken, die mit dem Befehl **Speichern** des Grafikmenüs in einer Grafikdatei gespeichert wurden. Eine Grafikdatei stellt praktisch eine Momentaufnahme der Grafik in dem Zustand dar, in dem Sie sich zum Zeitpunkt des Speicherns befand. (Wie gesagt, Grafikdateien sind mit dem Lotus-System nicht mehr änderbar.)

4.1.9 Parameter von Arbeitsblättern

Man nennt Werte, die außerhalb des eigentlichen Kalkulationsmodells auf dem Arbeitsblatt stehen und die Ergebnisse des Kalkulationsmodells wie Steuergrößen beeinflussen *Parameter* von Arbeitsblättern. Die *Parameter* dienen dazu, die Wirkung der Rechenlogik in einem Arbeitsblatt beispielsweise für *Was-wäre-wenn* Analysen zu steuern. Da sich in den meisten Fällen mehrere Formeln auf dem Arbeitsblatt auf diese **Parameter** beziehen, gibt man die *Parameter* in den Formeln normalerweise mit absoluten Zelladressen an. Man könnte den Kalkulationszinssatz in gewisser Weise als Parameter der Wertpapieranalyse verstehen. Je nach vorgegebenem Kalkulationszinssatz verändern sich die Kapitalwerte der einzelnen Investitionsalternativen.

Probieren Sie es aus! Markieren Sie die Zelle K1, und geben Sie verschiedene Kalkulationszinssätze ein. Vergessen Sie das Prozentzeichen hinter dem Zinssatz nicht! Vergleichen Sie die Investitionen mit dem Zinssatz, den Sie auf Ihrem Girokonto oder Sparkonto erzielen.

Mit der Taste **F10 Zeichnen** können Sie sofort eine grafische Auswertung bekommen.

4.2 Weitere finanzmathematische Funktionen

Alle finanzmathematischen Funktionen haben mehr als ein Argument. Die Argumente werden durch ein Semikolon getrennt. Wie bei allen Formeln kann man die Argumente als Zahl direkt in die Klammer der Funktion schreiben, die Zelladresse des Wertes schreiben oder einfach mit dem Zellzeiger auf die Zelle auf dem Arbeitsblatt zeigen.

Die nächste Übung zeigt verschiedene Funktionen zur Berechnung der Abschreibung. Zuvor möchte ich noch kurz die Funktionen, die nicht ausführlich behandelt werden, erwähnen.

Ergebnis	Funktion
Annuität	*@Rate(Kapital; Zinssatz; Perioden)*
Barwert	*@Aktwert(Zahlung; Zinssatz; Perioden)*
Interner Zins	*@Intzins(Schätzung; Zahlungen)*
Laufzeit	*@Ann(Zahlung; Zinssatz; Zukünftiger Wert)*
Laufzeit	*@Lauf(Zinssatz; Zukünftiger Wert; Gegenwartswert)*
Verzinsung	*@Zins(Zukünftiger Wert; Gegenwartswert; Perioden)*
Zukünftiger Wert	*@Zukwert(Kapital; Zinssatz; Perioden)*

4.2.1 Übung: Abschreibung

Es stehen drei Funktionen zur Berechnung von Abschreibungsbeträgen zur Verfügung.

4.2 Weitere finanzmathematische Funktionen

4.2.1.1 Linearer Abschreibungsbetrag

Die Funktion @Afalin(Anschaffungswert; Restwert; Lebensdauer) ermittelt den Abschreibungsbetrag einer Anlage, wenn Sie die in der Klammer genannten Argumente übergeben. Da der Abschreibungsbetrag während der gesamten Abschreibungsdauer konstant ist, kann man dasselbe Ergebnis auch leicht durch die Formel (Anschaffungswert-Restwert)/Lebensdauer ermitteln.

4.2.1.2 Degressiver Abschreibungsbetrag

Die Ermittlung des geometrisch degressiven Abschreibungsbetrages ist mit einer eigenen Formel schon etwas schwieriger, da der Abschreibungsbetrag in jedem Jahr verschieden ist. (Versuchen Sie es trotzdem!)

Zum Glück hat Lotus 1-2-3 die Funktion @Afadeg(Anschaffungswert; Restwert; Lebensdauer; Abschreibungsjahr). Sie ermittelt für Sie den Abschreibungsbetrag im betreffenden Jahr. Damit die Funktion das kann, müssen Sie ihr als viertes Argument das gewünschte Abschreibungsjahr mitteilen.

4.2.1.3 Digitaler Abschreibungsbetrag

Die größte Erleichterung bei der Ermittlung von Abschreibungsbeträgen verspricht die Funktion @Afadig(Anschaffungswert; Restwert; Lebensdauer; Abschreibungsjahr), da deren Formel, würde man sie selbst aufbauen, kompliziert wäre. Die digitale Abschreibung ermittelt wie die degressive in den ersten Abschreibungsperioden höhere Abschreibungsbeträge als die lineare Abschreibung und benötigt daher zu deren Ermittlung auch das Abschreibungsjahr.

Wie sich die verschiedenen Abschreibungsarten unterscheiden, können Sie gleich in einer Grafik sehen.

< T S Wertpap **Return**   Speichern Sie Ihre Wertpapieranalyse, falls nicht schon geschehen.

< A R J   Löschen Sie Ihr Arbeitsblatt.

Auf diesem Arbeitsblatt werden Sie einen Abschreibungsplan eines Anlagegutes über sechs Jahre aufbauen. Sie werden dabei Gelegenheit haben, einige der in diesem Kapitel kennengelernten Konzepte noch einmal anzuwenden.

Das Arbeitsblatt hat zwei *Parameter* Anschaffungswert und Restwert, mit denen Sie die Ergebnisse der Berechnung beeinflussen können. Für die nächsten sechs Jahre sollen die Abschreibungsbeträge bei alternativen Abschreibungsmethoden ermittelt werden. Der Abschreibungsverlauf soll in einer Grafik dargestellt werden.

Außerdem werden Sie die *Seriennummern* kennenlernen.

4.2.2 Seriennummern

Lotus 1-2-3 benutzt zur Darstellung von Zeitpunkten *Seriennummern*. Eine *Seriennummer* kann einen genau bestimmten Zeitpunkt zwischen den Daten 1. Januar 1900 und dem 31. Dezember 2099 darstellen. Die *Seriennummer* besteht aus einem Datumsanteil und einem Stundenanteil.

Der Datumsanteil steht in der *Seriennummer* vor dem Komma und entspricht der Anzahl der Tage des dargestellten Datums vom 1.1.1900. Dieser Anteil wird *Datumsseriennummer* genannt. Die *Datumsseriennummer* kann mit Hilfe des Befehls **Format Datum** (als globales oder Bereichsformat) auf verschiedene Weise so formatiert werden, daß Sie auf dem Arbeitsblatt wie ein Datum dargestellt wird.

Der Dezimalanteil einer *Seriennummer* stellt einen bestimmten Zeitpunkt innerhalb der 24 Stunden des vom ganzzahligen Anteil angegebenen Tages dar. Dieser *Zeitseriennummer* genannte Anteil errechnet sich, indem die jeweilige Uhrzeit durch 24 Stunden dividiert wird. So ergibt sich beispielsweise für 12 Uhr der Wert 0,5 und für 18 Uhr 0,75. Eine *Zeitseriennummer* kann auf dem Arbeitsblatt durch das **Format Datum Uhr** auf verschiedene Weise so formatiert werden, daß sie als Uhrzeit angezeigt wird.

Warum nun die Umrechnung und Formatierung von Tagesdaten und Uhrzeiten? Man könnte sie doch auch als Label in eine Zelle eingeben, dann sähen sie gleich so aus, wie man sie brauchte. Der Vorteil der *Seriennummern* liegt darin, daß man damit

4.2 Weitere finanzmathematische Funktionen 159

rechnen kann und Ergebnisse bekommt, die wiederum gültige *Seriennummern* sind. Beispielsweise lassen sich folgende Fragestellungen dann leicht errechnen:

- Zu welchem Datum werden Zahlungsziele oder Festgelder fällig?

- Wie sind die Kosten einer Maschine auf verschiedene Kostenstellen oder Kostenträger zu verteilen, wenn die Kosten nach der verschiedenen zeitlichen Belastung aufgeteilt werden sollen?

Ich werde mit Erklärungen und Tastenbetätigungen der schon bekannten Tätigkeiten jetzt etwas sparsamer sein und an deren Stelle nur noch kurze Hinweise und deren Ergebnis als Abbildung angeben.

Geben Sie die Beschriftungen ein (vgl. Bild 4-15).

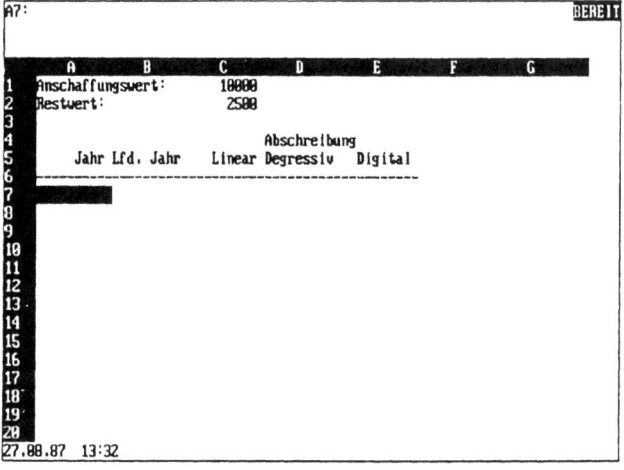

Bild 4-15: Beschriftungen

Justieren Sie die Überschriften in der Zeile 5 mit dem Befehl **Bereich Justieren Rechts**. Stellen Sie die Spaltenbreite für alle Spalten mit dem Befehl **Arbeitsblatt Global Breite** auf 10 Zeichen ein. Tragen Sie in der Zelle A7 die Formel *@Jahr(@Jetzt)* ein (vgl. Bild 4-16).

Die Funktion *@Jahr* ermittelt aus einer *Seriennummer* die Jahreszahl.

Die Funktion *@Jetzt* ergibt eine *Seriennummer*, die genau dem jetzigen Zeitpunkt entspricht. (Wenn Sie die Systemzeit Ihres PCs richtig eingestellt haben.)

Sie können die *Seriennummer* des gegenwärtigen Zeitpunktes überprüfen, indem Sie in einer freien Zelle des Arbeitsblattes die Funktion *@Jetzt* eintragen. Es wird sich eine Zahl ergeben, die die Anzahl der Tage vom Datum 1.1.1900 darstellt. Wenn Sie den dezimalen Anteil mit 24 multiplizieren, haben Sie genau die Uhrzeit, zu der Sie die Funktion eingetragen haben.

Beachten Sie, wie sich der dezimale Anteil der Seriennummer ändert, wenn Sie auf dem Arbeitsblatt neue Eintragungen vornehmen. Auch 1-2-3 weiß, daß die Zeit nicht stehenbleibt.

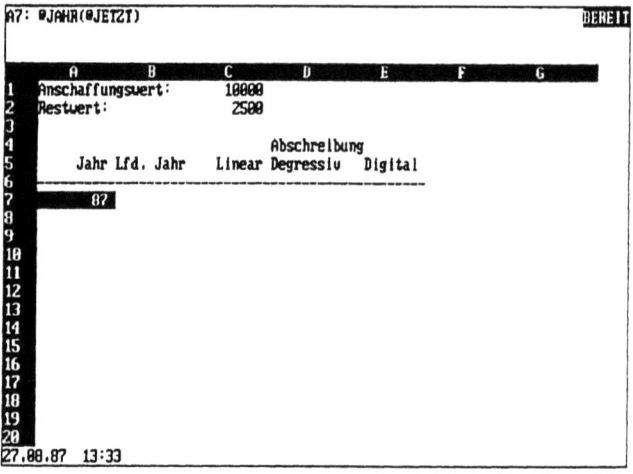

Bild 4-16: Formel für aktuelles Jahr

Markieren Sie die Zelle unter der Jahreszahl, und geben Sie ein (vgl. Bedienfeld Bild 4-17):

1 + **Pfeil nach oben Return**

4.2 Weitere finanzmathematische Funktionen

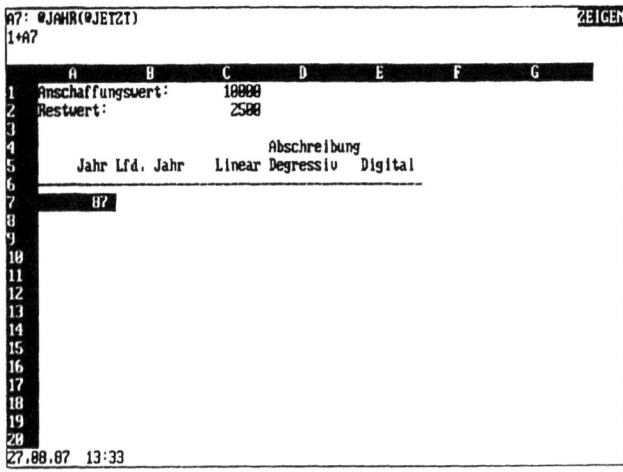

Bild 4-17: Formel für folgendes Jahr

< K Return Pfeil nach unten

.

3 mal Pfeil nach unten
Return

Kopieren Sie die Formel für insgesamt 6 Jahre. Das Ergebnis sehen Sie in Abbildung 4-18.

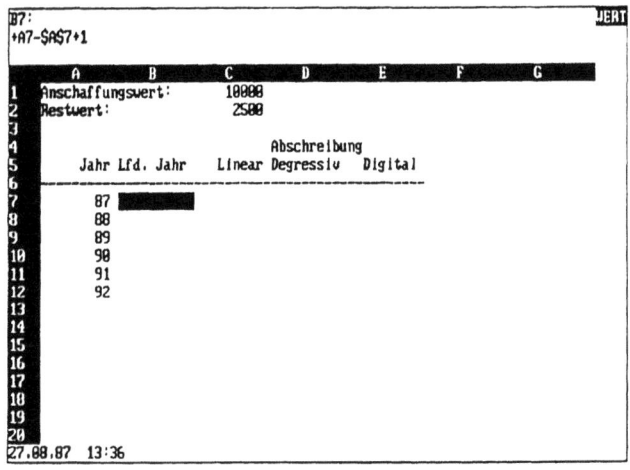

Bild 4-18: Formel für Abschreibungsjahr

Die Ermittlung des Abschreibungsjahres erfordert eine Formel mit absoluter Zelladresse.

Markieren Sie die Zelle rechts neben dem aktuellen Jahr:

+ Pfeil nach links - Pfeil nach links F4 Abs + *1* Return.

Hinweis: Um in jeder Zeile das laufende Jahr zu ermitteln, müssen Sie von der jeweiligen Jahreszahl (relative Zelladresse) das erste (absolute Zelladresse) Jahr subtrahieren und 1 addieren.

< *K* **Return**	Kopieren Sie die Formel.
Pfeil nach unten	
.	
4 mal **Pfeil nach unten**	
Return	
Pfeil nach rechts	Markieren von C7.
@Afalin(	Zeigen Sie auf den Anschaffungswert.
6 mal **Pfeil nach oben F4 Abs**	
; 5 mal **Pfeil nach oben F4 Abs**	Zeigen Sie auf den Restwert.
; 6) **Return**	Geben Sie die Abschreibungsdauer als Zahl an (vgl. Bild 4-19).

4.2 Weitere finanzmathematische Funktionen

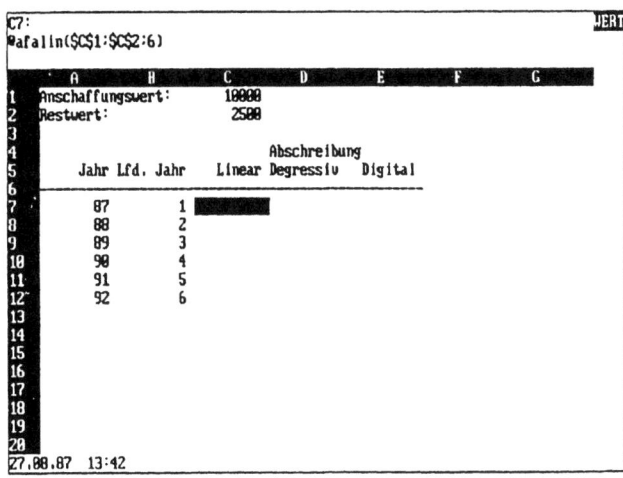

Bild 4-19: Formel für lineare Abschreibung

Pfeil nach rechts	Markieren von D7.
@Afadeg(	Zeigen Sie auf den Anschaffungswert.
Pfeil nach links	
6 mal **Pfeil nach oben**	
F4 Abs	
; 5 mal **Pfeil nach oben**	Zeigen Sie auf den Restwert.
Pfeil nach links	
F4 Abs	
; 6	Geben Sie die Abschreibungsdauer als Zahl an und zeigen Sie auf das Abschreibungsjahr (in Zelle B7).
; 2 mal **Pfeil nach links**	
) **Return**	

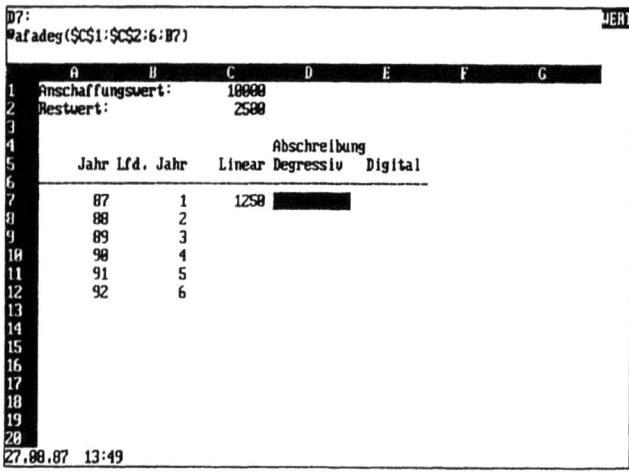

Bild 4-20: Formel für degressive Abschreibung

Pfeil nach rechts   Markieren Sie die Zelle E7.

@Afadig(Zeigen Sie auf den Anschaffungswert.
2 mal **Pfeil nach links**
6 mal **Pfeil nach oben**
F4 Abs

; 5 mal **Pfeil nach oben**   Zeigen Sie auf den Restwert.
2 mal **Pfeil nach links**
F4 Abs

; 6   Geben Sie die Abschreibungsdauer als
; 3 mal **Pfeil nach links**   Zahl an, und zeigen Sie auf das
) **Return**   Abschreibungsjahr (vgl. Bild 4-21).

4.2 Weitere finanzmathematische Funktionen

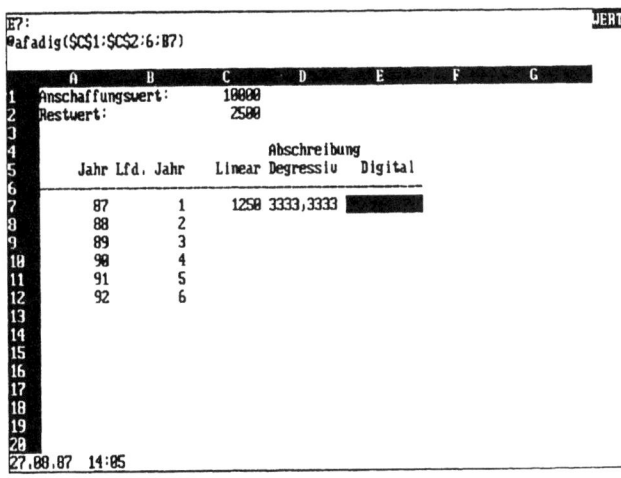

Bild 4-21: Formel für digitale Abschreibung

< K 2 mal **Pfeil nach links** **Return** 2 mal **Pfeil nach links** **Pfeil nach unten** . 4 mal **Pfeil nach unten**	Kopieren Sie die drei Abschreibungsformeln nach unten.
< A G F W 0	Wählen Sie das globale Währungsformat mit 0 Dezimalstellen.
4 mal **Pfeil nach links** < B F F 0 **Return** **End Pfeil nach unten** **Return**	Formatieren Sie die Jahreszahlen mit dem Bereichsformat **Fest 0**.

Damit ist der Abschreibungsvergleich fertig. Nun zur Grafik!

< G T L	Wählen Sie als Grafiktyp die **Linie**.

Bestimmen Sie die Bereiche gemäß den Abbildungen 4-22 bis 4-25.

X. End Pfeil nach unten Return

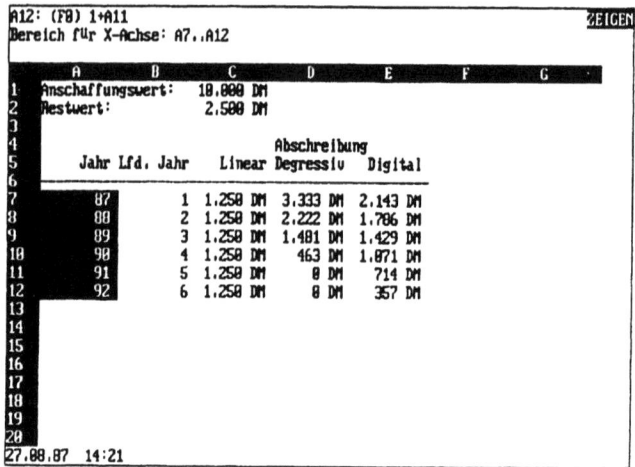

Bild 4-22: X-Bereich

A 2 mal Pfeil nach rechts . End Pfeil nach unten Return

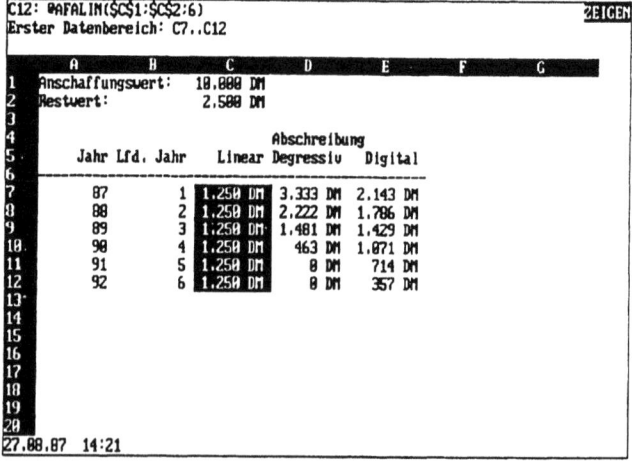

Bild 4-23: A-Bereich

4.2 Weitere finanzmathematische Funktionen

B 3 mal Pfeil nach rechts . End Pfeil nach unten Return

```
D12: @AFADEG($C$1:$C$2:6:B12)                                    ZEIGEN
Zweiter Datenbereich: D7..D12

      A            B        C            D          E        F      G
1  Anschaffungswert:    10.000 DM
2  Restwert:             2.500 DM
3
4                                    Abschreibung
5     Jahr Lfd. Jahr       Linear Degressiv   Digital
6
7      87           1    1.250 DM  3.333 DM  2.143 DM
8      88           2    1.250 DM  2.222 DM  1.786 DM
9      89           3    1.250 DM  1.481 DM  1.429 DM
10     90           4    1.250 DM    463 DM  1.071 DM
11     91           5    1.250 DM      0 DM    714 DM
12     92           6    1.250 DM      0 DM    357 DM
13
...
27.08.87  14:21
```

Bild 4-24: B-Bereich

C 4 mal Pfeil nach rechts . End Pfeil nach unten Return

```
E12: @AFADIG($C$1:$C$2:6:B12)                                    ZEIGEN
Dritter Datenbereich: E7..E12

      A            B        .C           D          E        F      G
1  Anschaffungswert:    10.000 DM
2  Restwert:             2.500 DM
3
4                                    Abschreibung
5     Jahr Lfd. Jahr       Linear Degressiv   Digital
6
7      87           1    1.250 DM  3.333 DM  2.143 DM
8      88           2    1.250 DM  2.222 DM  1.786 DM
9      89           3    1.250 DM  1.481 DM  1.429 DM
10     90           4    1.250 DM    463 DM  1.071 DM
11     91           5    1.250 DM      0 DM    714 DM
12     92           6    1.250 DM      0 DM    357 DM
13
...
27.08.87  14:22
```

Bild 4-25: C-Bereich

168   4 Finanzmathematik

K   **Kontrolle** zeigt die Grafik.

Bringen Sie noch Beschriftungen an. Richten Sie sich nach den Abbildungen 4-26 bis 4-28.

O B A   Wählen Sie **Optionen Beschriftungen A**

```
C5: "Linear                                                    ZEIGEN
Labelbereich für Daten in Bereich A: C5

          A        B         C         D        E       F       G
 1  Anschaffungswert:     10.000 DM
 2  Restwert:              2.500 DM
 3
 4                                   Abschreibung
 5       Jahr Lfd. Jahr    Linear Degressiv  Digital
 6                        ────── ────────── ───────
 7         87        1    1.250 DM  3.333 DM  2.143 DM
 8         88        2    1.250 DM  2.222 DM  1.786 DM
 9         89        3    1.250 DM  1.481 DM  1.429 DM
10         90        4    1.250 DM    463 DM  1.071 DM
11         91        5    1.250 DM      0 DM    714 DM
12         92        6    1.250 DM      0 DM    357 DM
13
14
15
16
17
18
19
20
27.08.87  14:23
```

Bild 4-26: Beschriftung für A

Z   Wählen Sie **Zentriert**.

B   **B-Bereich**

4.2 Weitere finanzmathematische Funktionen

```
D5: "Degressiv                                          ZEIGEN
Labelbereich für Daten in Bereich B: D5

        A        B        C          D         E      F    G
1   Anschaffungswert:   10.000 DM
2   Restwert:            2.500 DM
3
4                               Abschreibung
5       Jahr Lfd. Jahr   Linear Degressiv  Digital
6   ─────────────────────────────────────────────
7        87        1    1.250 DM  3.333 DM  2.143 DM
8        88        2    1.250 DM  2.222 DM  1.786 DM
9        89        3    1.250 DM  1.481 DM  1.429 DM
10       90        4    1.250 DM    463 DM  1.071 DM
11       91        5    1.250 DM      0 DM    714 DM
12       92        6    1.250 DM      0 DM    357 DM
13
...
20
27.08.87  14:23
```

Bild 4-27: Beschriftung für B

Z   Wählen Sie **Zentriert**.

C   **C-Bereich**

```
E5: "Digital                                            ZEIGEN
Labelbereich für Daten in Bereich C: E5

        A        B        C          D         E      F    G
1   Anschaffungswert:   10.000 DM
2   Restwert:            2.500 DM
3
4                               Abschreibung
5       Jahr Lfd. Jahr   Linear Degressiv  Digital
6   ─────────────────────────────────────────────
7        87        1    1.250 DM  3.333 DM  2.143 DM
8        88        2    1.250 DM  2.222 DM  1.786 DM
9        89        3    1.250 DM  1.481 DM  1.429 DM
10       90        4    1.250 DM    463 DM  1.071 DM
11       91        5    1.250 DM      0 DM    714 DM
12       92        6    1.250 DM      0 DM    357 DM
13
...
20
27.08.87  14:24
```

Bild 4-28: Beschriftung für C

Z   Wählen Sie **Zentriert**.

Z Z K   **Zurück Zurück Kontrolle** zeigt Ihnen die
                     Grafik.

Sie müßte jetzt so aussehen (vgl. Bild 4-29).

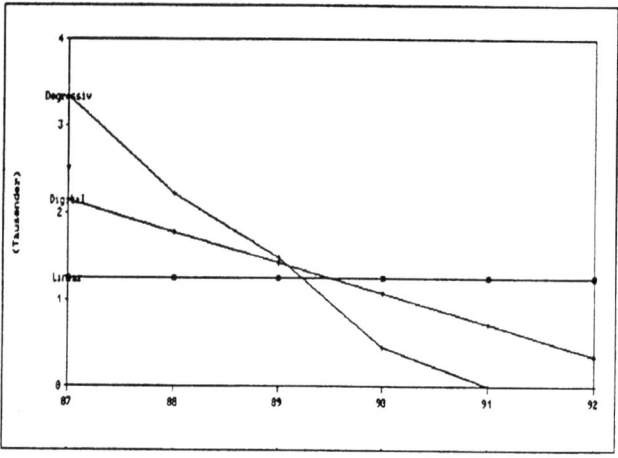

Bild 4-29: Liniengrafik

Versehen Sie die Grafik noch mit dem Befehl **Titel** mit passenden Beschriftungen für die beiden Achsen und Überschriften. Wenn Sie die Grafik später ausdrucken möchten, sollten Sie sie mit dem Befehl **Speichern** im Grafikmenü als Grafikdatei speichern. Sie müssen dazu einen Dateinamen mit maximal 8 Zeichen angeben. Verändern Sie, wenn 1-2-3 in den Modus *Bereit* zurückgekommen ist, die beiden Parameter Anschaffungswert und Restwert und schauen Sie sich die Ergebnisse mit **F10 Zeichnen** an.

Speichern Sie Ihr Arbeitsblatt mit dem Befehl **Transfer Speichern** unter dem Namen *AFA*.

5 Datenbank

Die Datenbank bildet neben der Tabellenkalkulation und der Grafikfunktion die dritte Komponente des integrierten Programmsystems Lotus 1-2-3. Bei dem Programmsystem Lotus 1-2-3 ist im Gegensatz zu einigen anderen integrierten Programmpaketen die Abstimmung der Leistungsfähigkeit der einzelnen Komponenten untereinander gut gelungen. Beim Lotus-System wird eine sehr leistungsfähige Tabellenkalkulation ergänzt durch eine Grafikfunktion und eine schnelle und leicht bedienbare Datenbankkomponente. Auswertungsergebnisse der Datenbankkomponente können sofort in der Tabellenkalkulation oder der Grafikkomponente verwendet werden.

5.1 Definition und Abgrenzung

Was ist eine Datenbank?

Bei der Klärung der Frage, was eine Datenbank ist, muß man unterscheiden zwischen der Definition einer theoretischen Datenbank und dem, was die reale Datenbank im Lotus-System ist.

5.1.1 Theoretische Datenbank

Eine Datenbank besteht aus einer Sammlung von Daten über eine bestimmte Problemstellung sowie aus den Programmen zur Verwaltung dieser Daten.

Der Inhalt von Datenbanken könnte beispielsweise folgende Problembereiche umfassen:

- Eine Datenbank mit sämtlichen Kunden- und Auftragsdaten einer Firma.

- Eine Datenbank mit sämtlichen Daten über Versuche eines technischen Labors.

- Eine Datenbank mit den Ergebnissen einer Volkszählung.

- Eine Unternehmensdatenbank mit sämtlichen Daten, die in diesem Unternehmen edvmäßig verwaltet werden.

Die Programme zur Verwaltung der Daten, das Datenbankverwaltungssystem, müssen in der Lage sein, die Daten allen Benutzern der Datenbank in der benötigten Form zu liefern.

Die Programme müssen:

- Daten in der Datenbank speichern, ändern oder löschen und wiederfinden.

- Daten in der jeweils benötigten Sortierung zur Verfügung stellen.

- Über Abfragen genau bestimmte Teilmengen der gespeicherten Daten zur Verfügung stellen.

- Beziehungen zwischen Objekten, über die Daten gespeichert worden sind, aufzeigen; z. B. "Welche Aufträge gehören zu welchen Kunden?" oder "Welche Lieferanten liefern den Artikel 1100?"

- Änderungen an der Struktur, d. h. an den Festlegungen, welche Sachverhalte in der Datenbank gespeichert werden, zulassen.

Eine bestimmte Art von Datenbanksystemen, die relationalen Datenbanken, speichern die Daten über das betreffende Problemfeld in Tabellen wie in Abbildung 5-1.

5.1 Definition und Abgrenzung

```
Viewing Artikel table: Record 1 of 24                           Main
ARTIKEL  Art. Nr.         Bezeichnung                    Größe      Preis DM
    1    TW-1850    T-Shirt, weiß, Baumwolle             M, L, XL    25,00
    2    TS-1851    T-Shirt, schwarz, Baumwolle          M, L, XL    25,00
    3    SW-1860    Sweat-Shirt, weiß, Baumwolle         M, L, XL    60,00
    4    SS-1861    Sweat-Shirt, schwarz, Baumwolle      M, L, XL    60,00
    5    TRS-0620   Träger-Shirt, schwarz, Baumwolle     M, L        32,50
    6    TRW-0621   Träger-Shirt, weiß, Baumwolle        M, L        32,50
    7    TR-1850    T-Shirt, rot, Baumwolle              M, L, XL    25,00
    8    TB-1851    T-Shirt, blau, Baumwolle             M, L, XL    25,00
    9    SR-1860    Sweat-Shirt, rot, Baumwolle          M, L, XL    60,00
   10    SB-1861    Sweat-Shirt, blau, Baumwolle         M, L, XL    60,00
   11    TRR-0620   Träger-Shirt, rot, Baumwolle         M, L        32,50
   12    TRB-0621   Träger-Shirt, blau, Baumwolle        M, L        32,50
   13    PTW-1850   T-Shirt, weiß, 80% BW, 20% Polyami   M, L, XL    25,00
   14    PTS-1851   T-Shirt, schwarz, 80% BW, 20%        M, L, XL    25,00
   15    PSW-1860   Sweat-Shirt, weiß, 80% BW, 20% Pol   M, L, XL    60,00
   16    PSS-1861   Sweat-Shirt, schwarz, 80% BW, 20%    M, L, XL    60,00
   17    PRS-0620   Träger-Shirt, schwarz, 80% BW, 20%   M, L        32,50
   18    PRW-0621   Träger-Shirt, weiß, 80% BW, 20%      M, L        32,50
   19    PTR-1850   T-Shirt, rot, 80% BW, 20% Polyamid   M, L, XL    25,00
   20    PTB-1851   T-Shirt, blau, 80% BW, 20% Polyami   M, L, XL    25,00
   21    PSR-1860   Sweat-Shirt, rot, 80% BW, 20% Poly   M, L, XL    60,00
   22    PSB-1861   Sweat-Shirt, blau, 80% BW, 20% Pol   M, L, XL    60,00
```

Bild 5-1: Beispieldatenbank Artikel

Eine Tabelle nimmt Angaben auf über die Objekte, die dem Aufgabengebiet der Datenbank entsprechen. Objekte können sein: Artikel, Kunden, Versuchsergebnisse, etc.

Jede Zeile der Datenbanktabelle enthält die Angaben über ein Objekt (z. B. einen Artikel). Eine Tabellenzeile wird auch Datensatz genannt. Jede Spalte der Tabelle enthält Angaben zu einer bestimmten Eigenschaft des Objektes (z. B. Größe, Gewicht, Preis, Bezeichnung). Ein Spalte der Datenbanktabelle heißt Feld. Weder die Reihenfolge der Zeilen noch die Reihenfolge der Spalten ist von Bedeutung. Das Datenbankverwaltungssystem muß in der Lage sein, Zeilen und Spalten unabhängig von der Reihenfolge zu finden und in der benötigten Reihenfolge zur Verfügung zu stellen. In jeder Datenbanktabelle werden nur Angaben zu einer einzigen Objektart gespeichert. Beispielsweise nur Angaben zu Kunden oder Artikeln, nicht jedoch Angaben zu Kunden und Artikeln. Für eine andere Objektart wird eine andere Datenbanktabelle benutzt.

5.1.2 Lotus 1-2-3 Datenbank

Die Lotus 1-2-3 Datenbank ist keine theoretische Datenbank in oben beschriebenem Sinne. Die Datenbank im Lotus 1-2-3-System stellt lediglich einen Teil der Funktionen einer theoretischen Datenbank zur Verfügung.

Die Einschränkungen, denen die Datenbankkomponente des Lotus-Systems unterliegt, leiten sich hauptsächlich aus zwei Eigenschaften der Lotus-1-2-3 Datenbank ab:

- Die Anzahl der Zeilen einer Datenbanktabelle ist, bedingt durch die Größe des Arbeitsblattes, auf 8191 Zeilen beschränkt. Diese Zahl mag im ersten Augenblick recht hoch erscheinen, ist jedoch im Vergleich zu ausgewachsenen Datenbanken gering.

- Die Datenbankverwaltungsfunktionen in 1-2-3 können nur sehr eingeschränkt Beziehungen zwischen den in verschiedenen Datenbanktabellen gespeicherten Daten herstellen. Daraus folgt, daß Datenbanken mit Aufgabengebieten, die die Darstellung von komplexen Beziehungen zwischen verschiedenen Objektarten in mehreren Datenbanktabellen erfordern, mit Lotus in der Regel nicht effektiv verwaltet werden können. Lotus Datenbanken bestehen daher normalerweise nur aus einer oder wenigen Tabellen.

Hinweis: Ich habe den Begriff *Tabelle* bisher im Sinne von *Arbeitsblatt* oder Kalkulationstabelle benutzt. 1-2-3 stellt keine besonderen Bedingungen, in welcher Weise Kalkulationstabellen auf dem Arbeitsblatt anzuordnen sind.

Eine Datenbanktabelle hat dagegen ganz bestimmte formale Bedingungen zu erfüllen. Alle Spalten einer Datenbanktabelle müssen eine Überschrift (den Feldnamen) haben. Die Feldnamen sind Labels und müssen in der Zeile stehen, die sich direkt über der Tabelle der Datensätze befindet. Die verschiedenen Spalten einer Datenbanktabelle müssen lückenlos nebeneinander liegen. Die Datensätze einer Datenbanktabelle müssen lückenlos untereinander liegen.

Lotus 1-2-3 Datenbanken werden vollständig auf dem Arbeitsblatt im Hauptspeicher verwaltet. Daraus ergibt sich eine vom externen Speichermedium (Diskette oder Festplatte) unabhängige, schnelle Zugriffszeit, aber auch eine durch den Hauptspeicher begrenzte Größe der Datenbank.

5.1 Definition und Abgrenzung

Trotz der genannten Einschränkungen ist die Datenbankkomponente in Lotus 1-2-3 bestens für eine Reihe von Aufgaben geeignet, deren Schwerpunkt auf Flexibilität und Datenanalyse liegt:

- Verwaltung der Primärdaten, die in Kalkulationsmodellen auf dem Arbeitsblatt analysiert werden sollen. (Erfassung, Auswahl und Aktualisierung dieser Daten).

- Sehr flexible Listenverwaltung.

- Analyse und zusammenfassende Auswertung von Daten, die aus anderen Programmen, zum Teil auch aus leistungsfähigeren Datenbanken, stammen.

Zur Übertragung von Daten aus anderen Programmen verfügt das Lotus-System über ein im *Access* Menü erreichbares Dateikonvertierungsprogramm, mit dessen Hilfe man Dateien aus einigen gängigen Dateiformaten in verschiedene Lotus Dateiformate und auch von Lotus Dateiformaten in einige weitverbreitete Dateiformate konvertieren kann.

In diesem Sinne kann man das Lotus-System auch als Zugriffs- und Analysewerkzeug für andere Datenverwaltungsprogramme verstehen, das es erlaubt, die aus anderen Programmen extrahierten Daten sowohl rechnerisch als auch grafisch zu analysieren. Beispielsweise könnte man aus einem Lagerverwaltungssystem, das unter dBase III programmiert ist, die Umsätze der verschiedenen Artikel im letzten Jahr an Lotus 1-2-3 übergeben. Aus diesen Artikelbewegungen könnten mit 1-2-3 verschiedene Statistiken, Auswertungen oder Grafiken angefertigt werden, um die Umsatzentwicklung zu verdeutlichen.

Sie werden in den folgenden Übungen einige Datenbankanwendungen kennenlernen, wobei schwerpunktmäßig die Auswertungsmöglichkeiten der Datenbanken behandelt werden.

Bei der Analyse von Daten aus fremden Programmen durchlaufen Sie in der Regel folgende Schritte:

- Auswahl der zu untersuchenden Datenteilmenge mit Hilfe des anderen Programms. Anschließendes Abspeichern der Daten in einer Datei.

- Konvertierung der gespeicherten Datei mit dem *Dienstprogramm-Translate*.

- Laden der generierten Lotus Datei mit dem Befehl **Transfer Laden** in Lotus 1-2-3. Eventuell nötige Änderungen oder Selektionen können auch noch in Lotus 1-2-3 durchgeführt werden.

- Datenanalyse und/oder Kalkulation.

Die ersten beiden Datenbanken wurden von dBase III übernommen und sind auf der Begleitdiskette als dBase III Dateien gespeichert. Sie können mit Hilfe dieser Dateien den Vorgang der Dateikonvertierung nachvollziehen. Die dBase III Datenbanktabellen enthalten Angaben zu Leasingverträgen und eine PC-Nutzungsstatistik. Beide Datenbanktabellen sind in zwei Versionen vorhanden:

LeaseK.DBF   20   Datensätze
LeaseG.DBF   100   Datensätze

NutzK.DBF   20   Datensätze
NutzG.DBF   150   Datensätze

Falls Sie die Begleitdiskette nicht benutzen, können Sie die Datensätze der kleineren Dateien auch anhand der Abbildungen in diesem Kapitel eingeben. Die Abbildungen in den nächsten beiden Übungen stammen aus der Behandlung der Datenbanken mit den kleineren Satzanzahlen.

Mit den größeren Datentabellen können Sie testen, wie sich Ergebnisse und Bearbeitungszeiten bei umfangreicheren Datensatzanzahlen verändern. Führen Sie also die Übungen wahlweise mit der großen oder der kleinen Version der Datenbanken durch. Wenn Sie Ihre Ergebnisse direkt mit den Bildschirmabbildungen vergleichen wollen, benutzen Sie für Ihre Übung die Dateien mit dem Namensende K (steht für klein). Wenn Sie die größeren Datenbanktabellen (Namensende G) für Ihre Auswertungen benutzen wollen, sollten die Auswertungsergebnisse insoweit mit den Bildschirmabbildungen übereinstimmen, als daß mindestens alle auf der Abbildung sichtbaren Datensätze, in der Regel in der gleichen Reihenfolge, auch auf Ihrem Bildschirm sichtbar sind.

5.2 Datenbank Leasingverträge

Stellen Sie sich vor, Ihre Firma verleast Kopiergeräte und Zubehör.

Da Sie sich mit Lotus 1-2-3 auskennen, hat man Ihnen die Aufgabe übertragen, zu analysieren, welche der bei Ihrer Firma erhältlichen Kopierertypen bei den Kunden am beliebtesten sind. Man hat Ihnen aus dem Datenbanksystem, das sämtliche Leasingvorgänge in Ihrer Firma verwaltet, schon eine dBase III Tabelle mit den Angaben der Leasingverträge in Ihrem Arbeitsverzeichnis C:\Desk\123\Buch zur Verfügung gestellt.

5.2.1 Konvertierung einer dBase III Datei

Bevor in 1-2-3 weiter Berechnungen durchgeführt werden können, müssen Sie die Datei in das Lotus 1-2-3 Format konvertieren. Starten Sie dazu das Lotus-System oder verlassen Sie 1-2-3, falls Sie zur Zeit mit 1-2-3 arbeiten. (Vergessen Sie nicht, gegebenenfalls die gerade bearbeitete Tabelle zu speichern.)

Hinweis: Wenn Sie die Begleitdiskette nicht benutzen, können Sie den Abschnitt "5.2.1 Konvertierung einer dBase III Datei" überspringen und mit Abschnitt 5.2.2 fortfahren.

Lotus **Return**	Wenn Sie das Lotus-System starten wollen. Oder:
< *E J*	Wählen Sie den Befehl **Ende** und die Bestätigung **Ja**, um 1-2-3 zu verlassen und ins *Access* Menü zu kommen (vgl. Bild 5-2).

```
┌─────────────────────────────────────────────────────────────────┐
│ 1-2-3  PrintGraph  Dienstprogramm-Translate  Install  Tutorial  Ende │
│ Umsetzen von Dateien zwischen 123 und anderen Programmen        │
├─────────────────────────────────────────────────────────────────┤
│                      1-2-3 Access System                        │
│              Copyright 1985 Lotus Development Corporation       │
│              Alle Rechte vorbehalten.         Version 2         │
│                                                                 │
│  Das Access System erlaubt die Auswahl von 1-2-3, PrintGraph, Translate, │
│  dem Install-Programm und dem Tutorial. Die Auswahl erfolgt über │
│  das Menü am oberen Bildschirmrand. Bei einem Diskettensystem erfolgt │
│  in Access möglicherweise eine Aufforderung, Disketten zu wechseln. │
│  Starten Sie das Programm entsprechend folgender Anweisungen.   │
│                                                                 │
│  o  Setzen Sie mit Hilfe der Pfeiltasten den Menüzeiger (der erhellte │
│     Balken am oberen Bildschirmrand) auf den Namen des gewünschten │
│     Programms.                                                  │
│  o  Drücken Sie [RETURN], um das Programm zu starten.           │
│                                                                 │
│  Sie können ein Programm auch starten, indem der Anfangsbuchstabe der │
│  Menüoption eingegeben wird. Für weitere Informationen [HILFE] drücken. │
│                                                                 │
└─────────────────────────────────────────────────────────────────┘
```

Bild 5-2: Access-Menü

D   Wählen Sie aus dem *Access* Menü das **Dienstprogramm-Translate**, das für Dateikonvertierungen zuständig ist.

Die Konvertierung einer dBase III Datei in eine Lotus 1-2-3 Version 2 Datei soll beispielhaft die Vorgehensweise bei der Umsetzung von Dateien mit dem Dienstprogramm-Translate darstellen. Die Konvertierung aller anderen Dateitypen wird analog durchgeführt. Sie läuft immer in folgenden Schritten ab:

- Wahl Quelldatei Typ

- Wahl Zieldatei Typ

- Wahl Quelldateiname

- Wahl Zieldateiname

- Umsetzung

5.2 Datenbank Leasingverträge

Auf die bei der Dateiumsetzung relevanten Unterschiede zwischen den Konvertierungen der verschiedenen Dateitypen weist das Dienstprogramm-Translate an entsprechender Stelle hin.

3 mal Pfeil nach unten Return   Auf dem ersten Bildschirm im *Dienstprogramm-Translate* wählen Sie den umzuwandelnden Dateityp (vgl. Bild 5-3).

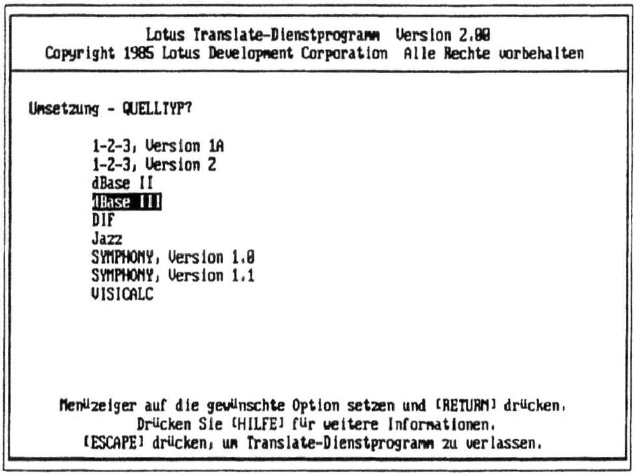

```
         Lotus Translate-Dienstprogramm   Version 2.00
   Copyright 1985 Lotus Development Corporation  Alle Rechte vorbehalten


Umsetzung - QUELLTYP?

        1-2-3, Version 1A
        1-2-3, Version 2
        dBase II
        dBase III
        DIF
        Jazz
        SYMPHONY, Version 1.0
        SYMPHONY, Version 1.1
        VISICALC




      Menüzeiger auf die gewünschte Option setzen und [RETURN] drücken.
             Drücken Sie [HILFE] für weitere Informationen.
        [ESCAPE] drücken, um Translate-Dienstprogramm zu verlassen.
```

Bild 5-3: Auswahl Quelltyp

Pfeil nach unten Return   Der zweite Bildschirm dient der Wahl des Dateiformats, in das konvertiert werden soll. Da Sie mit der Lotus 1-2-3 Version 2 arbeiten, wählen Sie als Zieltyp *1-2-3 Version 2* (siehe Abbildung 5-4).

```
┌─────────────────────────────────────────────────────────────────────┐
│              Lotus Translate-Dienstprogramm  Version 2.00           │
│      Copyright 1985 Lotus Development Corporation  Alle Rechte vorbehalten │
├─────────────────────────────────────────────────────────────────────┤
│                                                                     │
│  Umsetzen VON: dBase III        Umsetzung - ZIELTYP?                │
│                                                                     │
│                                  1-2-3, Version 1A                  │
│                                  1-2-3, Version 2                   │
│                                  SYMPHONY, Version 1.0              │
│                                  SYMPHONY, Version 1.1              │
│                                                                     │
│                                                                     │
│                                                                     │
│                                                                     │
│                                                                     │
│                                                                     │
│      Menüzeiger auf die gewünschte Option setzen und [RETURN] drücken. │
│      Drücken Sie [ESCAPE], um zum Menü der Quelloptionen zurückzukehren. │
│              Drücken Sie [HILFE] für weitere Informationen.         │
└─────────────────────────────────────────────────────────────────────┘
```

Bild 5-4: Auswahl Zieltyp

Der nächste Bildschirm zeigt Erklärungen des Translate Systems, die für die konkrete Konvertierung zutreffen (vgl. Bild 5-5). Beachten Sie die Anweisungen und Erläuterungen des Translate Systems auf den einzelnen Bildschirmen, da diese Meldungen nicht immer gleich sind, sondern sich entsprechend den umzuwandelnden Dateitypen ändern.

5.2 Datenbank Leasingverträge

```
          Lotus Translate-Dienstprogramm  Version 2.00
     Copyright 1985 Lotus Development Corporation  Alle Rechte vorbehalten




    Translate berücksichtigt keine gelöschten Datensätze aus der
    dBASE-III Quell-Datei.
    Labels mit mehr als 240 Zeichen werden abgeschnitten.
    Datensätze mit einer Nummer höher als 8191 werden nicht umgesetzt.






              ─────── [ESCAPE] drücken, um fortzufahren ───────
```

Bild 5-5: Erklärungen des Translate-Systems

Esc   Mit Esc kommen Sie weiter.

Der nächste Bildschirm (Bild 5-6) ermöglicht die Auswahl der umzuwandelnden Datei. Das Translate Programm schlägt einen Dateiselektor vor, der dem Quelltyp entsprechende Dateien im Lotus Systemverzeichnis auswählt. In den meisten Fällen müssen Sie den Dateiselektor ändern.

```
┌─────────────────────────────────────────────────────────────────┐
│              Lotus Translate-Dienstprogramm  Version 2.00       │
│       Copyright 1985 Lotus Development Corporation  Alle Rechte vorbehalten │
│                                                                 │
│   Umsetzen VON: dBase III          Umsetzen NACH: 1-2-3, Version 2 │
│                                                                 │
│   Quelldatei: C:\DESK\123\BUCH\*.DBF                            │
│                                                                 │
│     LEASEK    DBF    8/22/87  11:45a       835                  │
│                                                                 │
│           LEASEG   DBF                                          │
│           LEASEK   DBF                                          │
│           NUTZG    DBF                                          │
│           NUTZK    DBF                                          │
│                                                                 │
│                                                                 │
│     Menüzeiger auf die umzusetzende Datei setzen und [RETURN] drücken. │
│     Drücken Sie [ESCAPE], um zum Menü der Zieloptionen zurückzukehren. │
│              Drücken Sie [HILFE] für weitere Informationen.     │
└─────────────────────────────────────────────────────────────────┘
```

Bild 5-6: Auswahl der umzuwandelnden Datei

Esc 5 mal Rück *Buch* \ Return   Drücken Sie einmal auf die Esc Taste, wenn Sie den Dateiselektor verändern wollen. Der Dateiselektor wird hervorgehoben angezeigt, um deutlich zu machen, daß er jetzt verändert werden kann. Ergänzen Sie den Dateiselektor so, daß er Dateien aus Ihrem Übungsverzeichnis anzeigt.

Hinweis: Wenn Sie mit einem Diskettenlaufwerk arbeiten oder den Dateiselektor neu schreiben wollen, ist es praktischer das Quelldateifeld durch zweimaliges Betätigen der Esc Taste zu löschen und das gewünschte Verzeichnis einzugeben.

Cursortasten   Wählen Sie mit dem Leuchtzeiger die umzuwandelnde Datei.

LeaseK.DBF, wenn Sie dieselben Ergebnisse wie in den Abbildungen erzielen möchten,

LeaseG.DBF, wenn Sie mit der größeren Datenbank arbeiten möchten.

5.2 Datenbank Leasingverträge

Return Bestätigen Sie mit **Return**, wenn die gewünschte Datei markiert ist.

Return Das Translate Programm schlägt als Namen der umgewandelten Datei den Namen der Quelldatei mit der Erweiterung *.WK1* vor. Mit **Return** akzeptieren Sie diesen Namen. Sie können den neuen Dateinamen vor der Bestätigung noch ändern.

J Die Umwandlung muß mit **Ja** bestätigt werden.

Während der Dateikonvertierung informiert das Dienstprogramm-Translate über den Fortgang der Umsetzung. Der auf dem Bildschirm sichtbare Balken zeigt an, wieviel Prozent der Datei schon umgesetzt sind (vgl. Bild 5-7).

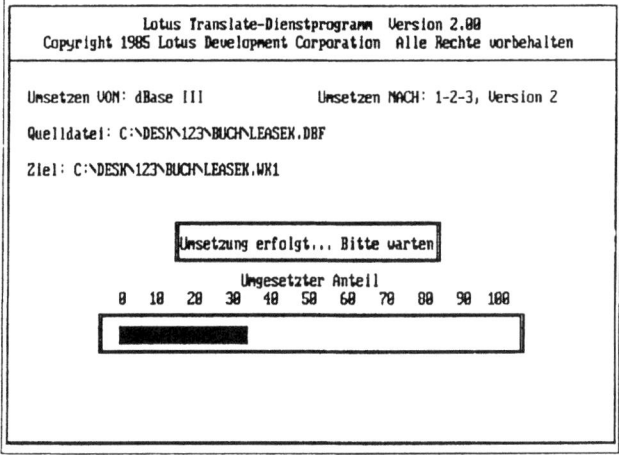

Bild 5-7: Umsetzungsanzeige

Esc Bringt Sie zurück zum ersten Bildschirm im Translate Programm. An dieser Stelle

	könnten Sie andere Dateikonvertierungen wählen.
Esc	Das zweite **Esc** beendet Translate.
J	Das Verlassen von Translate muß mit **Ja** bestätigt werden.
1	Wählen Sie im *Access* Menü 1-2-3, um mit der umgesetzten Datei zu arbeiten.
< *T L*	Wählen Sie in 1-2-3 den Befehl **Transfer Laden**.
Cursortasten oder Dateiname	Markieren Sie die gerade umgesetzte Arbeitsblattdatei. Sie können die Taste **F3 Name** benutzen, wenn Sie alle Dateien gleichzeitig sehen wollen.
Return	Laden Sie die Datei.

5.2.2 Formatierung der umgesetzten Datei

Nach dem Laden wird die Datenbank in Abbildung 5-8 angezeigt.

5.2 Datenbank Leasingverträge

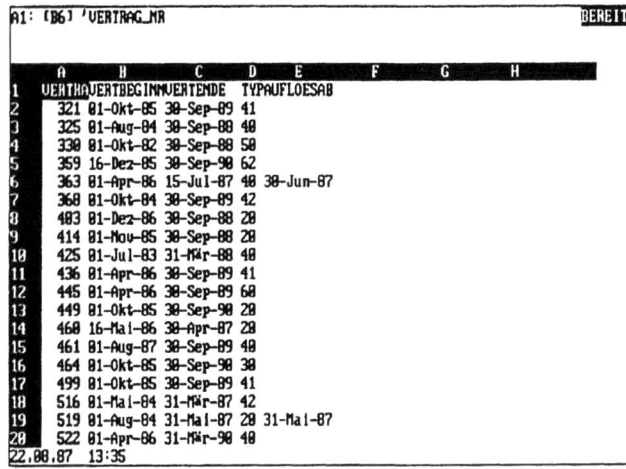

Bild 5-8: Geladene Datenbank

Das *Dienstprogramm-Translate* hat nicht nur die Zeilen und die Spaltennamen der dBase III Datenbanktabelle konvertiert, sondern auch die Breite und das Bereichsformat der einzelnen Spalten an die Daten der dBase III Datenbanktabelle angepaßt.

Im einzelnen wurden die Spalten des Arbeitsblattes mit den Attributen in der Tabelle formatiert:

Spalte A	Format Fest 0	Breite 6
Spalte B	Format Datum 1	Breite 10
Spalte C	Format Datum 1	Breite 10
Spalte D	Format Fest 0	Breite 3
Spalte E	Format Datum 1	Breite 10

Sie können die Formatierung überprüfen, indem Sie in der Zeile 2 des Arbeitsblattes den Zellzeiger über die verschiedenen Spalten bewegen und dabei die Formatanzeige im Bedienfeld beobachten.

Falls Sie die Begleitdiskette nicht benutzen, geben Sie bitte die folgenden Daten in die entsprechenden Zellen ein. Die Tagesdaten werden als *Zeitseriennummern* angegeben und anschließend im **Format Datum 1** formatiert.

VERTRAG_NR	VERTBEGINN	VERTENDE	TYP	AUFLOESAB
321	31321	32781	41	
325	30895	32416	40	
330	30225	32416	50	
359	31397	33146	62	
363	31503	31973	40	31958
368	30956	32781	42	
403	31747	32416	20	
414	31352	32416	20	
425	30498	32233	40	
436	31503	32781	41	
445	31503	32781	60	
449	31321	33146	20	
460	31548	31897	20	
461	31990	32781	40	
464	31321	33146	30	
499	31321	32781	41	
516	30803	31867	42	
519	30895	31928	20	31928
522	31503	32963	40	
533	30498	32233	41	32142

Geben Sie bitte anschließend folgende Bereichsformatierungen ein:

< B F F 0 A2.A21 **Return**

< B F D 1 B2.C21 **Return**

< B F F 0 D2.D21 **Return**

< B F D 1 E2.E21 **Return**

Die weiteren Textabschnitte gelten wieder unabhängig von der Art der Eingabe der Tabelle.

Die Tabelle wird lesbarer, wenn Sie die Spalten mit vier Befehlsfolgen individuell anpassen.

Home < A S B 12 Return				Sie benutzen jeweils den Befehl **Arbeitsblatt Spalte Bestimmen**, um eine gut lesbare Spaltenbreite zu erzeugen.

Pfeil nach rechts < A S B 12 Return

Pfeil nach rechts < A S B 12 Return

Pfeil nach rechts < A S B 5 Return

Home < B J R 4 mal **Pfeil nach rechts** **Return**				Benutzen Sie den Befehl **Bereich Justieren Rechts**, um die Überschriften der Tabellenspalten rechtsbündig zu setzen.

```
A1: [B12] "VERTRAG_NR                                    BEREIT

        A           B           C         D      E          F      G
   1  VERTRAG_NR  VERTBEGINN  VERTENDE  TYP  AUFLOESAB
   2         321  01-Okt-85   30-Sep-89   41
   3         325  01-Aug-84   30-Sep-88   40
   4         330  01-Okt-82   30-Sep-88   50
   5         359  16-Dez-85   30-Sep-90   62
   6         363  01-Apr-86   15-Jul-87   40  30-Jun-87
   7         368  01-Okt-84   30-Sep-89   42
   8         403  01-Dez-86   30-Sep-88   20
   9         414  01-Nov-85   30-Sep-88   20
  10         425  01-Jul-83   31-Mär-88   40
  11         436  01-Apr-86   30-Sep-89   41
  12         445  01-Apr-86   30-Sep-89   60
  13         449  01-Okt-85   30-Sep-90   20
  14         460  16-Mai-86   30-Apr-87   20
  15         461  01-Aug-87   30-Sep-89   40
  16         464  01-Okt-85   30-Sep-90   30
  17         499  01-Okt-85   30-Sep-89   41
  18         516  01-Mai-84   31-Mär-87   42
  19         519  01-Aug-84   31-Mai-87   20  31-Mai-87
  20         522  01-Apr-86   31-Mär-90   40
22.08.87  13:41
```

Bild 5-9: Formatierte Datenbank

5.2.3 Inhalt der Datenbank Leasingverträge

Ihre Datenbank enthält Angaben über Leasingverträge. Jede Zeile enthält die Daten über einen Leasingvertrag. Die einzelnen Spalten haben folgende Bedeutung:

VERTRAG_NR	Nummer, unter der der Vertrag im Aktenschrank abgelegt ist
VERTBEGINN	Beginn der Leasingdauer
VERTENDE	Ende der Leasingdauer
TYP	Typkennummer des geleasten Kopiergerätes
AUFLOESAB	unter bestimmten Umständen kann ein Leasingvertrag vorzeitig beendet werden. In diesem Fall steht in der Spalte *Aufloesab* das Datum, zu dem der Vertrag vorzeitig aufgelöst werden sollte.

5.2.4 Einrichten einer Referenztabelle

Sie möchten für die weitere Auswertung den Kopierertyp nicht nur als Kennzahl, sondern auch im Klartext angezeigt bekommen. Eine Möglichkeit besteht in der Einrichtung einer Spalte *Kopierer* in der Spalte F des Arbeitsblattes. Danach schlagen Sie im Typenverzeichnis Ihrer Firma nach, welche Kopiererbezeichnung Sie in jede Zeile eintragen müssen. Wenn Sie zur Auswertung die Datei *LeaseG* gewählt haben, macht das schon recht viel Mühe.

Mit Lotus 1-2-3 können Sie über die Funktion *@Hverweis()* und *@Vverweis()* auf Tabellen mit Referenzinformationen zugreifen und dadurch die Typbezeichnungen nahezu automatisch ermitteln.

5 mal **Pfeil nach rechts** *Kopierer* **Return**	Richten Sie zuerst die Spalte in der Datenbank ein, die die Typbezeichnungen aufnehmen soll.
2 mal **Pfeil nach rechts**	Anschließend bauen Sie die Referenztabelle auf.
Kopierertypen **Pfeil nach unten** \\- **Return** < *K* **Return** **Pfeil nach rechts** . 3 mal **Pfeil nach rechts Return**	Bauen Sie eine Überschrift für die Referenztabelle auf, unterstreichen Sie diese mit einem wiederholenden Label, und kopieren Sie die Linie vier mal nach rechts.

5.2 Datenbank Leasingverträge

Pfeil nach unten	Geben Sie unter der Überschrift die Typ-
20 **Pfeil nach unten**	kennzahlen in aufsteigender Reihenfolge
30 **Pfeil nach unten**	ein (vgl. Bild 5-10).
40 **Pfeil nach unten**	
41 **Pfeil nach unten**	
42 **Pfeil nach unten**	
50 **Pfeil nach unten**	
60 **Pfeil nach unten**	
62 **Return**	
7 mal **Pfeil nach oben**	Markieren Sie die Zelle rechts neben der
Pfeil nach rechts	Typkennzahl 20, und tragen Sie die abge-
	bildeten Typbezeichnungen ein. Schließen
	Sie jede Bezeichnung mit **Pfeil nach unten**
	ab, ausgenommen die letzte. Die letzte
	Typbezeichnung wird mit **Return** abge-
	schlossen.

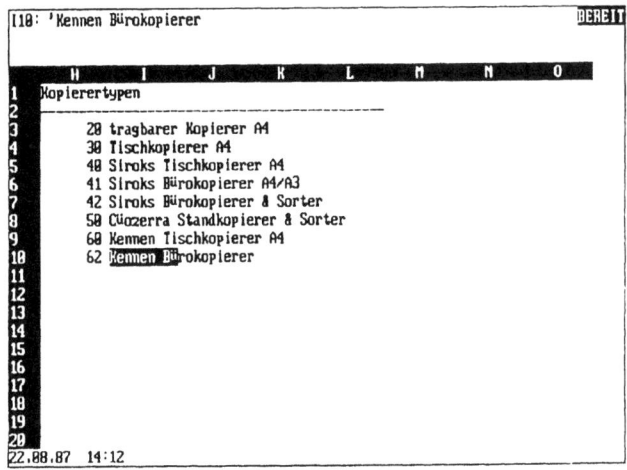

Bild 5-10: Fertige Referenztabelle

Die Referenztabelle soll die Datenbank in Abhängigkeit von der in den Vertragszeilen genannten Typkennzahl mit den jeweils richtigen Typbezeichnungen versorgen.

Home 5 mal **Pfeil nach rechts** **Pfeil nach unten**	Markieren Sie die Zelle, die die erste Typbezeichnung aufnehmen soll.
@Vverweis(2 mal **Pfeil nach links**	Markieren Sie als erstes Funktionsargument die Zelle, die die zu suchende Typkennzahl enthält.
;	Das Semikolon trennt das zweite Funktionsargument ab. Das zweite Funktionsargument ist der Bereich der Referenztabelle.
2 mal **Pfeil nach rechts** **Pfeil nach unten**	Markieren Sie den Beginn der Referenztabelle (ohne Überschrift).

Hinweis: Da die Referenztabelle außerhalb der Datenbank liegt und für alle Zeilen der Datenbank dieselbe Referenztabelle gelten soll, muß der Bereich der Referenztabelle *absolut* angegeben werden.

F4 Abs	Mit einem Druck auf die Taste **F4 Abs** machen Sie die Bereichsangabe der Referenztabelle absolut.
.	Ankern Sie die obere Ecke der Referenztabelle.
End Pfeil nach unten **Pfeil nach rechts**	Markieren Sie die ganze Referenztabelle.
; 1) **Return**	Mit dem dritten Funktionsargument geben Sie an, welche Spalte der Referenztabelle die Funktion @Vverweis() als Ergebnis liefern soll. Das dritte Argument wird *Versatz* genannt, gibt also an, um wieviel Spalten von der ersten Spalte der Referenztabelle nach rechts gegangen werden muß, um die Ergebnisspalte zu finden.

In der ersten Zeile der Spalte *Kopierer* sollte jetzt *Siroks Bürokopierer* stehen (vgl. Bild 5-11).

5.2 Datenbank Leasingverträge

```
F2: @VVERWEIS(D2;$H$3..$I$10;1)                                    BEREIT
         A          B           C       D    E       F        G
1    VERTRAG_NR  VERTBEGINN  VERTENDE  TYP AUFLOESAB Kopierer
2         321    01-Okt-85   30-Sep-89  41            Stroks Bürokopiere
3         325    01-Aug-84   30-Sep-88  40
4         330    01-Okt-82   30-Sep-88  50
5         359    16-Dez-85   30-Sep-90  62
6         363    01-Apr-86   15-Jul-87  40 30-Jun-87
7         368    01-Okt-84   30-Sep-89  42
8         403    01-Dez-86   30-Sep-88  20
9         414    01-Nov-85   30-Sep-88  20
10        425    01-Jul-83   31-Mär-88  40
11        436    01-Apr-86   30-Sep-89  41
12        445    01-Apr-86   30-Sep-89  60
13        449    01-Okt-85   30-Sep-90  20
14        460    16-Mai-86   30-Apr-87  20
15        461    01-Aug-87   30-Sep-89  40
16        464    01-Okt-85   30-Sep-90  30
17        499    01-Okt-85   30-Sep-89  41
18        516    01-Mai-84   31-Mär-87  42
19        519    01-Aug-84   31-Mai-87  20 31-Mai-87
20        522    01-Apr-86   31-Mär-90  40
22.08.87  14:35
```

Bild 5-11: Die Funktion @Vverweis()

Der Rest geht schnell.

< **K Return Pfeil nach unten** Kopieren sie die Formel für alle Zeilen
.   der Datenbank. (Wenn Sie die große Da-
PgDn   tenbank gewählt haben, müssen Sie die
2 mal **Pfeil nach oben**   Taste **PgDn** mehrmals betätigen.)
Return

< *A S B* 27 **Return**   Setzen Sie die Spaltenbreite für die Kopie-
                                  rerspalte auf 27 Zeichen.

```
F2: [B27] @VVERWEIS(D2:$H$3,,$I$10;1)                            BEREIT
     B            C          D    E     F
1   VERTBEGINN   VERTENDE   TYP  AUFLOESAB Kopierer
2   01-Okt-85    30-Sep-89   41        Siroks Bürokopierer A4/A3
3   01-Aug-84    30-Sep-88   40        Siroks Tischkopierer A4
4   01-Okt-82    30-Sep-88   50        Cüozerra Standkopierer & Sorter
5   16-Dez-85    30-Sep-90   62        Xennen Bürokopierer
6   01-Apr-86    15-Jul-87   40 30-Jun-87 Siroks Tischkopierer A4
7   01-Okt-84    30-Sep-89   42        Siroks Bürokopierer & Sorter
8   01-Dez-86    30-Sep-88   20        tragbarer Kopierer A4
9   01-Nov-85    30-Sep-88   20        tragbarer Kopierer A4
10  01-Jul-83    31-Mär-88   40        Siroks Tischkopierer A4
11  01-Apr-86    30-Sep-89   41        Siroks Bürokopierer A4/A3
12  01-Apr-86    30-Sep-89   60        Xennen Tischkopierer A4
13  01-Okt-85    30-Sep-90   20        tragbarer Kopierer A4
14  16-Mai-86    30-Apr-87   20        tragbarer Kopierer A4
15  01-Aug-87    30-Sep-89   40        Siroks Tischkopierer A4
16  01-Okt-85    30-Sep-90   30        Tischkopierer A4
17  01-Okt-85    30-Sep-89   41        Siroks Bürokopierer A4/A3
18  01-Mai-84    31-Mär-87   42        Siroks Bürokopierer & Sorter
19  01-Aug-84    31-Mai-87   20 31-Mai-87 tragbarer Kopierer A4
20  01-Apr-86    31-Mär-90   40        Siroks Tischkopierer A4
22.08.87 14:36
```

Bild 5-12: Automatisch gefüllte Spalte

5.2.5 Nutzen von Referenztabellen

Referenztabellen sind immer dann nützlich, wenn an vielen verschiedenen Stellen auf einem Arbeitsblatt dieselben Informationen erscheinen müssen. In jeder Zeile der Datenbank, die dieselbe Typnummer enthält, muß auch dieselbe Typbezeichnung erscheinen. Ein besonderer Vorteil ergibt sich bei Referenztabellen im Zusammenhang mit Datenänderungen. Wenn sich die Bezeichnung eines Kopiergerätes ändert, müssen Sie nur an einer Stelle in der Referenztabelle eine neue Kopiererbezeichnung eingeben. Die gesamte Datenbank wird unabhängig von ihrer Zeilenanzahl sofort aktualisiert.

Sie können das leicht ausprobieren. Bewegen Sie den Zellzeiger, so daß Sie auf der linken Bildschirmhälfte die Kopiererbezeichnungen aus der Datenbank sehen und auf der rechten Bildschirmhälfte die Referenztabelle. Ändern Sie in der Referenztabelle eine oder mehrere Kopiererbezeichnungen.

Eine andere Änderungsmöglichkeit ist die Änderung einer Kopierertypnummer in der Datenbank. Sie könnte z. B. irrtümlich falsch eingegeben worden sein. Wenn Sie in der Datenbank eine Typnummer ändern, wird auch die Typbezeichnung des Kopierers automatisch angepaßt.

5.2.6 Wirkung der Verweisfunktionen

Es existieren zwei Verweisfunktionen in 1-2-3, die Funktion *@Hverweis(gesucht, Referenztabelle, Versatz)* und die Funktion *@Vverweis(gesucht, Referenztabelle, Versatz)*. Die beiden Funktionen unterscheiden sich nur in der Richtung, in der sie in der Referenztabelle suchen, erstere sucht in horizontaler Richtung, letztere in vertikaler. Das erste Funktionsargument weist auf den zu suchenden Wert hin, in der Regel ist dies eine Zelladresse. Das zweite Argument ist die Referenztabelle, normalerweise ein Bereich. Die zu suchenden Werte müssen in der Referenztabelle in aufsteigender Reihenfolge angeordnet sein. Das dritte Funktionsargument gibt schließlich an, aus welcher Spalte oder Zeile der Referenztabelle das Suchergebnis genommen wird.

Testen Sie die Funktion *@Vverweis()* in einem kleinen Versuch.

Cursortasten	Bewegen Sie den Zellzeiger in die Zelle I13.
@Vverweis(**Pfeil nach links** ; 10 mal **Pfeil nach oben** **Pfeil nach links F4 Abs** . **End Pfeil nach unten** **Pfeil nach rechts** *;1)* **Return**	Bauen Sie die Formel für eine Kopiererbezeichnung auf, deren Typkennzahl in der Zelle H13 steht. 1-2-3 zeigt den Wert *Fehler*.

Erläuterung: Die Funktion *@Vverweis()* sucht in der ersten Spalte der Referenztabelle in vertikaler Richtung, bis ein Wert gefunden wird, der größer ist als der zu suchende. Danach geht die Funktion um eine Zeile nach oben und um die im dritten Funktionsargument *Versatz* angegebene Anzahl von Spalten nach rechts. Der in dieser Zelle gefundene Inhalt ist das Ergebnis der Funktion. Die Funktion findet also immer die Zeile in der Tabelle, deren erste Spalte die größte Zahl enthält, die kleiner oder gleich dem Funktionsargument ist, und liefert den in der Resultatspalte angegebenen Wert als Ergebnis.

Da in der Zelle I13 zur Zeit noch nichts steht, was 1-2-3 als Null interpretiert, liefert die Funktion @*Vverweis()* den Wert *Fehler*, denn es gibt keine Tabellenzeile, die nach der oben angegebenen Regel gefunden werden kann.

Die Funktion @*Hverweis()* findet die Ergebnisse analog, wobei Zeilen und Spalten vertauscht sind und die erste Zeile der Referenztabelle in horizontaler Richtung durchsucht wird.

Pfeil nach links	Bewegen Sie den Zellzeiger zur Zelle H13.
10 **Return**	Experimentieren Sie mit verschiedenen Werten, die Ergebnisse aus der Tabelle liefern sollen.
19 **Return**	Achten Sie besonders auf Werte, die kurz unter- oder oberhalb der Referenztabellenwerte liegen.
29 **Return**	
30 **Return**	
31 **Return**	
70 **Return**	
< *B R* **Pfeil nach rechts Return**	Wenn Ihnen die Wirkung der Funktion @**Vverweis**() klar ist, löschen Sie den Inhalt der Zellen H13 und I13 mit Hilfe des Befehls **Bereich Radieren**.

5.2.7 Sortieren von Datenbanken

Sie haben die Sortierfunktion des Daten Menüs schon kurz im letzten Kapitel kennengelernt. Das Sortieren von Arbeitsblattbereichen erfordert die Beantwortung von zwei Fragen:

- Was soll sortiert werden?

Hier geben Sie den in die Sortierung einzubeziehenden Bereich an.

- Wie soll sortiert werden?

5.2 Datenbank Leasingverträge

Hier geben Sie an, nach welcher Spalte - auf- oder absteigend - sortiert werden soll. Die Spalte, die die Sortierreihenfolge angibt, heißt Sortierschlüssel. Lotus 1-2-3 erlaubt die Angabe von bis zu zwei Sortierschlüsseln für zweistufige Sortierungen.

Beispiel: Eine Kundenliste soll für Kundenbesuche nach der Postleitzahl der Kundenadresse und gleichzeitig innerhalb eines Ortes nach Namen alphabetisch geordnet werden. Erster Sortierschlüssel ist die Postleitzahl, zweiter Sortierschlüssel ist der Kundenname.

Nun zurück zu den Leasingverträgen. Zuerst sollen die Verträge in ihrer chronologischen Reihenfolge geordnet werden. Verträge mit gleichem Anfangsdatum sollen nach dem Vertragsende sortiert werden. Da in den Spalten *Vertbeginn* und *Vertende* Datumsseriennummern stehen, können diese direkt als Sortierschlüssel dienen.

Home	Beginnen Sie in der Zelle A1.
< *D S*	Wählen Sie den Befehl **Daten Sortieren**, der für die Sortierung von Tabellenbereichen benutzt wird.
D	Mit dem Befehl **Datenbereich** geben Sie an, welche Zeilen der Datenbank in die Sortierung eingehen sollen.

Hinweis: 1-2-3 merkt sich diesen Bereich für spätere Sortierungen. Wenn Sie also beim nächsten Sortiervorgang denselben Bereich meinen, brauchen Sie den Datenbereich nicht mehr angeben.

Pfeil nach unten . **End Pfeil nach unten** **End Pfeil nach rechts Return**	Markieren Sie den ganzen Bereich der Datenbank. Die Spaltenüberschriften dürfen nicht markiert werden, damit sie auch nach dem Sortieren über der Datenbank stehenbleiben.
1 **Pfeil nach rechts Return**	Mit dem Befehl **1. Sortierschüssel** geben Sie die Spalte *Vertbeginn* als ersten Sortierschlüssel an.
S **Return**	Der Buchstabe *S* wählt eine steigende Sortierung (*A* steht für absteigend).

2 2 mal Pfeil nach rechts Return	Der **2. Sortierschlüssel** ist die Spalte *Vertende*.
S Return	Auch hier soll steigend sortiert werden.
S	Der Befehl **Sortieren** löst den Sortiervorgang aus.

```
A1: [B12] 'VERTRAG_NR                                    BEREIT

       A         B            C          D     E
 1  VERTRAG_NR UERTBEGINN   VERTENDE   TYP  AUFLOESAB
 2       330   01-Okt-82    30-Sep-88   50
 3       533   01-Jul-83    31-Mär-88   41  31-Dez-87
 4       425   01-Jul-83    31-Mär-88   40
 5       516   01-Mai-84    31-Mär-87   42
 6       519   01-Aug-84    31-Mai-87   20  31-Mai-87
 7       325   01-Aug-84    30-Sep-88   40
 8       360   01-Okt-84    30-Sep-89   42
 9       321   01-Okt-85    30-Sep-89   41
10       499   01-Okt-85    30-Sep-89   41
11       464   01-Okt-85    30-Sep-90   30
12       449   01-Okt-85    30-Sep-90   20
13       414   01-Nov-85    30-Sep-88   20
14       359   16-Dez-85    30-Sep-90   62
15       363   01-Apr-86    15-Jul-87   40  30-Jun-87
16       445   01-Apr-86    30-Sep-89   60
17       436   01-Apr-86    30-Sep-89   41
18       522   01-Apr-86    31-Mär-90   40
19       460   16-Mai-86    30-Apr-87   20
20       403   01-Dez-86    30-Sep-88   20
22.08.87  14:57
```

Bild 5-13: Sortierte Datenbank

Im Ergebnis sind alle Leasingverträge zweistufig nach Vertragsbeginn und Vertragsende geordnet. Die Verträge mit gleichem Vertragsbeginn z. B. am 1.10.85 sind nach Vertragsende sortiert.

5.2.8 Abfragen

Eine Abfrage an eine Datenbank soll dem Benutzer gezielt eine genau umschriebene Teilmenge der Daten in der Datenbank zur Verfügung stellen. Der Benutzer soll sich bei der Formulierung der Abfrage nicht darum kümmern müssen, wo in der Datenbank die gesuchten Daten zu finden sind. Die Suche ist Aufgabe des Datenbankverwaltungssystems.

5.2 Datenbank Leasingverträge

Die Leistung einer Datenbank tritt besonders deutlich zutage, wenn es um die Leichtigkeit und Flexibilität geht, mit der Abfragen an die Datenbank gestellt werden können. Wichtige Kriterien bei der Beurteilung von Abfragen sind aber auch die Verständlichkeit der für die Abfrage einzugebenden Angaben und die Geschwindigkeit, mit der die Datenbank die gesuchte Antwort ermittelt.

Obwohl die Lotus 1-2-3 Datenbank keine 'echte' Datenbank ist, hat sie doch eine sehr vielseitige und leicht verständliche Abfragemöglichkeit und reagiert auf Anfragen, - da alle Operationen im Hauptspeicher abgewickelt werden, - recht schnell.

Die Abfrageschnittstelle, das heißt die Art und Weise, in der Abfragen bei der Lotus 1-2-3 Datenbank formuliert werden, leitet sich ab von einer *'Query by Example'* genannten Abfragetechnik. Bei dieser Technik gibt man in einem Leerformular eines Datensatzes durch ein Beispiel an, welche Daten in der Antwort der Datenbank enthalten sein sollen.

Sie brauchen dazu zuerst ein Leerformular von einem Datensatz. Dieses besteht aus den benötigten Spaltenüberschriften und mindestens einer Leerzeile, in die Sie die gesuchten Beispiele eintragen. Sehr einfach kann man das Leerformular durch eine Kopie der Datenbanküberschrift erzeugen.

Richten Sie sich nach den Abbildungen 5-14 bis 5-16.

```
F1: (B27) 'Kopierer                                           ZEIGEN
Was kopieren? A1..F1
     B           C        D    E           F
1   VERTBEGINN  VERTENDE  TYP  AUFLOESAB   Kopierer
2   01-Okt-82   30-Sep-88  50              CUozerra Standkopierer & Sorter
3   01-Jul-83   31-Mär-88  41  31-Dez-87   Siroks Bürokopierer A4/A3
4   01-Jul-83   31-Mär-88  40              Siroks Tischkopierer A4
5   01-Mai-84   31-Mär-87  42              Siroks Bürokopierer & Sorter
6   01-Aug-84   31-Mai-87  28  31-Mai-87   Siroks Tischkopierer A4
7   01-Aug-84   30-Sep-88  40              Siroks Tischkopierer A4
8   01-Okt-84   30-Sep-89  42              Siroks Bürokopierer & Sorter
9   01-Okt-85   30-Sep-89  41              Siroks Bürokopierer A4
10  01-Okt-85   30-Sep-89  41              Siroks Bürokopierer A4/A3
11  01-Okt-85   30-Sep-90  30              Tischkopierer A4
12  01-Okt-85   30-Sep-90  20              Tragbarer Kopierer A4
13  01-Nov-85   30-Sep-88  20              Tragbarer Kopierer A4
14  16-Dez-85   30-Sep-90  62              Kennen Bürokopierer
15  01-Apr-86   15-Jul-87  40  30-Jun-87   Siroks Tischkopierer A4
16  01-Apr-86   30-Sep-89  60              Kennen Tischkopierer A4
17  01-Apr-86   30-Sep-89  41              Siroks Bürokopierer A4/A3
18  01-Apr-86   31-Mär-90  40              Siroks Tischkopierer A4
19  16-Mai-86   30-Apr-87  20              Tragbarer Kopierer A4
20  01-Dez-86   30-Sep-88  20              Tragbarer Kopierer A4
06.09.87  20:50
```

Bild 5-14: Kopie der Feldnamen

< K   Was Kopieren? (vgl. Bild 5-14)

5 mal **Pfeil nach rechts Return**   Alle Feldnamen sind markiert.

```
A1: [B12] "VERTRAG_NR                                              EDIT
Wohin kopieren? h15

        A           B            C          D    E
1    VERTRAG_NR  VERTBEGINN   VERTENDE    TYP  AUFLOESAB
2         338    01-Okt-82    30-Sep-88   50
3         533    01-Jul-83    31-Mär-88   41  31-Dez-87
4         425    01-Jul-83    31-Mär-88   40
5         516    01-Mai-84    31-Mär-87   42
6         519    01-Aug-84    31-Mai-87   20  31-Mai-87
7         325    01-Aug-84    30-Sep-88   40
8         368    01-Okt-84    30-Sep-89   42
9         321    01-Okt-85    30-Sep-89   41
10        499    01-Okt-85    30-Sep-89   41
11        464    01-Okt-85    30-Sep-90   30
12        449    01-Okt-85    30-Sep-90   20
13        414    01-Nov-85    30-Sep-88   20
14        359    16-Dez-85    30-Sep-90   62
15        363    01-Apr-86    15-Jul-87   40  30-Jun-87
16        445    01-Apr-86    30-Sep-89   60
17        436    01-Apr-86    30-Sep-89   41
18        522    01-Apr-86    31-Mär-90   40
19        468    16-Mai-86    30-Apr-87   20
20        483    01-Dez-86    30-Sep-88   20
06.09.87  20:59
```

Bild 5-15: Kopierziel

H15 **Return**   Wohin Kopieren? (vgl. Bild 5-15)

F5 Gehezu *H15* **Return**   Anschließend bewegen Sie den Zellzeiger zu dem gerade erzeugten Leerformular des Datensatzes.

5.2 Datenbank Leasingverträge 199

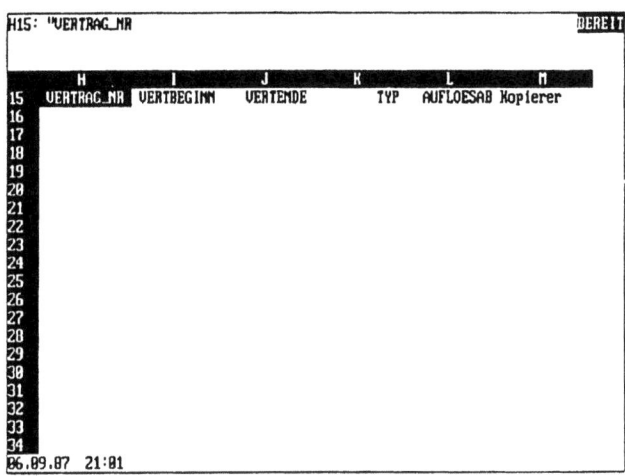

Bild 5-16: Leerformular

< K 5 mal **Pfeil nach rechts Return** Kopieren Sie die Spaltenüberschriften
5 mal **Pfeil nach unten Return** noch einmal in Zeile 20. Das zweite Leerformular gibt an, welche Spalten in der
Antwort der Datenbank enthalten sein
sollen.

5.2.8.1 Finden

Die einfachste Form der Datenbankabfrage ist das *Finden* von Datensätzen in der Datenbank.

Sie möchten alle Leasingverträge finden, die zum Kopierertyp 40 abgeschlossen wurden. Sie geben dazu im Leerformular ein Beispiel für einen Datensatz ein, der so aussieht, wie die gesuchten Datensätze. Der Datensatz muß in der Spalte *Typ* den Wert 40 enthalten.

3 mal **Pfeil nach rechts** Geben Sie in der Zelle unter der Über-
Pfeil nach unten *40* **Return** schrift *Typ 40* ein.

Pfeil nach oben **End Pfeil nach links**	Markieren Sie wieder den Feldnamen *Vertrag_Nr*.

Sie müssen 1-2-3 mitteilen, in welchem Teil des Arbeitsblattes sich die Datenbank und wo sich das Beispiel für die Abfrage befindet.

< D A	Der Befehl **Daten Abfrage** läßt das Abfragemenü der Datenbankverwaltungsfunktionen erscheinen.
B	Wählen Sie **Bereich**
Home **.** **End Pfeil nach unten** **End Pfeil nach rechts 2 mal Pfeil nach rechts Return**	und markieren Sie den gesamten Datenbankbereich einschließlich der Überschriften für die Spalten.

Hinweis: Beim Sortieren gehören die Spalten- oder Feldüberschriften nicht zum *Datenbereich*, beim Abfragen hingegen müssen die Überschriften mit in den Bereich einbezogen werden, damit die Datenbankverwaltungsfunktion eine Verbindung zwischen Abfrage und Datenbank schaffen kann.

K	Der Befehl **Kriterien** legt als *Kriterienbereich* fest, an welcher Stelle sich das Beispiel befindet (vgl. Bild 5-17).
. End Pfeil nach rechts **Pfeil nach unten Return**	Markieren Sie den ganzen Bereich des Leerformulars einschließlich der Zeile, die das Beispiel enthält.

5.2 Datenbank Leasingverträge

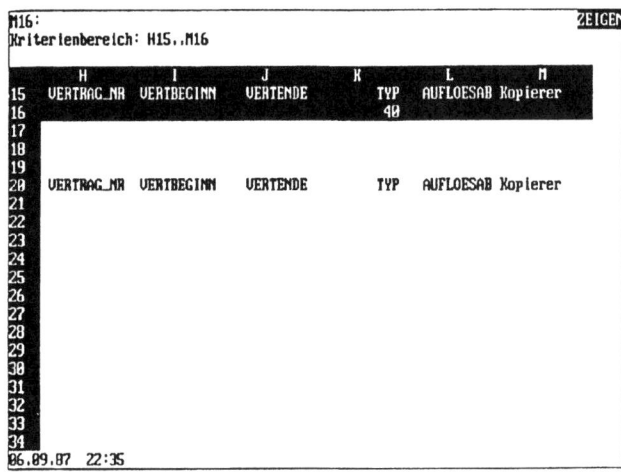

Bild 5-17: Kriterienbereich

F Der Befehl **Finden** bringt 1-2-3 in den Modus *Finden*.

	A	B	C	D	E
	VERTRAG_NR	VERTBEGINN	VERTENDE	TYP	AUFLOESAB
1					
2	330	01-Okt-82	30-Sep-88	50	
3	533	01-Jul-83	31-Mär-88	41	31-Dez-87
4	425	01-Jul-83	31-Mär-88	40	
5	516	01-Mai-84	31-Mär-87	42	
6	519	01-Aug-84	31-Mai-87	20	31-Mai-87
7	325	01-Aug-84	30-Sep-88	40	
8	368	01-Okt-84	30-Sep-89	42	
9	321	01-Okt-85	30-Sep-89	41	
10	499	01-Okt-85	30-Sep-89	41	
11	464	01-Okt-85	30-Sep-90	30	
12	449	01-Okt-85	30-Sep-90	20	
13	414	01-Nov-85	30-Sep-88	20	
14	359	16-Dez-85	30-Sep-90	62	
15	363	01-Apr-86	15-Jul-87	40	30-Jun-87
16	445	01-Apr-86	30-Sep-89	60	
17	436	01-Apr-86	30-Sep-89	41	
18	522	01-Apr-86	31-Mär-90	40	
19	460	16-Mai-86	30-Apr-87	20	
20	403	01-Dez-86	30-Sep-88	20	

Bild 5-18: Modus Finden

Pfeiltasten nach unten und Pfeiltasten nach oben	Sie können im Modus *Finden* mit den Pfeiltasten nur noch die Datensätze in der Datenbank erreichen, die den im Kriterienbereich eingegebenen Bedingungen genügen. 1-2-3 hebt den jeweils gefundenen Datensatz hervor. Sie können den aktuell markierten Datensatz mit Hilfe der Taste **F2 Edit** oder durch Eingeben von neuen Werten ändern.
	Wenn Sie den letzten gefundenen Datensatz erreicht haben und den Zellzeiger weiter nach unten bewegen wollen oder über den ersten gefundenen Datensatz weiter nach oben hinausgehen wollen, gibt 1-2-3 einen Warnton ab. Dasselbe passiert, wenn 1-2-3 keine zutreffenden Datensätze findet.
Home	Durch Betätigen der Taste **Home** springt der Zellzeiger zum ersten Satz der Datenbank; unabhängig davon, ob dieser den Abfragekriterien genügt.
End	Die Taste **End** bringt den Zellzeiger immer ans Ende der Datenbank.
Esc oder **Return**	Die Tasten **Esc** oder **Return** beenden den *Finden* Modus und lassen wieder das **Daten Abfrage** Menü erscheinen.
Z	Der Befehl **Zurück** bringt Lotus 1-2-3 in den Modus *Bereit*.

Suchen Sie nach Datensätzen mit der Typkennzahl 60. Bewegen Sie dazu den Zellzeiger im Kriterienbereich in die Spalte Typ des Beispielformulars. Tragen Sie den Wert 60 ein.

F7 Abfrage Ein Druck auf die Taste **F7 Abfrage** aktiviert die zuletzt im **Daten Abfrage** Menü gewählte Abfragefunktion.

Auf diese Weise kann man schnell verschiedene Abfragen hintereinander ausführen, ohne die entsprechenden Bereiche mit Hilfe des Menüs noch einmal auswählen zu müssen. Experimentieren Sie noch mit weiteren Typkennzahlen.

5.2.8.2 Logische Formeln

Wenn die gesuchten Datensätze nicht genau dem im Kriterienbereich eingesetzten Beispiel entsprechen, sondern z. B. größer oder kleiner sein sollen, muß man mit logischen Formeln arbeiten. Logische Formeln enthalten (mindestens) einen von fünf möglichen Vergleichsoperatoren:

$<$ kleiner als,
$>$ größer als,
$< =$ kleiner oder gleich,
$> =$ größer oder gleich,
$< >$ ungleich

Das Ergebnis einer logischen Formel ist immer der Wert 1 oder der Wert 0. Eins bedeutet 'trifft zu', 0 bedeutet 'trifft nicht zu'. Bei Datenbankabfragen vergleicht man das Beispiel im *Kriterienbereich* mit dem entsprechenden Feld im ersten Satz der Datenbank.

Finden Sie alle Verträge, die vorzeitig aufgelöst werden sollten.

Hinweis: Die entsprechende logische Formel müßte für alle Datensätze zutreffen, die in der Spalte *Aufloesab* ein Datum besitzen. Da das Datum als Seriennummer abgespeichert ist und Lotus 1-2-3 alle leeren Zellen bei Berechnungen als Wert 0 interpretiert, kann man die gesuchte logische Formel bilden, wenn man die Datensätze sucht, die in der Spalte *Aufloesab* nicht den Wert 0 enthalten.

$< B R$ **Return** Löschen Sie zunächst die zuletzt gesuchte Typkennnummer im *Kriterienbereich*.

Pfeil nach rechts +	Markieren Sie die Zelle unter *Aufloesab* im *Kriterienbereich*. Beginnen Sie die Formel mit +.
Home **4 mal Pfeil nach rechts** **Pfeil nach unten**	Zeigen sie auf das Feld *Aufloesab* des ersten Datensatzes der Datenbank.
< >	Schreiben Sie den Vergleichsoperator Ungleich. 1-2-3 springt zum *Kriterienbereich* zurück.
0 **Return**	Geben Sie den Vergleichswert ein (vgl. Bedienfeld in Bild 5-19).

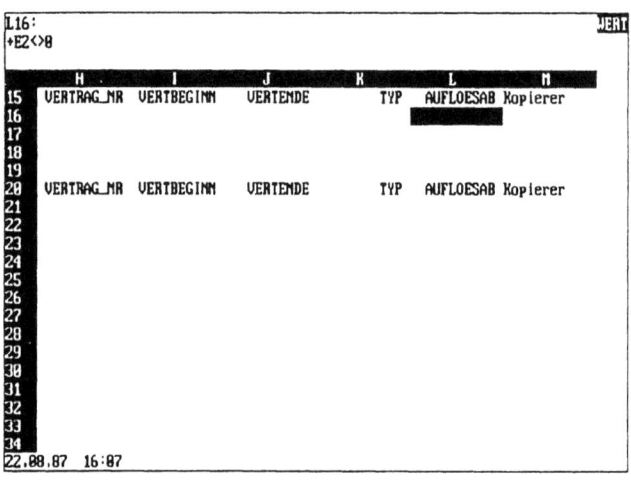

Bild 5-19: Formel für "Datum vorhanden"

< *D A F*	Der Befehl **Daten Abfrage Finden** findet die entsprechenden Datensätze.
Cursortasten	Mit den Cursortasten können Sie nacheinander alle gefundenen Datensätze markieren.

5.2 Datenbank Leasingverträge

Wenn Sie die Datei *LeaseK* benutzt haben, müßten die Vertragsnummern 533, 519 und 363 gefunden werden.

Esc	Bringt Sie zurück in das **Daten Abfrage** Menü.

5.2.8.3 Extrakte aus der Datenbank

Lotus 1-2-3 ermöglicht das Finden von Datensätzen nach bestimmten Kriterien nicht nur in der Datenbank, sondern erlaubt auch Teilmengen der Datensätze, die bestimmten Kriterien genügen, aus der Datenbank herauszuziehen, um die ausgewählte Teilmenge auf irgendeine Art weiter zu verarbeiten. Sie können eine solche Datenmenge zum Beispiel drucken, sortieren, mit mathematischen Formeln analysieren oder mit jeder beliebigen Bearbeitungsmöglichkeit aus Lotus 1-2-3 behandeln.

Der Befehl **Extrakt** im Menü **Daten Abfrage** erfordert zusätzlich zur Angabe des Datenbankbereiches und des Kriterienbereiches noch die Angabe eines Ausgabebereiches, in dem die ausgewählen Datensätze abgelegt werden können.

Wenn Sie als Ausgabebereich einen aus mehreren Zeilen bestehenden rechteckigen Bereich angeben, wird nur dieser Bereich für die Ausgabe der gewählten Datensätze verwendet. Falls mehr Datensätze ausgewählt werden, als in den Ausgabebereich passen, zeigt 1-2-3 eine Fehlermeldung und extrahiert nur soviele Datensätze, wie in den Ausgabebereich passen.

Man kann als Ausgabebereich auch nur eine Zeile angeben. In diesem Fall erweitert Lotus 1-2-3 den Ausgabebereich auf alle unterhalb der markierten Zeile liegenden Zeilen bis zum unteren Ende des Arbeitsblattes. Daten, die sich eventuell in diesem Bereich befinden, werden bei einer Abfrage gelöscht.

Sie möchten einem Mitarbeiter die Datensätze der Leasingverträge mit vorzeitiger Auflösung in einem gesonderten Arbeitsblatt zur Verfügung stellen, damit er etwas über die Gründe der vorzeitigen Vertragsbeendigung für Sie herausfinden kann.

A	Wählen Sie den Befehl **Ausgabe** im **Daten Abfrage** Menü.

End Pfeil nach unten	Der Zellzeiger springt zum zweiten Leerformular.
End Pfeil nach links	Der Zellzeiger steht auf dem ersten Feldnamen.
.	Ankern Sie
End Pfeil nach rechts Return	und markieren Sie alle Feldnamen des zweiten Leerformulars als Ausgabebereich.

Die im Ausgabebereich markierten Feldüberschriften geben an, welche Spalten der Datenbank in der Antwort der Abfrageoperation enthalten sein sollen. In diesem Fall sollen alle Spalten enthalten sein.

E	Der Befehl **Extrakt** kopiert alle Datensätze, die den im Kriterienbereich angegebenen Bedingungen genügen, in den Ausgabebereich.

```
H21: (F0) 533                                                    MENÜ
Bereich Kriterien Ausgabe Finden Extrakt Unikate Löschen Vorgabe Zurück
Kopiert alle Datensätze, die Kriterien entsprechen, in Ausgabebereich
        H           I            J           K         L          M
15   VERTRAG_NR  VERTBEGINN   VERTENDE      TYP    AUFLOESAB  Kopierer
16                                                     0
17
18
19
20   VERTRAG_NR  VERTBEGINN   VERTENDE      TYP    AUFLOESAB  Kopierer
21       533     01-Jul-83   31-Mär-88      41    31-Dez-87  Siroks Bürok
22       519     01-Aug-84   31-Mai-87      20    31-Mai-87  Tragbarer Ko
23       363     01-Apr-86   15-Jul-87      40    30-Jun-87  Siroks Tisch
24
25
26
27
28
29
30
31
32
33
34
22.08.87  17:28
```

Bild 5-20: Extrahierte Datensätze

5.2 Datenbank Leasingverträge

Z   Mit dem Befehl **Zurück** kommt 1-2-3 wieder in den Modus *Bereit*.

Um die extrahierten Datensätze in einem Arbeitsblatt zu speichern, können Sie einen Befehl des **Transfer** Menüs benutzen.

F5 Gehezu *H20* **Return**   Bewegen Sie den Zellzeiger zuerst zur linken oberen Ecke des Bereiches, der in einem anderen Arbeitsblatt gespeichert werden soll.

< T E   Der Befehl **Transfer Extrakt** kann einen Teil eines Arbeitsblattes in einem neuen Arbeitsblatt auf der Festplatte speichern.

Hinweis: Der Befehl **Extrakt** im **Transfer** Menü hat nur zufällig dieselbe Bezeichnung wie der Befehl **Extrakt** im Menü **Daten Abfrage**. Beide können unabhängig voneinander benutzt werden.

W   Sie können angeben, ob die **Werte** - also das, was Sie auf dem Arbeitsblatt sehen, - oder die **Formeln** - also auch die Rechenlogik - in dem Auszug des Arbeitsblattes gespeichert werden sollen. In unserem Fall reichen die **Werte** aus.

Aufloes **Return**   Geben Sie als Dateinamen *Aufloes* an. Beachten Sie, daß in Dateinamen keine Umlaute verwendet werden sollten. (Deshalb oe und nicht ö.)

End Pfeil nach unten   Markieren Sie die extrahierten Datensätze
End Pfeil nach rechts Return   einschließlich der Überschriften, um sie im Arbeitsblatt *Aufloes* zu speichern.

5.2.9 Komplexere Abfragen

Bisher sind mit Hilfe der Abfragen nach einer einzigen Bedingung Teilmengen aus der Datenbank ausgewählt worden. Es wurde immer mit einer einzigen Bedingung im Kriterienbereich jeweils ein ganzer Datensatz ausgewählt. Lotus 1-2-3 erlaubt auch kompliziertere Abfragen. Abfragen, die von mehreren Bedingungen abhängen, und Abfragen, die nur bestimmte Spalten aus der Datenbank als Ergebnis liefern sollen.

Man beschreibt dazu in den beiden Leerformularen, wie das Ergebnis der Abfrage aussehen soll. Im Kriterienbereich wird dabei immer angegeben, welche Zeilen in der Antwort enthalten sein sollen; im Ausgabebereich wird angegeben, welche Spalten man als Ergebnis braucht. Das kann soweit gehen, daß die Antwort einer Abfrage nur ein einziges Feld ist (eine Spalte eines bestimmten Satzes).

5.2.9.1 Auswahl bestimmter Spalten

Die Spaltenüberschriften im **Ausgabebereich** bestimmen, welche Felder in der Antwort der Datenbank enthalten sein sollen. Sie möchten wissen, welche Leasingverträge in den nächsten 2 Monaten auslaufen. Es genügt, wenn Sie die Vertragsnummer, das Datum des Vertragsendes und den Kopierertyp kennen, um beispielsweise die Kunden wegen eines Anschlußvertrages anzusprechen.

< B R	Radieren Sie zunächst den Ausgabebereich. (Wenn der Zellzeiger sich nicht mehr in der Zelle H20 befindet, bewegen Sie ihn vorher dorthin.)
End Pfeil nach unten **End Pfeil nach rechts Return**	Markieren Sie den gesamten Ausgabebereich mit allen extrahierten Sätzen, und führen Sie den Befehl aus.
Vertrag_Nr **Pfeil nach rechts** *Verende* **Pfeil nach rechts** *Kopierer* **Return**	Tragen Sie die Spaltennamen der Spalten ein, die Sie in der Antwort sehen wollen.

5.2 Datenbank Leasingverträge

4 mal **Pfeil nach oben** 2 mal **Pfeil nach rechts** < *B R* **Return**	Markieren und löschen Sie die Bedingung zur Auswahl von Leasingverträgen mit Auflösungsdatum.
2 mal **Pfeil nach links**	Markieren Sie im Kriterienbereich die Zelle unter der Überschrift *Vertende*.

Sie wollen Verträge auswählen, die in den nächsten 2 Monaten enden. Aus Gründen der Einfachheit nehmen Sie an, daß beide Monate zusammen 60 Tage haben. Bauen Sie die logische Formel auf.

+ **Home** 2 mal **Pfeil nach rechts** **Pfeil nach unten**	Beginnen Sie die Formel mit +, und zeigen Sie auf das erste Feld in der Spalte *Vertende* der Datenbank.
- *@Jetzt* ⌐ = *60* **Return**	Sie möchten alle Leasingverträge auswählen, bei denen das Vertragsende vom heutigen Datum nicht weiter als 60 Tage entfernt ist, bei denen also die Differenz aus Seriennummer des Vertragsendes und Seriennummer des heutigen Datums kleiner oder gleich 60 ist.
< *D A E*	Wählen Sie den Befehl **Daten Abfrage Extrakt**, und lassen Sie die gesuchten Verträge ermitteln.

Hinweis: Die Datenbankbereiche für die Abfrage brauchten mit den Befehlen **Bereich**, **Kriterien** und **Ausgabe** deshalb nicht angegeben werden, weil 1-2-3 sich die Bereiche merkt, bis sie verändert werden. Der Befehl **Vorgabe** im **Daten Abfrage** Menü löscht alle Bereichsangaben der Datenbankverwaltungsfunktion.

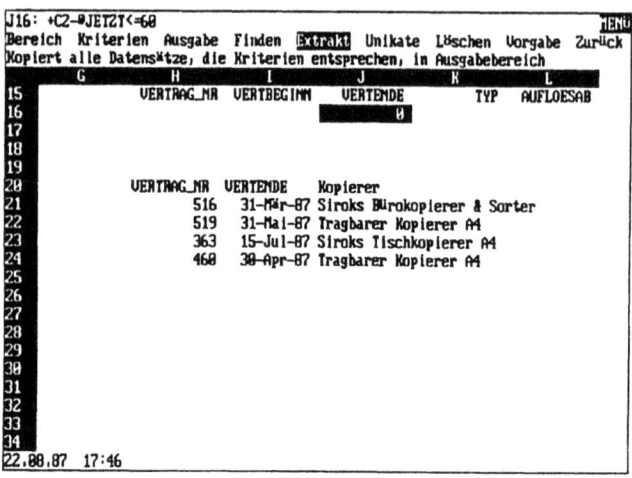

Bild 5-21: Vertragsende vor dem Tag in 60 Tagen

1-2-3 hat auch Verträge extrahiert, die schon beendet sind. Das liegt daran, daß auch bei diesen Verträgen die Differenz aus Vertragsende und dem heutigen Datum kleiner als 60, nämlich negativ ist. Nicht Lotus hat falsch geantwortet, sondern die Abfrage war nicht so formuliert, daß nur Verträge ausgegeben werden, die in der Zukunft enden. Schauen Sie sich bei unerwarteten Abfrageergebnissen immer die logischen Formeln an, und prüfen Sie, ob diese die gewünschten Datensätze beschreiben.

In der Abfrage hätte die logische Formel angeben müssen, daß Datensätze ausgewählt werden sollen, deren Differenz Vertende-@Jetzt kleiner gleich 60 und gleichzeitig größer oder gleich 0 ist.

5.2.9.2 Mehrfachkriterien

Wenn eine logische Formel für eine Datenbankabfrage nicht mit einem einfachen Vergleich von zwei Werten aufgebaut werden kann, ist es möglich, mehrere einfache Vergleiche mit den logischen Operatoren **#und#**, **#oder#**, **#nicht#** zu verbinden. Die entstehenden zusammengesetzten Formeln werden *Mehrfachkriterien* genannt.

5.2 Datenbank Leasingverträge

F2 Edit Gehen Sie in den Modus *Edit*, um die logische Formel zu korrigieren.

#und# +*C2*- *@Jetzt* > = *0* **Return** Ergänzen Sie Bedingung, die angibt, daß nur zukünftige Vertragsbeendigungen in der Antwort enthalten sein sollen.

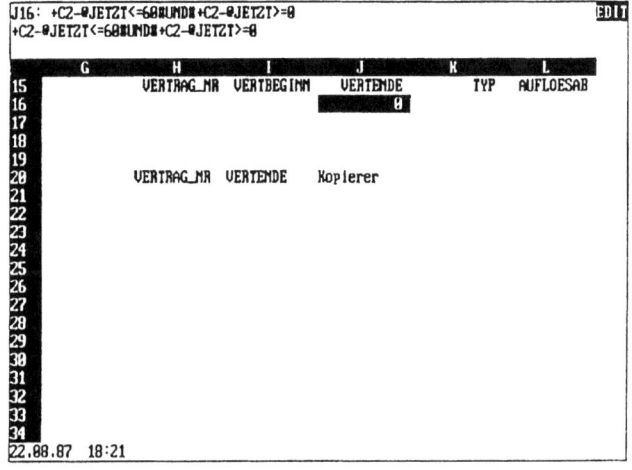

Bild 5-22: Formel für Vertragsende in den nächsten 60 Tagen

F7 Abfrage Die Taste **F7 Abfrage** führt die letzte Datenbankabfrage noch einmal durch.

Hinweis: Da das Ergebnis der Abfrage von dem Datum abhängt, an dem Sie diese Übung durchführen, ist es möglich, daß in den nächsten 60 Tagen keine Verträge enden und deshalb keine Datensätze extrahiert werden. Auch das kann eine korrekte Antwort der Datenbank sein.

Falls bei Ihrer Abfrage keine Datensätze ausgewählt wurden, können Sie die Funktion *@Jetzt* in der Abfragebedingung durch die Funktion *@Datum(88;9;1)* ersetzen. Die Funktion *@Datum()* berechnet zu dem als Argument angegebenen Datum, dem 1.9.88, die entsprechende Seriennummer, so daß mit dem Datum gerechnet werden kann. Die drei Argumente der Funktion *@Datum()* sind Jahr; Monat und Tag.

F2 Edit Wählen Sie den *Edit* Modus, um die Änderung durchzuführen.

Home 5 mal Pfeil nach rechts	Markieren Sie das J in Jetzt.
Ins	Durch Betätigen der **Ins**-Taste schaltet 1-2-3 in den Status *Überschreiben*. Beachten Sie die Statusanzeige. Die in diesem Status geschriebenen Zeichen werden in der Editierzeile nicht mehr eingefügt, sondern überschreiben die vorhandenen Zeichen.
Datum **Ins**	Schreiben Sie Datum, und schalten Sie den Status *Übr* wieder aus.
(88;9;1)	Ergänzen Sie die Funktion um ihre Argumente.
End 8 mal Pfeil nach links	Markieren Sie das J im zweiten Jetzt.
Ins *Datum* **Ins** *(88;9;1)* **Return**	Ändern Sie auch hier das das Datum.
F7 Abfrage	Die Abfrage wird ausgelöst und kopiert mindestens 4 Datensätze in den Ausgabebereich.
Z	Der Befehl **Zurück** beendet die Abfrage.

Die logischen Operatoren *#und#*, *#oder#* und *#nicht#* werden benutzt, um verschiedene Bedingungen in ein und derselben Zelle des Kriterienbereiches zu kombinieren. Es ist außerdem möglich, verschiedene Bedingungen auf andere Arten in einer Abfrage zu kombinieren.

< B R Return	Löschen Sie zuerst das alte Abfragekriterium.

Als nächstes sollen alle Verträge zu Kopiergeräten der Firma Siroks extrahiert werden. Offensichtlich sind die Typkennnummern so gewählt, daß alle Kopierer eines Herstellers dieselbe Anfangsziffer haben. Die Typkennnummern der Firma Siroks beginnen alle mit 4.

5.2 Datenbank Leasingverträge

Pfeil nach rechts + **Home** 3 mal **Pfeil nach rechts** **Pfeil nach unten** *> = 40 #und# +D2 <50* **Return**	Tragen Sie in der Spalte *Typ* des Kriterienbereiches eine Formel ein, die alle Kopierertypen auswählt, deren Kennnummern zwischen 40 einschließlich und 50 liegen.
F7 Abfrage	Mit **F7 Abfrage** können Sie das Ergebnis sehen.

5.2.9.3 Und-Verknüpfung

Im Gegensatz zu Mehrfachkriterien, die Bedingungen für eine einzelne Spalte der Datenbank angeben, gibt eine *Und-Verknüpfung* im Kriterienbereich Bedingungen für verschiedene Spalten der Datenbank an, die alle gleichzeitig erfüllt sein müssen, damit der jeweilige Datensatz ausgewählt wird. *Und-Verknüpfungen* werden angegeben, indem die Bedingungen für die verschiedenen Spalten in derselben Zeile des Kriterienbereiches eingetragen werden.

Nehmen wir an, Sie möchten von den gerade ausgewählten Verträgen nur diejenigen, die im Jahr 1987 enden.

Z	Gehen Sie mit **Zurück** in den Modus *Bereit*.
Pfeil nach links + **Home** 2 mal **Pfeil nach rechts** **Pfeil nach unten** *< = @Datum(87;12;31)* **Return**	Markieren Sie die Zelle unterhalb des Feldnamens *Vertende*, und tragen Sie die logische Formel ein, die angibt, daß alle ausgewählten Verträge vor dem 31.12.1987 enden sollen.

Hinweis: Eigentlich müßten Sie in der Spalte *Typ* durch ein Mehrfachkriterium auch angeben, daß die Verträge nicht vor dem 1.1.87 enden dürfen. Da in der gesamten Datenbank solche Verträge nicht vorkommen, ist dies hier unnötig.

F7 Abfrage	Die Funktionstaste **F7 Abfrage** erledigt die Durchführung der Abfrage.

Es werden nur noch die Datensätze extrahiert, für die alle in einer Zeile des Kriterienbereiches stehenden Bedingungen zutreffen.

Es können aber auch Abfragesituationen vorkommen, in denen Datensätze nach verschiedenen Bedingungen ausgewählt werden sollen, die wahlweise gelten. Für derartige Abfragen eignet sich die *Oder-Verknüpfung*.

5.2.9.4 Oder-Verknüpfung

Oder-Verknüpfungen werden in verschiedenen Zeilen des Kriterienbereiches eingetragen. Wenn eine der Zeilen im Kriterienbereich auf den jeweiligen Datensatz der Datenbank zutrifft, wird er ausgewählt. Man kann sich den Kriterienbereich wie ein Sieb oder Filter, durch das die einzelnen Sätze der Datenbank gefiltert werden, vorstellen. Wenn eine Zeile des Kriterienbereiches mit ihren logischen Formeln für den zu prüfenden Datensatz zutrifft, fällt der Datensatz durch das Sieb in den Ausgabebereich. Hat der Kriterienbereich mehrere Zeilen mit logischen Formeln, wird jeder Satz der Datenbank nacheinander mit den verschiedenen Zeilen des Kriterienbereiches gefiltert. Alle durch das Sieb gefallenen Datensätze werden im Ausgabebereich gesammelt. Es reicht also aus, wenn ein Satz bei nur einer Kriterienzeile durch das Sieb fällt.

In der letzten Abfrage wurden Verträge nur ausgewählt, wenn sie aufgrund ihres regulären Vertragsendes im Jahr 1987 endeten. Verträge, die aufgrund einer frühzeitigen Auflösung im Jahr 1987 endeten, wurden nicht erkannt.

Im weiteren Verlauf Ihrer Analyse sollen alle Verträge extrahiert werden, die 1987 enden.

Pfeil nach rechts < *B R* Return	Löschen Sie dazu zunächst das Kriterium, das die Kopierer der Firma Siroks angibt.
F7 Abfrage	Kontrollieren Sie das Resultat durch die Taste **F7 Abfrage**. Es erscheinen zwei zusätzliche Verträge.

5.2 Datenbank Leasingverträge

Pfeil nach links
< K Return
2 mal Pfeil nach rechts
Pfeil nach unten Return

Sie können sich das Eintragen der Formel für die *Oder-Verknüpfung* in der zweiten Bedingungszeile im Kriterienbereich erleichtern, indem Sie die Formel für das Vertragsende kopieren.

2 mal Pfeil nach rechts
Pfeil nach unten

Markieren Sie anschließend die Zelle, in die Sie die Formel kopiert haben. Es müssen noch einige Ergänzungen vorgenommen werden.

F2 Edit

Wählen Sie den *Edit* Modus, um die Formel zu ändern.

Lotus 1-2-3 hat die Formel mit einer relativen Zelladresse kopiert. Deshalb wurde die Zelladresse C2 der Ursprungformel entsprechend angepaßt. Da sich die Zellangaben in den Kriterien einer Datenbankabfrage aber immer auf den ersten Datensatz der Datenbank beziehen müssen, muß die Zelladresse auf E2 geändert werden. Zusätzlich muß die Bedingung ergänzt werden, so daß nur Datensätze gewählt werden, deren Spalte **Aufloesab** nicht leer ist.

Cursortasten ggf. Ins und Del

Ändern Sie die Zelladresse E3 auf E2,

End #und# E2<>0 Return

und ergänzen Sie die Formel durch eine zweite Bedingung.

< D A K Pfeil nach unten Return

Schießlich muß der Kriterienbereich erweitert werden, so daß er die neuen Kriterienzeile umfaßt (vgl. Bild 5-23).

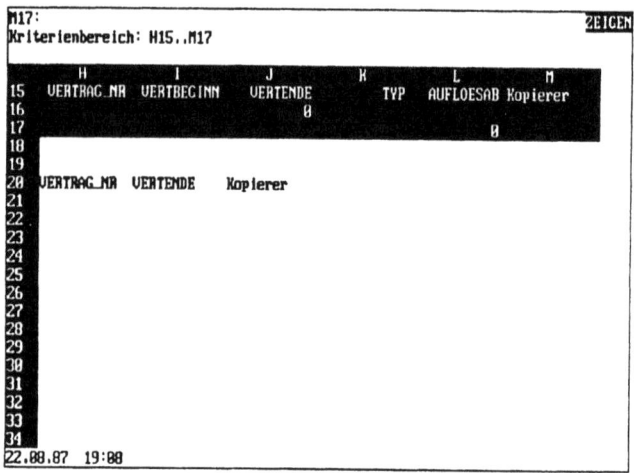

Bild 5-23: Erweiterter Kriterienbereich

E
Der Befehl **Extrakt** zeigt, daß aufgrund der *Oder-Verknüpfung* zusätzlich ein neuer Datensatz in dem Ergebnis der Abfrage enthalten ist.

5.2.9.5 Kombinierte Und- und Oder-Verknüpfung

Man kann die Auswahlbedingungen für Datenbanken beliebig komplex ausbauen, indem mehrere Und und Oder-Verknüpfungen in einer Abfrage kombiniert werden. Wenn die richtige Formulierung einer komplexeren Abfrage nicht von vornherein klar ist, führt es meist zum Ziel, wenn man die Fragestellung zuerst in einem normalen deutschen Satz formuliert. Durch die Abfragetechnik *Query by Example* läßt sich diese Frage in aller Regel ohne große Probleme in die logischen Formeln des Kriterienbereiches umsetzen. Wichtig ist dabei, daß der Kriterienbereich immer die aktuell gültigen Kriterienzeilen umfaßt, da andernfalls falsche Bedingungen bei der Abfrage ausgewertet werden.

Eine komplexe Abfrage wäre z. B. die Frage "Welche Leasingverträge der Geräte der Firma Siroks endeten im Jahre 1987 (unabhängig, ob planmäßig oder vorzeitig) und wann begannen diese?"

5.2 Datenbank Leasingverträge

F5 Gehezu *120* **Return**   Bestimmen Sie zuerst mit dem Ausgabeformular, welche Spalten die Antwort umfassen soll.

Vertbeginn **Return**   Sie möchten die Vertrags-Nr., den Vertragsbeginn und den Kopierertyp sehen. Dazu muß nur die Spalte Vertbeginn eingetragen werden.

Die Frage läßt sich in zwei Unterfragen auflösen: "Sie suchen die Verträge von Kopierern der Firma Siroks, deren Vertragsende im Jahr 1987 liegt oder die im Jahr 1987 vorzeitig aufgelöst wurden."

4 mal **Pfeil nach oben**   Tragen Sie die Formel für die Kopierertypen der Firma Siroks ein. Damit ist der erste Teil der Fragestellung fertig.
2 mal **Pfeil nach rechts**
+ Home 3 mal **Pfeil nach rechts**
Pfeil nach unten
> =*40* #*und*# *D2*<*50* **Return**

< *K* **Return Pfeil nach unten Return**   Sie können die Typbestimmung der Abfrage in die zweite Zeile kopieren

Pfeil nach unten F2 Edit   und müssen anschließend die Formel im *Edit* Modus von D3 auf D2 (2 mal) ändern (siehe Abbildung 5-24).

Die terminlichen Bedingungen der Abfrage stehen noch von der letzten Abfrage im Kriterienbereich und können mit verwendet werden. Die erste Kriterienzeile wählt die Verträge der Firma Siroks, die regulär im Jahr 1987 endeten, die zweite Zeile solche, die im Jahr 1987 vorzeitig aufgelöst wurden.

Normalerweise müßten jetzt der Eingabedatenbereich, der Kriterienbereich und der Ausgabebereich angegeben werden. Sie können sich das ersparen, da sich seit der letzten Abfrage nichts geändert hat. Wenn Sie sich überzeugen wollen, können Sie die entsprechenden Befehle noch einmal wählen. Lotus 1-2-3 zeigt Ihnen dann die aktuell gültigen Bereiche.

F7 Abfrage   Wertet die Abfrage aus.

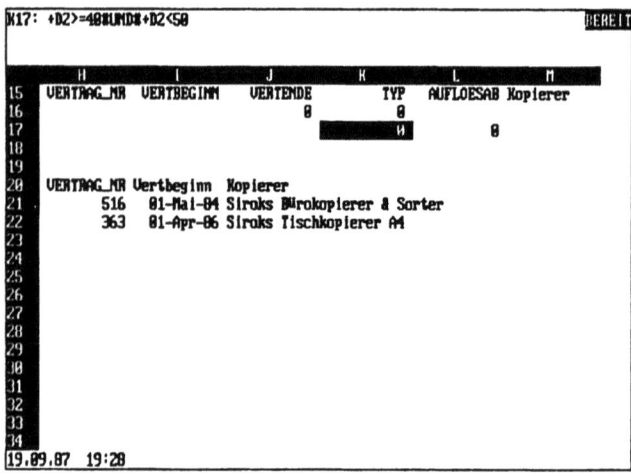

Bild 5-24: Kombinierte Bedingungen

5.2.9.6 Vergleiche mit Werten aus der Datenbank

Zusätzlich kann man die Frage stellen, wie lange die verschiedenen Kopierertypen bei den Kunden bleiben. Sie können diese Frage auch 1-2-3 stellen. Im Gegensatz zu den vorherigen Abfragen wird im Kriterienbereich keine Bedingung formuliert, die die Datensätze mit vorgegebene Konstanten vergleicht, sondern es werden Werte aus der Datenbank mit anderen Datenbankwerten verglichen.

Welche Verträge dauerten länger als 24 Monate?

Pfeil nach oben	Radieren Sie zuerst die alten Bedin-
Pfeil nach links	gungen.
< B R	
2 mal **Pfeil nach rechts**	
Pfeil nach unten Return	

5.2 Datenbank Leasingverträge

Hinweis: Vertragsbeginn und Vertragsende sind als Seriennummern angegeben. Wenn Sie die Differenz aus beiden Daten bilden, wissen Sie, wie lange ein Vertrag dauerte. Die Abfrage soll Verträge auswählen, deren Anfang mindestens 24 Monate vor dem Ende lag. Es wird das Feld *Vertbeginn* mit dem Feld *Vertende* verglichen. Die Differenz zwischen Vertragsbeginn und Vertragsende muß mindestens 2 Jahre betragen.

+ Home 2 mal **Pfeil nach rechts** **Pfeil nach unten**	Tragen Sie in der Spalte *Vertende* des Abfrageformulars eine logische Formel ein, die das Feld *Vertende* mit dem Feld *Vertbeginn* vergleicht. Zeigen Sie zuerst auf das Feld *Vertende* des ersten Datensatzes. Beachten Sie, daß das Feld *Vertbeginn* des ersten Datensatzes die Zelladresse B2 hat. (Das ist in diesem Fall bequemer als Zeigen mit dem Zellzeiger.)
- B2 > 365*2 **Return**	Vervollständigen Sie die Formel. Die Differenz *Vertende* minus *Vertbeginn* soll größer als 2 * 365 Tage sein.
End Pfeil nach unten *Vertende* **Pfeil nach rechts** *Kopierer* **Return**	Ergänzen Sie noch das Ausgabeformular um eine Spalte.
< *D A K*	Vergessen Sie nicht, mit dem Befehl **Daten Abfrage Kriterien** den Kriterienbereich wieder auf nur eine Bedingungszeile zu setzen, da andernfalls, ohne eine einschränkende Bedingung in der zweiten Zeile des Abfrageformulars, alle Datensätze ausgewählt würden.
Pfeil nach oben Return	Markieren Sie den jetzt gültigen Kriterienbereich.
E	**Extrakt** zeigt die Verträge, die länger als zwei Jahre dauerten.
Z	**Zurück** setzt 1-2-3 in den *Bereit* Modus.

Experimentieren Sie noch mit anderen Teilmengen von Verträgen. Formulieren Sie z. B. eine entsprechende Abfrage für Verträge, die eine kürzere Laufzeit als zwei Jahre aufweisen.

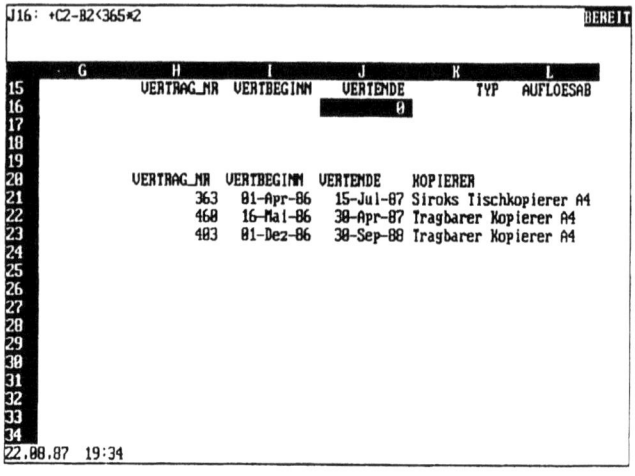

Bild 5-25: Leasingverträge unter zwei Jahren Dauer

5.2.9.7 Löschen von ausgewählten Datensätzen

Das Datenbankverwaltungssystem kann nicht nur Datensätze in der Datenbank wiederfinden oder aufgrund von Abfragen extrahieren, sondern ist auch in der Lage, Datensätze nach im Kriterienbereich formulierten Bedingungen zu löschen. Gelöscht werden genau die Datensätze, die bei einem entsprechenden Befehl **Daten Abfrage Finden** in der Datenbank markiert worden werden. Für das Löschen ist der Befehl **Daten Abfrage Löschen** zuständig.

Löschen Sie die Verträge, die in der Spalte *Aufloesab* ein Datum eingetragen haben.

< B R Return   Zuerst wird die Bedingung aus der letzten
                                Abfrage gelöscht.

2 mal **Pfeil nach rechts**   Tragen Sie in der Spalte *Aufloesab* die
+ E2 < > 0 **Return**   benötigte Bedingung ein.

5.2 Datenbank Leasingverträge

< D A L   Wählen Sie den Befehl **Daten Abfrage Löschen**.

J   Bestätigen Sie die Löschung mit **Ja**. 1-2-3 fordert bei den meisten Befehlen, die die vorher investierte Arbeit zerstören - durch Löschen oder Überschreiben von Dateien - eine Bestätigung. Nach dem Löschen der Datensätze kehrt 1-2-3 in das **Daten Abfrage** Menü zurück und zeigt in der Statuszeile den Status *Kalk*. Die Anzeige tritt immer auf, wenn das Arbeitsblatt neu berechnet werden muß.

Z   1-2-3 berechnet das Arbeitsblatt automatisch, sobald des durch Wahl des Befehls **Zurück** wieder in den *Bereit* Modus kommt.

Hinweis: Falls 1-2-3 das Arbeitsblatt nicht automatisch neu berechnet wird, ist wahrscheinlich die automatische Neuberechnung mit dem Befehl **Arbeitsblatt Global Neuberechnen Manuell** abgeschaltet worden. Dieser Befehl dient zur Beschleunigung von Eingabe- und Änderungsarbeiten bei umfangreichen Arbeitsblättern. Man kann bei abgeschalteter Neuberechnung manuell eine Berechnung des Arbeitsblattes durch Betätigen der Taste **F9 Kalk** auslösen. Der Befehl **Arbeitsblatt Global Neuberechnen Automatisch** stellt die automatische Neuberechnung wieder ein.

```
A1: [B12] 'VERTRAG_NR                                    BEREIT

         A         B          C         D    E
   1  VERTRAG_NR  VERTBEGINN  VERTENDE  TYP  AUFLOESAB
   2        330   01-Okt-82   30-Sep-88  50
   3        425   01-Jul-83   31-Mär-88  40
   4        516   01-Mai-84   31-Mär-87  42
   5        325   01-Aug-84   30-Sep-88  40
   6        368   01-Okt-84   30-Sep-89  42
   7        321   01-Okt-85   30-Sep-89  41
   8        499   01-Okt-85   30-Sep-89  41
   9        464   01-Okt-85   30-Sep-90  30
  10        449   01-Okt-85   30-Sep-90  20
  11        414   01-Nov-85   30-Sep-88  20
  12        359   16-Dez-85   30-Sep-90  62
  13        445   01-Apr-86   30-Sep-89  60
  14        436   01-Apr-86   30-Sep-89  41
  15        522   01-Apr-86   31-Mär-90  40
  16        460   16-Mai-86   30-Apr-87  20
  17        403   01-Dez-86   30-Sep-88  20
  18        461   01-Aug-87   30-Sep-89  40
  19
  20
22.08.87  19:43
```

Bild 5-26: Datenbank ohne aufgelöste Verträge

Home Mit einem Blick auf die linke obere Ecke des Arbeitsblattes können Sie sich überzeugen, daß die Verträge mit vorzeitiger Auflösung nicht mehr vorhanden sind.

5.2.10 Zusammenfassende Auswertung von Datenbanken

Bis jetzt haben Sie die Datenbank der Leasingverträge in der Weise ausgewertet, daß als Ergebnis der Auswertung immer genau die Daten wieder angezeigt wurden, die vorher in Form eines Datensatzes eingeben worden waren. In vielen Fällen ist es wünschenswert, zusätzlich verdichtete Ergebnisse aus einer Datenbank zu erzielen. Lotus 1-2-3 verfügt neben den einfachen Statistikfunktionen über einen Satz spezieller Datenbankstatistikfunktionen, die für die zusammenfassende Auswertung von Datenbanken gedacht sind. Die *statistischen Datenbankfunktionen* unterscheiden sich von den entsprechenden einfachen Statistikfunktionen dadurch, daß der Funktionsname jeweils mit einem 'D' (wie Datenbank) beginnt.

5.2 Datenbank Leasingverträge

Hier die Funktionsnamen: @DAnzahl()
@DMax()
@DMin()
@DMittelwert()
@DStdabw()
@DSumme()
@DVar()

Sie ermitteln wie die einfachen Statistikfunktionen z. B. Mittelwert, Minimum, Maximum, Summe oder Anzahl der Werte einer Datenbankspalte. Der Unterschied zu den einfachen Statistikfunktionen besteht darin, daß die Datenbankstatistikfunktionen diese Auswertungen automatisch nur auf diejenigen Sätze der Datenbank beziehen, die den im Kriterienbereich genannten Bedingungen genügen. Der Kriterienbereich der *statistischen Datenbankfunktionen* kann ohne weiteres ein anderer Bereich auf dem Arbeitsblatt sein als der Kriterienbereich des Menüs **Daten Abfrage**. Zur Auswertung müssen allen *statistischen Datenbankfunktionen* drei Argumente innerhalb der Klammern übergeben werden. Das erste Argument ist der Bereich des Arbeitsblattes, in dem sich die Datenbank befindet. Das zweite gibt die Nummer der auszuwertenden Spalte der Datenbank an, wobei die erste Spalte der Datenbank die Nummer 0 trägt. Das dritte Argument ist der für die Auswertung zu benutzende Kriterienbereich.

Im Rahmen Aufgabe (in der Leasingfirma natürlich) ist sicher eine Zusammenfassung nützlich, die zu jedem Kopierertyp die Anzahl der abgeschlossenen Verträge zeigt. Wenn Sie drei von 1-2-3s Fähigkeiten nacheinander benutzen, haben Sie diese Statistik schnell erstellt.

- Erzeugen Sie mit einer Abfrage aus der Datenbank eine Liste aller verfügbaren Kopierertypen.

- Verwenden Sie dann die Funktion *@DAnzahl()*, um die Anzahl der abgeschlossenen Verträge je Kopierertyp zu ermitteln.

- Hierbei kann Ihnen der Befehl **Daten Tabelle** große Dienste leisten.

Zuerst zur Frage: "Welche Kopierer gibt es?" Der Befehl **Daten Abfrage Unikate** wirkt wie der Befehl **Daten Abfrage Extrakt** mit dem Unterschied, daß eventuell mehrfach auftretende Zeilen im Ausgabebereich eliminiert werden.

F5 Gehezu *L16* **Return** < *B R* **Return**	Löschen Sie die Bedingung aus der letzten Abfrage.
4 mal Pfeil nach links **End Pfeil nach unten** *Typ* **Pfeil nach rechts** < *B R* **End Pfeil nach rechts** **End Pfeil nach unten Return**	Bewegen Sie den Zellzeiger zum Ausgabebereich, und ändern Sie dessen Spaltenüberschriften, so daß nur die Kopierertypnummer ausgegeben wird und löschen Sie gleichzeitig die alte Ausgabe.
Pfeil nach links	Bewegen Sie den Zellzeiger anschließend auf das Label **Typ**.
< *D A U*	Der Befehl **Daten Abfrage Unikate** läßt die Kopierertypen erscheinen. Beachten Sie, daß im Kriterienbereich keine Bedingung angegeben war, es wurden also alle Datensätze der Datenbank ausgewertet. Von jeder dabei ermittelten Typnummer wird jeweils nur ein Exemplar im Ausgabebereich angezeigt.
Esc	Mit der Taste **Esc** kommen Sie zurück zum **Daten** Menü.
S	Wählen Sie **Sortieren** damit die Kopierertypen in einer geordneten Reihenfolge erscheinen.
V	Der Befehl **Vorgabe** löscht die beim Sortieren der Datenbank gespeicherten Angaben zu Datenbereich und Sortierschlüsseln.
D	Geben Sie mit dem Befehl **Datenbereich** den zu sortierenden Bereich an.
Pfeil nach unten . **End Pfeil nach unten Return**	Markieren Sie alle Typnummern, bevor Sie den Befehl mit der Taste **Return** auslösen.

5.2 Datenbank Leasingverträge

1 **Return** — Der Sortierschlüssel kann durch Bestätigen mit der Taste **Return** gewählt werden, da der Zellzeiger schon in der richtigen Spalte steht.

S — Der Befehl **Sortieren** des Sortiermenüs führt die Sortierung durch.

Als zweiter Schritt wird die Funktion *@DAnzahl()* aufgebaut, um die Anzahl der Verträge eines Kopierertyps zu ermitteln.

Pfeil nach rechts — Markieren Sie die Zelle rechts vom Label *Typ* (vgl. Bild 5-27).

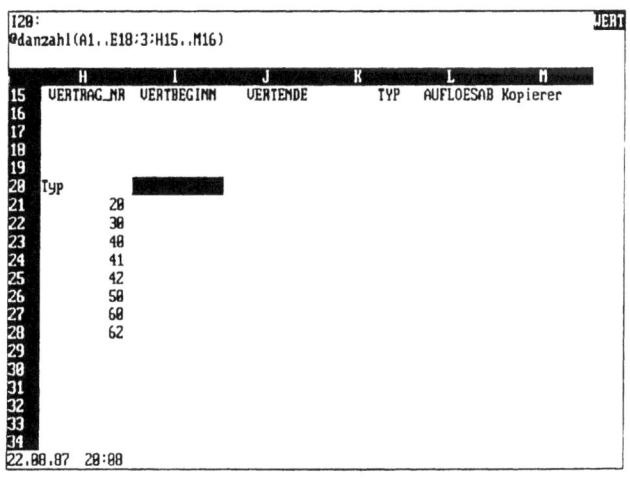

Bild 5-27: Funktion @DAnzahl()

@DAnzahl(— Schreiben Sie den Funktionsnamen und
Home . — die öffnende Klammer, ankern Sie in der
End Pfeil nach unten — Zelle A1 und markieren Sie die gesamte
End Pfeil nach rechts Pfeil nach rechts ; — Datenbank als erstes Argument der Funktion *@DAnzahl()*.

3;	Das zweite Argument (3) gibt an, daß die Werte der 4. Spalte der Datenbank gezählt werden sollen. (Die erste Datenbankspalte trägt die Nummer 0.)
5 mal **Pfeil nach oben** **Pfeil nach links** . **End Pfeil nach rechts** **Pfeil nach unten**) **Return**	Als drittes Argument markieren Sie den Kriterienbereich. Schließen Sie die Klammer, und tragen Sie die Formel mit **Return** ein.
	In der Zelle, in der Sie die Funktion eingetragen haben, erscheint die Anzahl aller Verträge.
Cursortasten u. a.	Tragen Sie unter der Überschrift *Typ* im Abfrageformular des Kriterienbereiches ein beliebige Typkennummer ein. Die Funktion *@DAnzahl( )* ermittelt abhängig von den im Kriterienbereich angegebenen Bedingungen nur die Anzahl der Verträge, für die die Bedingungen zutreffen. Testen Sie die Ergebnisse mit anderen Typen.
	Sie können auch komplexere Bedingungen formulieren. Wählen Sie beispielsweise alle Kopierer, deren Typnummer zwischen 40 und 50 liegt. Oder geben Sie in einer Bedingung an, daß nur die Verträge ausgewählt werden sollen, die im Jahre 1988 beendet werden. Bevor Sie fortfahren, radieren Sie bitte Ihre Bedingungen im Kriterienbereich wieder aus.
F5 Gehezu *I20* **Return** < *B F T* **Return**	Formatieren Sie die Formel als Text, damit die Zahl bei der folgenden Auswertung nicht mit einem Ergebnis verwechselt wird.

5.2.10.1 Automatische Datenbankstatistik

Der Befehl **Daten Tabelle 1**, den Sie schon aus Ihrer ersten Umsatzprognose kennen, vereinfacht die weitere Zusammenfassung.

F5 Gehezu *H20* **Return**	Beginn in Zelle H20.
< *D T 1*	Der Befehl **Daten Tabelle 1** automatisiert die weitere Analyse.
. End Pfeil nach unten **Pfeil nach rechts Return**	Markieren Sie als Tabellenbereich sämtliche Typkennummern einschließlich der Überschrift und die rechts der Kennummern liegende Spalte.
4 mal **Pfeil nach oben** 3 mal **Pfeil nach rechts Return**	Geben Sie als Eingabezelle die Zelle unterhalb des Labels **Typ** im Kriterienbereich an.

Hinweis: Da diese Art von automatischen Auswertungen unter Umständen sehr viele Vergleiche mit den Sätzen der Datenbank erfordert, kann die Erstellung einer Datentabelle bei einer größeren Datenbank auch mehrere Minuten dauern. Die Modusanzeige *Warten* wechselt auf *Bereit*, sobald die Berechnungen abgeschlossen sind.

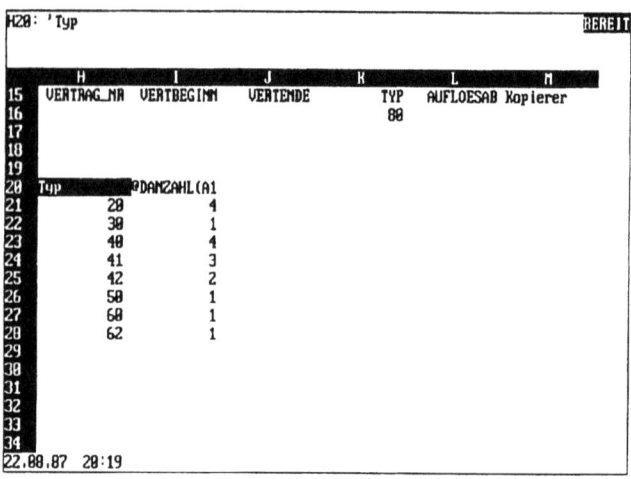

Bild 5-28: Zusammengefaßte Datenbankauswertung

Zum Schluß der Auswertung sollen die Anteile der Kopierer grafisch dargestellt werden.

5.2.10.2 Grafische Datenbankauswertung

< G T K
Zur Darstellung von Anteilen eignet sich am besten das Kreisdiagramm. Es wird mit dem Befehl **Grafik Typ Kreis** gewählt.

X **Pfeil nach unten**
.
End Pfeil nach unten Return

Legen Sie als **X-Bereich** alle Typkennummern fest.

A **Pfeil nach rechts**
Pfeil nach unten
.
End Pfeil nach unten Return

Der **A-Bereich** besteht aus allen ermittelten Vertragsanzahlen.

O T E Anteil Kopierer am Gesamtvolumen
Return

Über den Befehl **Optionen Titel Erste** geben Sie Ihrer Grafik eine Überschrift.

5.2 Datenbank Leasingverträge

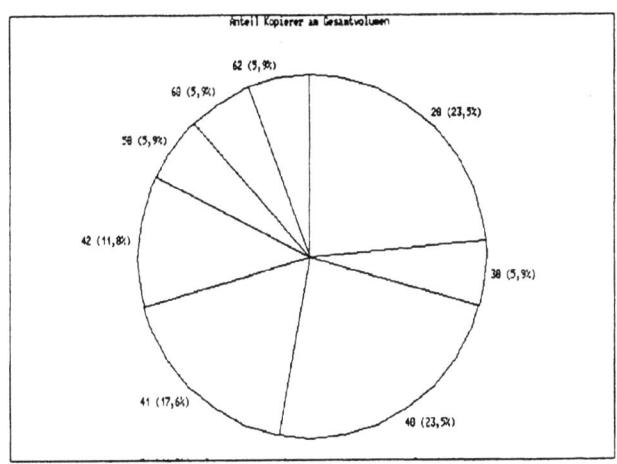

Bild 5-29: Kreisdiagramm

Z K	Mit **Zurück** und **Kontrolle** zeichnet 1-2-3 die Grafik.
Beliebige Taste	Sie bekommen wieder das Grafikmenü angezeigt.
S *Kopierer* Return	Speichern Sie die Grafik unter dem Namen **Kopierer** für den späteren Ausdruck in einer Grafikdatei.
Z	Mit Hilfe des Befehls **Zurück** erreichen Sie wieder den Modus **Bereit**.
< T S *Lease* Return	Falls Sie Ihr Arbeitsblatt nach der letzten Änderung noch nicht gespeichert haben, holen Sie dies jetzt nach.

Damit ist die Analyse der Leasingverträge beendet. Das heißt aber nicht, daß Sie schon alle Möglichkeiten der Datenbankbearbeitung kennengelernt haben. Deshalb finden Sie anschließend eine Übung, in der Sie sich viele der in der Datenbankverwaltung bisher eingesetzten Möglichkeiten noch einmal vergegenwärtigen können.

Zusätzlich lernen Sie noch einige neue Techniken kennen, die sich auch bei Arbeiten außerhalb der Datenbank sinnvoll anwenden lassen.

5.3 Übung: Datenbank EDV-Nutzung

In dieser Übung können Sie Ihre über Datenbanken erworbenen Kenntnisse vervollständigen und gleichzeitig überprüfen, ob Sie die erforderlichen Tätigkeiten selbständig durchführen können. Ich werde die bekannten Arbeitsschritte nicht mehr ausführlich mit allen Tastenbetätigungen beschreiben, sondern nur noch Hinweise zum Ziel der Arbeitsschritte geben. Sollten Sie dabei an irgendeiner Stelle nicht wissen, was als nächstes zu tun ist, schauen Sie sich im ersten Teil dieses Kapitels den entsprechenden Abschnitt an, suchen die betreffende Angabe im Index oder greifen auf die Begleitdiskette zurück.

Sie werden sich in dieser Übung zusätzlich mit den folgenden neuen Techniken vertraut machen können:

- Suchen nach Labels in der Datenbank

- Bereichsnamen

- Namen für Grafiken

- Formatieren von und Rechnen mit Zeiten

- Ermitteln und Darstellen von Verteilungen.

Zum Hintergrund: Da man von Ihrer Analyse der Leasingverträge begeistert war, hat man Ihnen gleich anschließend den nächsten Auftrag zur Auswertung einer Datenbank gegeben. Die Datenbank, mit der in Ihrer Firma die Leasingverträge verwaltet werden, speichert eine Statistik mit Angaben über den Start- und Beendigungszeitpunkt der zur Verwaltung der Leasingverträge benutzten Programme. Der Zweck dieser Statistik besteht darin, bei einem unvorhergesehenen Programmabbruch feststellen zu können, welches Programm diesen Abbruch verursacht hat. (Dieses Programm hat dann einen Start-, aber keinen Beendigungszeitpunkt.) Man kann diese Statistik auch benutzen, um festzustellen, zu welcher Zeit freie Kapazitäten auf der EDV-Anlage zur Verfügung stehen, in der eventuell zusätzliche Aufgaben mit anderen Programmen abgewickelt werden können.

5.3.1 Inhalt der Datenbank EDV-Nutzung

Die Datenbank enthält Angaben über jedes bei der Verwaltung der Leasingverträge benutzte Programm. Jede Zeile enthält die Daten über einen Programmaufruf. Die einzelnen Spalten haben folgende Bedeutung:

PROGRAMM	Name des gestarteten Programms
TAG	Wochentag des Programmstarts
START_DAT	Datum des Programmstarts
START_Zeit	Zeit des Programmstarts
ENDE_DAT	Datum des Programmendes
ENDE_Zeit	Zeit des Programmendes

Man hat Ihnen die Datenbanktabelle im dBase III Format in dem Arbeitsverzeichnis C:\Desk\123\Buch zur Verfügung gestellt. Benutzen Sie die Datei *NutzK.DBF*, wenn Sie mit einer kleinen Anzahl von Datensätzen arbeiten wollen, und die Datei *NutzG.DBF*, wenn Sie eine größere Anzahl von Datensätzen bearbeiten wollen. Falls Sie nicht mit der Begleitdiskette arbeiten, können Sie die Daten der Datei *NutzK* entsprechend den folgenden Abbildungen eingeben.

Die nächsten Schritte treffen nur zu, wenn Sie die Datei *NutzK.DBF* oder *NutzG.DBF* von der Begleitdiskette benutzen.

5.3.2 Konvertierung der Datenbanktabelle

Verlassen Sie 1-2-3, und wählen Sie im *Access* Menü das *Dienstprogramm-Translate*, um die dBase III Datei in ein von Lotus 1-2-3 lesbares Format umzuwandeln.

Wählen Sie als Quelltyp *dBase III* und als Zieltyp *1-2-3, Version 2*.

Nach Belieben wählen Sie mit Hilfe des Dateiselektors aus Ihrem Arbeitsverzeichnis die Datei *NutzK.DBF* oder *NutzG.DBF*.

Übernehmen Sie den Vorschlag des Zieldateinamens mit **Return**.

5.3 Übung: Datenbank EDV-Nutzung

Verlassen Sie das *Dienstprogramm-Translate* nach der Umwandlung der Datei und kehren Sie zurück nach 1-2-3.

Laden Sie die umgewandelte Datei mit Hilfe des Befehls **Transfer Laden**.

```
A1: [B9] 'PROGRAMM                                                    BEREIT

         A       B        C          D         E         F        G
  1  PROGRAMM  TAG     START_DAT  START_ZEIT ENDE_DAT  ENDE_ZEIT
  2
  3
  4
  5
  6
  7
  8
  9
 10
 11
 12
 13
 14
 15
 16
 17
 18
 19
 20
23.09.87  13:16
```

Bild 5-30: Feldbezeichnungen der Datenbank NutzK

```
A2: (S) [B9] 'Disposit                                              BEREIT

         A         B          C          D          E          F       G
  2  Disposit  Montag      31817  17:51:06
  3  Erfolg    Dienstag    31818  18:38:02   31818  18:39:55
  4  Disposit  Dienstag    31818  22:42:47
  5  Angebot   Mittwoch    31819  12:50:12   31819  13:04:08
  6  Ende      Mittwoch    31819  14:29:51   31819  14:32:56
  7  Neuvertr  Donnerstag  31820  09:50:59   31820  09:52:13
  8  Mailing   Donnerstag  31820  10:42:40   31820  10:45:42
  9  Angebot   Donnerstag  31820  14:12:04   31820  14:13:54
 10  Statistk  Donnerstag  31820  15:00:39   31820  15:08:56
 11  Monatabs  Donnerstag  31820  19:21:15   31820  20:37:31
 12  Aufl"sng  Freitag     31821  10:56:04   31821  10:57:19
 13  Aufl"sng  Samstag     31823  15:00:42   31823  15:03:07
 14  Maschine  Sonntag     31823  16:06:08   31823  16:06:31
 15  Maschine  Sonntag     31823  17:14:55   31823  17:15:12
 16  Angebot   Montag      31824  07:00:34   31824  07:00:43
 17  Angebot   Montag      31824  10:25:43   31824  10:33:19
 18  KundErfa  Montag      31824  11:50:18
 19  KundErfa  Montag      31824  14:32:36   31824  14:33:34
 20  Angebot   Montag      31824  15:36:15   31824  15:40:26
 21  Angebot   Dienstag    31825  06:49:00   31825  06:50:31
23.09.87  13:15
```

Bild 5-31: Datensätze der Datenbank NutzK

Hinweis: Wenn Sie die Datensätze manuell eingeben, müssen Sie die Eingaben der Uhrzeiten mit einem Justierungszeichen ' beginnen, damit 1-2-3 diese Eingabe als Label und nicht als Wert erkennt. Entnehmen Sie die Daten aus den Abbildungen 5-30 und 5-31.

Formatieren Sie die einzelnen Spalten der Datenbank mit den Befehlen **Arbeitsblatt Spalte Bestimmen** und **Bereich Format** für die Spalten, die Seriennummern enthalten, so daß die Spalten gut lesbar sind.

```
F2: [B11] '                                                          BEREIT

       A          B          C          D          E          F
 1  PROGRAMM    TAG       START_DAT  START_ZEIT  ENDE_DAT   ENDE_ZEIT
 2  Disposit   Montag     09.02.87   17:51:06
 3  Erfolg     Dienstag   10.02.87   18:38:02    10.02.87   18:39:55
 4  Disposit   Dienstag   10.02.87   22:42:47
 5  Angebot    Mittwoch   11.02.87   12:50:12    11.02.87   13:04:08
 6  Ende       Mittwoch   11.02.87   14:29:51    11.02.87   14:32:56
 7  Neuvertr   Donnerstag 12.02.87   09:50:59    12.02.87   09:52:13
 8  Mailing    Donnerstag 12.02.87   10:42:40    12.02.87   10:45:42
 9  Angebot    Donnerstag 12.02.87   14:12:04    12.02.87   14:13:54
10  Statistk   Donnerstag 12.02.87   15:08:39    12.02.87   15:08:56
11  Monatabs   Donnerstag 12.02.87   19:21:15    12.02.87   20:37:31
12  Aufl¯sng   Freitag    13.02.87   10:56:04    13.02.87   10:57:19
13  Aufl¯sng   Sonntag    15.02.87   15:00:42    15.02.87   15:03:07
14  Maschine   Sonntag    15.02.87   16:06:08    15.02.87   16:06:31
15  Maschine   Sonntag    15.02.87   17:14:55    15.02.87   17:15:12
16  Angebot    Montag     16.02.87   07:08:34    16.02.87   07:08:43
17  Angebot    Montag     16.02.87   10:25:43    16.02.87   10:33:19
18  KundErfa   Montag     16.02.87   11:58:18
19  KundErfa   Montag     16.02.87   14:32:36    16.02.87   14:33:34
20  Angebot    Montag     16.02.87   15:36:15    16.02.87   15:40:26
23.09.87   15:57
```

Bild 5-32: Formatierte Datenbank

Hier ein Vorschlag für die Formatierung:

Home

< *A S B* **10 Return**

Pfeil nach rechts < *A S B* **12 Return**

Pfeil nach rechts Pfeil nach unten Dies ist eine andere Darstellungsweise für
< *B F D* **4 End Pfeil nach unten Return** Kalenderdaten.

Pfeil nach rechts < *A S B* **11 Return**

Pfeil nach rechts < *B F D 4*	In dieser Spalte muß der Zellzeiger mit
End Pfeil nach unten	der Tastenfolge **End Pfeil nach unten**
End Pfeil nach unten	mehrmals bewegt werden, weil die Daten-
End Pfeil nach unten	bankspalte Lücken enthält (5 mal **End**
End Pfeil nach unten	**Pfeil nach unten** gilt für die Datei *NutzK*).
End Pfeil nach unten	Im Falle der Datei *NutzG* wird diese Ta-
Return	stenfolge sooft wiederholt, bis die Spalte E
	bis zur Zeile 151 markiert ist (Insgesamt
	11 mal).

Pfeil nach rechts < *A S B 11* **Return**

5.3.3 Bereichsnamen

Bereichsnamen sind Namen, mit denen Sie Bereiche auf dem Arbeitsblatt benennen können. Wenn Sie benannte Bereiche auf Ihrem Arbeitsblatt haben, können Sie die Bereichsnamen überall da angeben, wo Sie Bereiche durch Zeigen mit dem Zellzeiger oder durch Eingabe von Zelladressen angeben könnten, also in Formeln, als Argumente von Funktionen, bei Datenbankabfragen als Sprungziel für die Funktionstaste **F5 Gehezu** oder als Bereich für die Grafik oder zum Drucken. Ein Bereichsname verhält sich wie eine relative Bereichsangabe.

Der Sinn der Bereichsnamen besteht darin, daß man Sie sich leichter merken kann als Zelladressen. Zusätzlich kann man Sie schneller eingeben als man mit dem Zellzeiger zeigen kann, wenn die Bereiche sehr groß sind. Sie haben in dieser Übung Gelegenheit dies eindrucksvoll zu erfahren, da ähnliche Befehle benutzt werden, wie im ersten Teil dieses Kapitels, mit dem Unterschied, daß dieses Mal die Bereichsadressen durch Bereichsnamen angegeben werden.

5.3.4 Definition von Bereichsnamen

Bei der Definition von Bereichsnamen sind einige Regeln zu beachten.

- Bereichsnamen haben maximal 14 Zeichen. Groß- und Kleinbuchstaben werden gleich interpretiert.

- Im Namen dürfen keine Leerzeichen oder mathematischen Zeichen (z. B. +, -, *) vorkommen.

- Namen, die aussehen wie Zelladressen, z. B. X86, sind nicht zulässig.

- Namen sollten so gewählt werden, daß man ihre Bedeutung erkennen kann.

Bei den folgenden Auswertungen sollen Bereichsnamen zur Angabe von Bereichen benutzt werden. Dazu müssen die Bereichsnamen zuerst vergeben werden.

Home   Beginnen Sie in der linken oberen Ecke des Bereiches, den Sie benennen wollen.

< B N E   Der Befehl **Bereich Name Erstellen** ist einer von zwei Befehlen, mit denen Bereiche benannt werden können.

Der andere Befehl zur Benennung von Bereichen ist **Bereich Name Benennen**.

Datenbank **Return**   Vergeben Sie den Namen *Datenbank*.

5.3 Übung: Datenbank EDV-Nutzung

```
F21: [B11] '06:50:31                                    ZEIGEN
Name: Datenbank                    Bereich: A1..F21

       A         B           C           D           E          F
2   Disposit. Montag     09.02.87 17:51:06
3   Erfolg    Dienstag   10.02.87 18:38:02   10.02.87 18:39:55
4   Disposit  Dienstag   10.02.87 22:42:47
5   Angebot   Mittwoch   11.02.87 12:58:12   11.02.87 13:04:08
6   Ende      Mittwoch   11.02.87 14:29:51   11.02.87 14:32:56
7   Neuvertr  Donnerstag 12.02.87 09:50:59   12.02.87 09:52:13
8   Mailing   Donnerstag 12.02.87 18:42:40   12.02.87 18:45:42
9   Angebot   Donnerstag 12.02.87 14:12:04   12.02.87 14:13:54
10  Statistk  Donnerstag 12.02.87 15:08:39   12.02.87 15:08:56
11  Monatabs  Donnerstag 12.02.87 19:21:15   12.02.87 20:37:31
12  Auflösng  Freitag    13.02.87 18:56:04   13.02.87 18:57:19
13  Auflösng  Sonntag    15.02.87 15:00:42   15.02.87 15:03:07
14  Maschine  Sonntag    15.02.87 16:06:08   15.02.87 16:06:31
15  Maschine  Sonntag    15.02.87 17:14:55   15.02.87 17:15:12
16  Angebot   Montag     16.02.87 07:08:34   16.02.87 07:08:43
17  Angebot   Montag     16.02.87 10:25:43   16.02.87 10:33:19
18  KundErfa  Montag     16.02.87 11:58:18
19  KundErfa  Montag     16.02.87 14:32:36   16.02.87 14:33:34
20  Angebot   Montag     16.02.87 15:36:15   16.02.87 15:40:26
21  Angebot   Dienstag   17.02.87 06:49:08   17.02.87 06:50:31
23.09.87 22:31
```

Bild 5-33: Bereich Datenbank

End Pfeil nach unten
End Pfeil nach rechts Return

Markieren Sie die gesamte Datenbank (vgl. Bild 5-33). Erstellen Sie die Spaltenüberschriften für einen Kriterienbereich, indem Sie die Spaltenüberschriften der Datenbank kopieren, so daß die Kopie der Überschrift Programm in der Zelle G1 liegt.

Kopieren Sie anschließend die Spaltenüberschriften noch einmal, so daß diese Kopie des Labels *Programm* in der Zelle G5 liegt.

Sie können jetzt mit der Taste **Tab** von der Datenbank zu den Abfrageformularen und mit der Taste **Rücktab** zur Datenbank zurückspringen.

Setzen Sie die globale Spaltenbreite des Arbeitsblattes auf 11 Zeichen, damit Sie auch die Überschriften in den Abfrageformularen gut lesen können.

Benennen Sie auch die beiden neuen Bereiche.

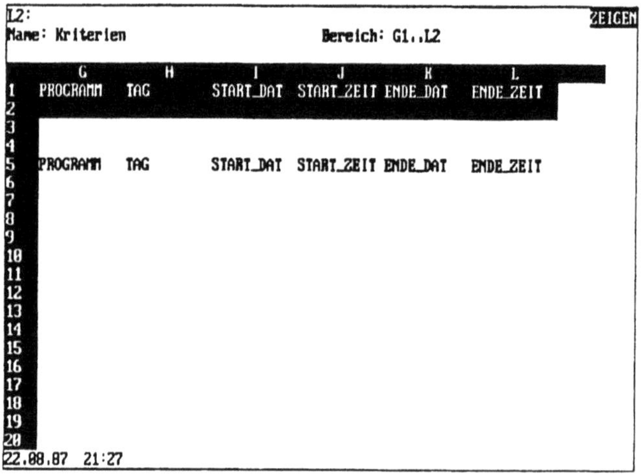

```
L2:                                                          ZEIGEN
Name: Kriterien              Bereich: G1..L2

        G        H         I         J          K         L
 1  PROGRAMM    TAG     START_DAT START_ZEIT ENDE_DAT  ENDE_ZEIT
 2
 3
 4
 5  PROGRAMM    TAG     START_DAT START_ZEIT ENDE_DAT  ENDE_ZEIT
 6
 7
 8
 9
10
11
12
13
14
15
16
17
18
19
20
22.08.87  21:27
```

Bild 5-34: Bereich Kriterien

F5 Gehezu *G1*

< *B N E Kriterien* **Return**
End Pfeil nach rechts Pfeil nach unten
Return

Markieren Sie zuerst die linke obere Ecke des Kriterienbereiches.

Wählen Sie den Befehl **Bereich Name Erstellen**, und markieren Sie den Kriterienbereich (vgl. Bild 5-34). Bei der Benennung von zusätzlichen Bereichen werden vorhandene Bereichsnamen angezeigt, damit man sie mit dem Cursor zur Neubestimmung auswählen kann.

5.3 Übung: Datenbank EDV-Nutzung

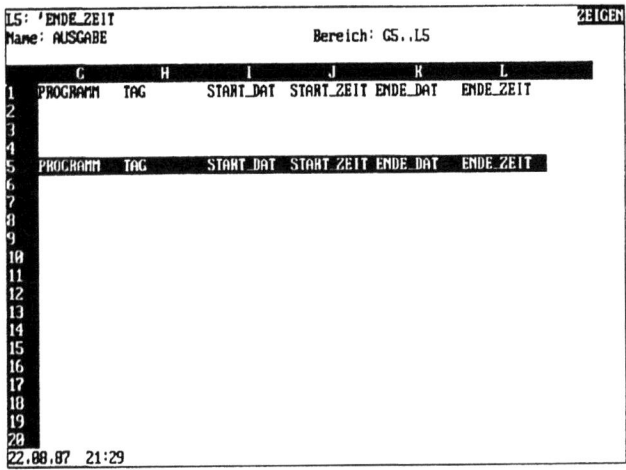

Bild 5-35: Bereich Ausgabe

End Pfeil nach unten   Markieren der linken oberen Ecke des
< B N E Ausgabe Return   Ausgabebereiches, Eingabe des Namens
End Pfeil nach rechts Return   und Markieren des zu benennenden
Bereiches (vgl. Bild 5-35).

Hinweis: Die Bereichsnamen müssen natürlich nicht wie die Lotus Befehle Datenbank, Kriterien und Ausgabe heißen. Es wären genauso gut die Abkürzungen *DB*, *KR* und *AU* oder beliebige andere den Regeln entsprechende Zeichenkombinationen möglich. Ein Name, der den Inhalt des Bereiches widerspiegelt, ist sinnvoll, wenn Sie sich den Bereichsnamen leicht merken wollen.

5.3.5 Suchen nach Labels

Stellen Sie durch eine Datenbankabfrage fest, welche Programme am Wochenende benutzt werden. Bisher haben Sie bei der Formulierung von Abfragen immer nur Werte im Kriterienbereich angegeben. Lotus 1-2-3 kann in der Datenbank auch nach Labels suchen.

Gehen Sie zuerst zurück zum Kriterienbereich. Sie können jetzt den Bereichsnamen benutzen.

F5 Gehezu	Betätigen Sie die Taste **F5 Gehezu**.
F3 Name	Die Taste **F3 Name** zeigt alle verfügbaren Bereichsnamen, so daß Sie einen mit dem Cursor auswählen können.
Pfeil nach links Return	Wählen Sie Kriterien.
Pfeil nach rechts Pfeil nach unten *Sonntag* **Pfeil nach unten** *Samstag* **Return**	Geben Sie in der Spalte Tag des Abfrageformulars eine Oder-Verknüpfung von Sonntag und Samstag an.

Sie müssen den Kriterienbereich vergrößern, da zwei Bedingungszeilen vorhanden sind.

< *B N E* **Pfeil nach links Return** **Pfeil nach unten Return**	Wählen Sie den Befehl **Bereich Name Erstellen**, zeigen Sie im Bedienfeld auf Kriterien, und erweitern Sie den markierten Bereich um eine Zeile.

Zur Vorbereitung der Abfrage müssen dem Datenbankverwaltungssystem die Eingabe-, Kriterien und Ausgabebereiche angegeben werden. Auch diese Angaben können jetzt bequem mit der Funktionstaste **F3 Name** eingegeben werden.

< *D A B* **F3 Name**	Es erscheint die alphabetisch geordnete Liste der Bereichsnamen.
Pfeil nach rechts Return	Wählen Sie *Datenbank*.
K **F3 Name Pfeil nach links Return** *A* **F3 Name Return**	Wählen Sie *Kriterien* als Kriterienbereich und *Ausgabe* als Ausgabebereich.
E	Der Befehl **Extrakt** kopiert zutreffende Datensätze in den Ausgabebereich.

Spätestens bei dieser Gelegenheit sehen Sie, daß der Programmname *Auflösung* falsch geschrieben ist. Solche Fehler komment häufiger vor, wenn eine Datei aus einem Programm in ein anderes Dateiformat konvertiert wird. Wenn die beiden Programme nicht genau aufeinander abgestimmt sind, werden einige Zeichen (wie hier die deutschen Umlaute und der Buchstabe ß) fehlerhaft umgesetzt.

5.3.6 Suchen nach Labelteilen

Sie könnten fehlerhafte Programmnamen korrigieren, indem Sie in der Spalte Programm der Datenbank die falsch geschriebenen Worte mit dem Zellzeiger markieren und dann im Modus *Edit* ändern. Stellen Sie sich diese Tätigkeit auch wieder bei einer größeren Datenbank mit mehreren hundert Sätzen vor. Der Arbeitsaufwand wäre viel zu hoch. Auch hier kann das Datenbankverwaltungssystem Sie unterstützen, indem es automatisch die Datensätze zur Korrektur präsentiert.

Suchen Sie mit Hilfe des Befehls **Daten Abfrage Finden** alle Datensätze, die die falsch geschriebenen Daten enthalten. Wenn der erweiterte Zellzeiger die Datensätze markiert, können Sie in der entsprechenden Spalte die Taste **F2 Edit** betätigen und das Feld korrigieren.

Hinweis: Um das falsch umgesetzte Label *Aufl~sung* zu suchen, dürfen Sie dieses Label nicht genauso in den Kriterienbereich setzen, weil das Zeichen ~ in Lotus 1-2-3 eine Sonderfunktion hat, die verhindern würde, daß das Label gefunden wird. (Zu der Sonderfunktion des Zeichens ~ kommen wir gleich.) Suchen Sie stattdessen nach unvollständig angegebenen Labels. Sie haben dazu zwei Möglichkeiten.

Wenn Sie alle Labels finden wollen, die mit einer bestimmten Zeichenfolge beginnen, wobei Ihnen gleichgültig ist, wie das Label nach dieser Zeichenfolge fortgesetzt wird, geben Sie mit dem von der Multiplikation bekannten Sternchen * die Stelle an, ab der beliebige Zeichen folgen können.

Beispiel: Aufl*

Nun finden Sie alle Programme, die mit 'Aufl' beginnen.

Wenn Sie ein Label suchen wollen, in dem an verschiedenen Stellen Zeichenfolgen vorkommen, nach denen gesucht werden soll oder die beliebig sind, so wird jeder unbekannte Buchstabe durch ein Fragezeichen ? dargestellt.

Beispiel: M??er

Dieses Kriterium findet sowohl die Begriffe 'Meier', 'Maier', 'Mayer' als auch 'Meyer', wenn Ihnen die genaue Schreibweise eines Kunden in einer Datenbank entfallen sein sollte.

Wenn Sie die Schreibweise von DOS Betriebssystembefehlen kennen, kommt Ihnen sicher einiges bekannt vor.

Das Zeichen ~ schließlich findet, bei Angabe im Suchmuster des Kriterienbereiches alle Datensätze, die in der betreffenden Spalte Labels haben, die nicht mit dem als Beipiel angegebenen übereinstimmen:

Beispiel: ~Müller

Dieses Suchmuster findet alle, außer Müller.

Mit diesem Rüstzeug können Sie jetzt die falsch geschriebenen Worte in der Datenbank korrigieren. Schauen Sie sich die Datenbank an und notieren Sie die fehlerhaften Worte. Springen Sie mit dem Zellzeiger zurück zum Kriterienbereich. (Vorzugsweise mit der Tastenkombination **F5 Gehezu F3 Name**.)

```
G2: 'Auf*                                                      BEREIT

        G         H          I          J         K         L
  1  PROGRAMM   TAG       START_DAT  START_ZEIT ENDE_DAT  ENDE_ZEIT
  2  Auf*
  3
  4
  5  PROGRAMM   TAG       START_DAT  START_ZEIT ENDE_DAT  ENDE_ZEIT
  6  Auf l~sng  Sonntag   15.02.87   15:00:42   15.02.87  15:03:07
  7  Maschine   Sonntag   15.02.87   16:06:08   15.02.87  16:06:31
  8  Maschine   Sonntag   15.02.87   17:14:55   15.02.87  17:15:12
  9
 10
 11
 12
 13
 14
 15
 16
 17
 18
 19
 20
22.08.87  21:52
```

Bild 5-36: Unvollständiges Label

Tragen Sie die falsch geschriebenen Worte im Kriterienbereich unter dem entsprechenden Feldnamen ein. Benutzen Sie für jedes falsche Wort eine eigene Zeile, damit durch die Oder-Verknüpfung alle gefunden werden.

Setzen Sie mit dem **Befehl Daten Abfrage Kriterien** den Kriterienbereich auf die richtige Größe. Durch Wahl des Befehls **Finden** wird der Zellzeiger anschließend auf

5.3 Übung: Datenbank EDV-Nutzung

den ersten zu korrigierenden Datensatz gestellt. Die nun folgenden Korrekturschritte wiederholen sich für alle ausgewählten Datensätze. Ich werde den Vorgang anhand des Programmnamens 'Auflösung' erklären.

```
A13: [B10] 'Aufl~sng                                    EDIT
'Aufl~sng
     A         B         C         D         E         F
1   PROGRAMM  TAG       START_DAT START_ZEIT ENDE_DAT ENDE_ZEIT
2   Disposit  Montag    09.02.87  17:51:06
3   Erfolg    Dienstag  10.02.87  18:38:02   10.02.87 18:39:55
4   Disposit  Dienstag  10.02.87  22:42:47
5   Angebot   Mittwoch  11.02.87  12:58:12   11.02.87 13:04:08
6   Ende      Mittwoch  11.02.87  14:29:51   11.02.87 14:32:56
7   Neuvertr  Donnerstag 12.02.87 09:50:59   12.02.87 09:52:13
8   Mailing   Donnerstag 12.02.87 10:42:40   12.02.87 10:45:42
9   Angebot   Donnerstag 12.02.87 14:12:04   12.02.87 14:13:54
10  Statistk  Donnerstag 12.02.87 15:08:39   12.02.87 15:08:56
11  Monatabs  Donnerstag 12.02.87 19:21:15   12.02.87 20:37:31
12  Auflösng  Freitag    13.02.87 10:56:04   13.02.87 10:57:19
13  Aufl~snq  Sonntag    15.02.87 15:00:42   15.02.87 15:03:07
14  Maschine  Sonntag    15.02.87 16:06:08   15.02.87 16:06:31
15  Maschine  Sonntag    15.02.87 17:14:55   15.02.87 17:15:12
16  Angebot   Montag     16.02.87 07:08:34   16.02.87 07:08:43
17  Angebot   Montag     16.02.87 10:25:43   16.02.87 10:33:19
18  KundErfa  Montag     16.02.87 11:58:18
19  KundErfa  Montag     16.02.87 14:32:36   16.02.87 14:33:34
20  Angebot   Montag     16.02.87 15:36:15   16.02.87 15:40:26
22.08.87  21:56                                          Übr
```

Bild 5-37: Editieren ausgewählter Datensätze

Pfeil nach links oder **Pfeil nach rechts**	Bewegen Sie den Cursor, falls notwendig, in dem markierten Datensatz in das zu korrigierende Feld.
F2 Edit	Setzen Sie 1-2-3 in den *Edit* Modus (vgl. Bild 5-37).
4 mal Pfeil nach links	Bewegen Sie den Cursor in der Editierzeile bis zum fehlerhaften Zeichen.
Ins	Mit der Taste **Ins** geht 1-2-3 in den Status *Übr*, so daß Sie das falsche Zeichen durch ein anderes ersetzen können.
Return	Der Editiervorgang wird abgeschlossen und das editierte Label in seiner Zelle eingetragen.

| Pfeil nach unten | Mit der Taste **Pfeil nach unten** kommen |
| Return | Sie zum nächsten ausgewählten Datensatz, oder Sie können mit **Return** den Modus *Finden* beenden. |

5.3.7 Zeitberechnungen

Die Spalten *Start_Zeit* und *Ende_Zeit* der Datenbank enthalten Labels in Form einer Zeitangabe. Leider kann Lotus 1-2-3 mit Labels nicht so rechnen, daß beispielsweise die Dauer eines Programmlaufs ermittelt wird.

Die Funktion @*Zeitwert()* kann dies beheben. Die Funktion ermittelt aus dem in der Klammer übergebenen Argument die entsprechende Zeitseriennummer. Dazu muß das Argument ein Label sein, das ein gültiges Zeitformat besitzt. Eines von mehreren gültigen Zeitformaten sehen Sie in der letzten Zeile des Bildschirmes, wo ständig die aktuelle Zeit angezeigt wird. Mit der ermittelten Zeitseriennummer können weitere Berechnungen durchgeführt werden.

Es existiert auch eine Funktion @*Datumwert()*, die ein Label in Form eines gültigen Datums in die entsprechende Datumsseriennummer umwandelt. Fügen Sie für die Start- und Endzeitpunkte der Programme zwei Spalten in die Datenbank ein, mit deren Hilfe man die Programmlaufzeiten berechnen kann.

Home	Beginnen Sie am Anfang der Datenbank.
4 mal **Pfeil nach rechts** < *A E S* **Return**	Der Befehl **Arbeitsblatt Einfügen Spalte** fügt eine neue Spalte für die Zeitseriennummern ein.
Start **Pfeil nach unten**	Die Spalte bekommt den Feldnamen *Start*.

5.3 Übung: Datenbank EDV-Nutzung

```
E2: @ZEITWERT(D2)                                          BEREIT

     A         B          C         D          E         F
 1  PROGRAMM   TAG        START_DAT START_ZEIT Start     ENDE_DAT
 2  Disposit   Montag     09.02.87  17:51:06   0,74381944
 3  Erfolg     Dienstag   10.02.87  18:38:02              10.02.87
 4  Disposit   Dienstag   10.02.87  22:42:47
 5  Angebot    Mittwoch   11.02.87  12:58:12              11.02.87
 6  Ende       Mittwoch   11.02.87  14:29:51              11.02.87
 7  Neuvertr   Donnerstag 12.02.87  09:58:59              12.02.87
 8  Mailing    Donnerstag 12.02.87  10:42:40              12.02.87
 9  Angebot    Donnerstag 12.02.87  14:12:04              12.02.87
10  Statistk   Donnerstag 12.02.87  15:08:39              12.02.87
11  Monatabs   Donnerstag 12.02.87  19:21:15              12.02.87
12  Auflösng   Freitag    13.02.87  10:56:04              13.02.87
13  Auflösng   Sonntag    15.02.87  15:00:42              15.02.87
14  Maschine   Sonntag    15.02.87  16:06:00              15.02.87
15  Maschine   Sonntag    15.02.87  17:14:55              15.02.87
16  Angebot    Montag     16.02.87  07:00:34              16.02.87
17  Angebot    Montag     16.02.87  10:25:43              16.02.87
18  KundErfa   Montag     16.02.87  11:50:18
19  KundErfa   Montag     16.02.87  14:32:36              16.02.87
20  Angebot    Montag     16.02.87  15:36:15              16.02.87
22.08.87  22:15
```

Bild 5-38: Funktion @Zeitwert()

@Zeitwert(Pfeil nach links) Return	Tragen Sie die Funktion *@Zeitwert()* in der ersten freien Zelle der Spalte *Start* ein und zeigen Sie auf das Argument, welche in der Spalte *Start_Zeit* steht.
< B F D U 3 Return	Mit dem Befehl **Bereich Format Datum Uhr 3** können Sie die berechnete Zeitseriennummer in einem Zeitformat formatieren.
< K Return **Pfeil nach unten** . **Pfeil nach links** **End Pfeil nach unten** **Pfeil nach rechts** Return	Kopieren Sie die Formel einschließlich der Bereichsformatierung nach unten bis zum Ende der Datenbank. Es ist hierbei zweckmäßig, als Behelf für die Bewegung bis zum Ende der Datenbank mit der Tastenkombination **End Pfeil nach unten** an der Spalte *Start_Zeit* entlang nach unten zu gehen.

Es soll noch eine zweite Spalte für die Seriennummer der Programmbeendigung eingefügt werden.

3 mal **Pfeil nach rechts** < *A E S* **Return**

Pfeil nach oben *Ende* **Pfeil nach unten**   Tragen Sie den Feldnamen für die Spalte ein.

3 mal **Pfeil nach links**   Kopieren Sie die Formeln der gesamten
< *K*   Spalte *Start* in die Spalte *Ende*.
End Pfeil nach unten Return
3 mal **Pfeil nach rechts Return**

```
E2: (U3) @ZEITWERT(D2)                                          BEREIT

       C          D          E          F          G          H
1  START_DAT  START_ZEIT Start      ENDE_DAT   ENDE_ZEIT  Ende
2  09.02.87   17:51:06   17:51:06                         FEHLER
3  10.02.87   18:38:02   18:38:02   10.02.87   18:39:55   18:39:55
4  10.02.87   22:42:47   22:42:47                         FEHLER
5  11.02.87   12:58:12   12:58:12   11.02.87   13:04:08   13:04:08
6  11.02.87   14:29:51   14:29:51   11.02.87   14:32:56   14:32:56
7  12.02.87   09:50:59   09:50:59   12.02.87   09:52:13   09:52:13
8  12.02.87   10:42:40   10:42:40   12.02.87   10:45:42   10:45:42
9  12.02.87   14:12:04   14:12:04   12.02.87   14:13:54   14:13:54
10 12.02.87   15:08:39   15:08:39   12.02.87   15:08:56   15:08:56
11 12.02.87   19:21:15   19:21:15   12.02.87   20:37:31   20:37:31
12 13.02.87   18:56:04   18:56:04   13.02.87   18:57:19   18:57:19
13 15.02.87   15:00:42   15:00:42   15.02.87   15:03:07   15:03:07
14 15.02.87   16:06:08   16:06:08   15.02.87   16:06:31   16:06:31
15 15.02.87   17:14:55   17:14:55   15.02.87   17:15:12   17:15:12
16 16.02.87   07:08:34   07:08:34   16.02.87   07:08:43   07:08:43
17 16.02.87   10:25:43   10:25:43   16.02.87   10:33:19   10:33:19
18 16.02.87   11:58:18   11:58:18                         FEHLER
19 16.02.87   14:32:36   14:32:36   16.02.87   14:33:34   14:33:34
20 16.02.87   15:36:15   15:36:15   16.02.87   15:40:26   15:40:26
22.08.87   22:19
```

Bild 5-39: Eingefügte Spalte Ende

In der Datenbank sind jetzt die Spalten für Start- und Endzeitpunkte der verschiedenen Programme zwei Mal vorhanden. Der Unterschied zwischen den beiden Spalten besteht darin, daß die jeweils erste Spalte die Zeit als Label enthält, während die Zeit in der zweiten Spalten eine formatierte Seriennummer ist, mit der 1-2-3 rechnen kann.

In einigen Zeilen der Datenbank taucht in der Spalte *Ende* der Wert *Fehler* auf. Dies sind die Zeilen in denen Daten über unvorhergesehene Programmabbrüche gespeichert sind. Wenn das Label in der Spalte *Ende_Zeit* fehlt, kann die Funktion *@Zeitwert()* keine Seriennummer errechnen (vgl. Bild 5-39).

5.3.8 Berechnung von Zeitdifferenzen

Fügen Sie rechts von der Spalte *Ende* eine neue Spalte ein, und geben Sie ihr den Feldnamen *Dauer*. Positionieren Sie den Zellzeiger in die Zelle unterhalb des Labels *Dauer*. Bilden Sie durch Zeigen mit dem Zellzeiger die Differenz der Felder *Ende* und *Start* des ersten Datensatzes.

Hinweis: Da das Feld *Ende* im ersten Datensatz den Wert *Fehler* hat, wird auch als Ergebnis der Wert *Fehler* errechnet. Immer, wenn in einer Formel eine Ausgangsgröße den Wert *Fehler* hat, ist auch das Formelergebnis der Wert *Fehler* (vgl. Bild 5-40). Die Formel ist trotzdem richtig aufgebaut.

```
I2: +H2-E2                                                    BEREIT

        D           E          F          G          H           I
1   START_ZEIT   Start      ENDE_DAT   ENDE_ZEIT   Ende        Dauer
2   17:51:06     17:51:06                          FEHLER      FEHLER
3   18:38:02     18:38:02   10.02.87   18:39:55    18:39:55    0,00130707
4   22:42:47     22:42:47                          FEHLER      FEHLER
5   12:58:12     12:58:12   11.02.87   13:04:08    13:04:08    0,00967592
6   14:29:51     14:29:51   11.02.87   14:32:56    14:32:56    0,00214120
7   09:50:59     09:50:59   12.02.87   09:52:13    09:52:13    0,00005648
8   10:42:40     10:42:40   12.02.87   10:45:42    10:45:42    0,00210648
9   14:12:04     14:12:04   12.02.87   14:13:54    14:13:54    0,00127314
10  15:08:39     15:08:39   12.02.87   15:08:56    15:08:56    0,00019675
11  19:21:15     19:21:15   12.02.87   20:37:31    20:37:31    0,05296296
12  18:56:04     18:56:04   13.02.87   18:57:19    18:57:19    0,00086805
13  15:00:42     15:00:42   15.02.87   15:03:07    15:03:07    0,00167824
14  16:06:08     16:06:08   15.02.87   16:06:31    16:06:31    0,00026628
15  17:14:55     17:14:55   15.02.87   17:15:12    17:15:12    0,00019675
16  07:08:34     07:08:34   16.02.87   07:08:43    07:08:43    0,00010416
17  18:25:43     18:25:43   16.02.87   18:33:19    18:33:19    0,00527777
18  11:58:18     11:58:18                          FEHLER      FEHLER
19  14:32:36     14:32:36   16.02.87   14:33:34    14:33:34    0,00067129
20  15:36:15     15:36:15   16.02.87   15:40:26    15:40:26    0,00290509
22.08.87   22:26
```

Bild 5-40: Zeitseriennummern für die Programmdauer

Kopieren Sie die berechnete Zeitdifferenz in den Bereich unterhalb des ersten Datensatzes bis zum Ende der Datenbank.

```
I2: (U3) +H2-E2                                                    BEREIT

       D          E          F         G         H           I
 1 START_ZEIT  Start      ENDE_DAT  ENDE_ZEIT  Ende        Dauer
 2 17:51:06    17:51:06                        FEHLER      FEHLER
 3 18:38:02    18:38:02   10.02.87  18:39:55   18:39:55    00:01:53
 4 22:42:47    22:42:47                        FEHLER      FEHLER
 5 12:50:12    12:50:12   11.02.87  13:04:08   13:04:08    00:13:56
 6 14:29:51    14:29:51   11.02.87  14:32:56   14:32:56    00:03:05
 7 09:50:59    09:50:59   12.02.87  09:52:13   09:52:13    00:01:14
 8 10:42:40    10:42:40   12.02.87  10:45:42   10:45:42    00:03:02
 9 14:12:04    14:12:04   12.02.87  14:13:54   14:13:54    00:01:50
10 15:00:39    15:00:39   12.02.87  15:00:56   15:00:56    00:00:17
11 19:21:15    19:21:15   12.02.87  20:37:31   20:37:31    01:16:16
12 10:56:04    10:56:04   13.02.87  10:57:19   10:57:19    00:01:15
13 15:00:42    15:00:42   15.02.87  15:03:07   15:03:07    00:02:25
14 16:06:08    16:06:08   15.02.87  16:06:31   16:06:31    00:00:23
15 17:14:55    17:14:55   15.02.87  17:15:12   17:15:12    00:00:17
16 07:00:34    07:00:34   16.02.87  07:00:43   07:00:43    00:00:09
17 10:25:43    10:25:43   16.02.87  10:33:19   10:33:19    00:07:36
18 11:58:18    11:58:18                        FEHLER      FEHLER
19 14:32:36    14:32:36   16.02.87  14:33:34   14:33:34    00:00:58
20 15:36:15    15:36:15   16.02.87  15:40:26   15:40:26    00:04:11
22.00.87    22:20
```

Bild 5-41: Das Format Uhr 3 (siehe Bedienfeld)

Formatieren Sie alle Zeitseriennummern in der Spalte Dauer mit dem Bereichsformat **Datum Uhr 3** (vgl. Bild 5-41).

5.3.9 Erweitern eines Bereichsnamens

Als Sie die Spalte *Start* im benannten Bereich Datenbank eingefügt haben, ist der Bereichsname automatisch erweitert worden. Als Sie die Spalten *Ende* und *Dauer* eingesetzt haben, ist die Ausdehnung des Bereichsnamens nicht automatisch angepaßt worden, da die Spalten außerhalb des benannten Bereiches lagen. Der Bereichsname muß deshalb manuell erweitert werden.

< B N E	Wählen Sie den Befehl **Bereich Name Erstellen**.
Pfeil nach rechts Return	Der Bereich, der geändert werden muß, wird mit dem Cursor ausgewählt.
2 mal **Pfeil nach rechts Return**	Erweitern die Bereichsmarkierung um zwei Spalten.

5.3.10 Abfragen auf den Wert Fehler

Der Wert *Fehler* in der Datenbank kann durchaus nutzvoll angewendet werden. Die Funktion *@IstFehler()* steht zur Verwendung mit Zellen zur Verfügung, die den Wert *Fehler* enthalten. Die Funktion *@IstFehler()* hat das Ergebnis 1 oder wahr, wenn die als Argument übergebene Zelle den Wert *Fehler* enthält, andernfalls hat Sie das Ergebnis 0. Es existieren noch andere logische Funktionen, unter anderem zur Überprüfung, ob eine Zelle einen Wert oder ein Label enthält.

Diese Eigenschaft läßt sich beispielsweise ausnutzen, um die Programme anzuzeigen, bei denen ein Abbruch erfolgte. Gehen Sie folgendermaßen vor:

Löschen Sie die alte Abfragebedingung in Zelle J2, und kopieren Sie noch einmal alle Spaltenüberschriften der Datenbank in den bei J1 beginnenden Kriterienbereich, weil die Datenbank jetzt zusätzliche Spalten hat.

< B N E **Pfeil nach links Return** 2 mal **Pfeil nach oben** **End Pfeil nach rechts** **Pfeil nach unten Return**	Erweitern Sie den Bereichsnamen *Kriterien*, so daß er die neuen Überschriften umfaßt.

Kopieren Sie die neuen Kriterienüberschriften in den Ausgabebereich. Auch hierbei können Sie den Bereichsnamen benutzen.

F5 Gehezu *J5* Return	Markieren Sie dazu zuerst die Zielzelle der Kopie.
< K	Kopie
F3 Name Pfeil nach links Return	*Was Kopieren?* Sie wählen mit dem Cursor den Kriterienbereich.
Return	*Wohin kopieren?* wird bestätigt.
< B N E **Return** 3 mal **Pfeil nach rechts Return**	Auch der Bereichsname Ausgabe muß entsprechend erweitert werden.

F5 Gehezu *Q2* **Return**   Tragen Sie in Zelle Q2 die Abfragebedingung ein (vgl. Bild 5-42).

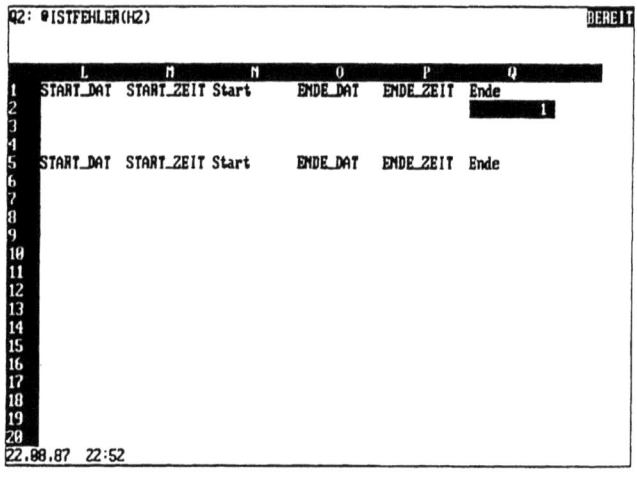

Bild 5-42: Funktion @IstFehler()

@IstFehler(H2) **Return**

< *D A E*   Der Befehl **Daten Abfrage Extrakt** extrahiert eine Aufstellung der abgebrochenen Programme.

Z   1-2-3 kehrt in dem Modus *Bereit* zurück.

F5 Gehezu F3 Name Return   Sie können sich die Aufstellung der abgebrochenen Programme ansehen, indem Sie mit Hilfe der beiden Tasten **F5 Gehezu F3 Name** zum Ausgabebereich springen.

Wenn Sie die Daten zu den abgebrochenen Programme noch für weitere Auswertungen benötigen, können Sie diese mit dem Befehl **Transfer Extrakt** in einem eigenen Arbeitsblatt speichern.

Löschen Sie für Ihre weiteren Auswertungen die Datensätze der abgebrochenen Programme mit dem Befehl **Daten Abfrage Löschen**. Anschließend sollte Ihre Datenbank wie in Bild 5-43 gezeigt aussehen.

```
A1: [B10] 'PROGRAMM                                           BEREIT

       A        B          C          D         E          F
 1  PROGRAMM   TAG       START_DAT  START_ZEIT  Start      ENDE_DAT
 2  Erfolg     Dienstag   10.02.87   10:38:02   10:38:02   10.02.87
 3  Angebot    Mittwoch   11.02.87   12:50:12   12:50:12   11.02.87
 4  Ende       Mittwoch   11.02.87   14:29:51   14:29:51   11.02.87
 5  Neuvertr   Donnerstag 12.02.87   09:50:59   09:50:59   12.02.87
 6  Mailing    Donnerstag 12.02.87   10:42:40   10:42:40   12.02.87
 7  Angebot    Donnerstag 12.02.87   14:12:04   14:12:04   12.02.87
 8  Statistk   Donnerstag 12.02.87   15:08:39   15:08:39   12.02.87
 9  Monatabs   Donnerstag 12.02.87   19:21:15   19:21:15   12.02.87
10  Auflösng   Freitag    13.02.87   10:56:04   10:56:04   13.02.87
11  Auflösng   Sonntag    15.02.87   15:00:42   15:00:42   15.02.87
12  Maschine   Sonntag    15.02.87   16:06:08   16:06:08   15.02.87
13  Maschine   Sonntag    15.02.87   17:14:55   17:14:55   15.02.87
14  Angebot    Montag     16.02.87   07:08:34   07:08:34   16.02.87
15  Angebot    Montag     16.02.87   10:25:43   10:25:43   16.02.87
16  KundErfa   Montag     16.02.87   14:32:36   14:32:36   16.02.87
17  Angebot    Montag     16.02.87   15:36:15   15:36:15   16.02.87
18  Angebot    Dienstag   17.02.87   06:49:08   06:49:08   17.02.87
19
20
22.08.87  22:55
```

Bild 5-43: Abgebrochene Programme gelöscht

5.3.11 Verteilungen

Die nächste Auswertung befaßt sich mit der Frage, zu welcher Tageszeit wieviele Programme benutzt werden; mit anderen Worten, wie sich die Belastung der EDV-Anlage im Tagesablauf verteilt. Man kann ein Zeitraster über den ganzen Tag aufstellen und zählen, wieviele Programmstarts in jedes Intervall des Zeitrasters fallen. Das Zeitraster läßt sich, ähnlich wie in der ersten Übung durch den Befehl **Daten Füllen** erstellen.

Die Vorgehensweise zur Lösung dieser Problemstellung ist nicht an Belastungsmessung von EDV-Anlagen gebunden. Auf die gleiche Weise kann man auch Auswertungen über den zeitlichen Verlauf von Ereignissen aus den verschiedensten Bereichen des täglichen Lebens erstellen. Im folgenden finden Sie einige Beispiele:

- Ein Einzelhändler oder Restaurantbesitzer möchte wissen, wie sich der Kundenverkehr auf die Geschäftsstunden verteilt.

- Zur Verkehrsplanung werden Angaben über die Anzahl der Kraftfahrzeuge auf einer bestimmten Straße zu verschiedenen Tageszeiten benötigt.

- In einem Warenhaus möchte man zur Lagerplanung für saisonabhängige Artikel feststellen, welche Menge des Artikels in jeder Woche des Jahres verkauft wurde.

F5 Gehezu *K11* **Return** *Uhrzeit* **Pfeil nach rechts** *Anzahl* **Pfeil nach links**	Geben Sie, um die Übersichtlichkeit zu fördern, Überschriften ein.
Pfeil nach unten < *D F*	Wählen Sie den Befehl **Daten Füllen**. Der gefüllte Bereich soll Seriennummern im Abstand von einer Stunde enthalten, damit das Zeitraster zu den Seriennummern der Spalte *Start* paßt. Man muß deshalb den Anfangswert und den Schrittwert des Befehls in Bruchteilen eines Tages angeben. Bequem können die Werte gleich als Bruch angegeben werden.
. 18 mal **Pfeil nach unten Return**	Markieren Sie den zu füllenden Bereich.
6/24 **Return**	Das Zeitraster soll um 6 Uhr beginnen; das entspricht einem Anfangswert von 6/24.
1/24 **Return**	Der Schrittwert ist eine Stunde oder 1/24.
Return	Der Endwert wird bestätigt. 1-2-3 erzeugt das Zeitraster (vgl. Bild 5-44).

5.3 Übung: Datenbank EDV-Nutzung 253

```
X12: 0,25                                          BEREIT

        K         L         M       N       O       P
11  Uhrzeit    Anzahl
12      0,25
13  0,29166666
14  0,33333333
15      0,375
16  0,41666666
17  0,45833333
18      0,5
19  0,54166666
20  0,58333333
21      0,625
22  0,66666666
23  0,70833333
24      0,75
25  0,79166666
26  0,83333333
27      0,875
28  0,91666666
29  0,95833333
30      1
22.08.87  23:28
```

Bild 5-44: Zeitraster

< B F D U 4

End Pfeil nach unten Return

Formatieren Sie den gefüllten Bereich mit dem Format **Uhr 4**. Das Format **Uhr 4** zeigt im Gegensatz zum Format Uhr 3 keine Sekunden an (vgl. Bild 5-45).

```
X12: (U4) 0,25                                     BEREIT

        K         L         M       N       O       P
11  Uhrzeit    Anzahl
12   06:00
13   07:00
14   08:00
15   09:00
16   10:00
17   11:00
18   12:00
19   13:00
20   14:00
21   15:00
22   16:00
23   17:00
24   18:00
25   19:00
26   20:00
27   21:00
28   22:00
29   23:00
30   00:00
22.08.87  23:29
```

Bild 5-45: Format Uhr 4

Die eigentliche Verteilung wird durch den Befehl **Daten Verteilung** erzeugt. Zur Ausführung des Befehls muß ein Wertbereich, der die auszuzählenden Daten enthält, und ein Bestandsbereich, der die Verteilungsintervalle enthält, angegeben werden. 1-2-3 listet dann in der Spalte rechts neben dem Bestandsbereich, wieviele Werte des Wertbereiches in die einzelnen Intervalle des Bestandsbereiches fallen. Die Anzahl von Werten, die größer als das größte Intervall sind, wird unterhalb des Bestandsbereiches angegeben.

< D V   Wählen Sie den Befehl **Daten Verteilung**.

```
E18: (U3) @ZEITWERT(D18)                                    ZEIGEN
Wertbereich: E2..E18

       A         B          C           D          E          F
 1   PROGRAMM   TAG        START_DAT  START_ZEIT  Start      ENDE_DAT
 2   Erfolg     Dienstag   10.02.87   18:38:02    18:38:02   10.02.87
 3   Angebot    Mittwoch   11.02.87   12:50:12    12:50:12   11.02.87
 4   Ende       Mittwoch   11.02.87   14:29:51    14:29:51   11.02.87
 5:  Neuvertr   Donnerstag 12.02.87   09:50:59    09:50:59   12.02.87
 6   Mailing    Donnerstag 12.02.87   10:42:40    10:42:40   12.02.87
 7   Angebot    Donnerstag 12.02.87   14:12:04    14:12:04   12.02.87
 8   Statistk   Donnerstag 12.02.87   15:08:39    15:08:39   12.02.87
 9   Monatabs   Donnerstag 12.02.87   19:21:15    19:21:15   12.02.87
10   Auflösng   Freitag    13.02.87   18:56:04    18:56:04   13.02.87
11   Auflösng   Sonntag    15.02.87   15:00:42    15:00:42   15.02.87
12   Maschine   Sonntag    15.02.87   16:06:00    16:06:00   15.02.87
13   Maschine   Sonntag    15.02.87   17:14:55    17:14:55   15.02.87
14   Angebot    Montag     16.02.87   07:00:34    07:00:34   16.02.87
15   Angebot    Montag     16.02.87   10:25:43    10:25:43   16.02.87
16   KundErfa   Montag     16.02.87   14:32:36    14:32:36   16.02.87
17   Angebot    Montag     16.02.87   15:36:15    15:36:15   16.02.87
18   Angebot    Dienstag   17.02.87   06:49:00    06:49:00   17.02.87
19
20
22.08.87  23:29
```

Bild 5-46: Wertbereich

Home
4 mal Pfeil nach rechts
Pfeil nach unten

.

End Pfeil nach unten Return

Markieren Sie alle Zeiten der Spalte *Start* als Wertbereich (vgl. Bild 5-46).

5.3 Übung: Datenbank EDV-Nutzung

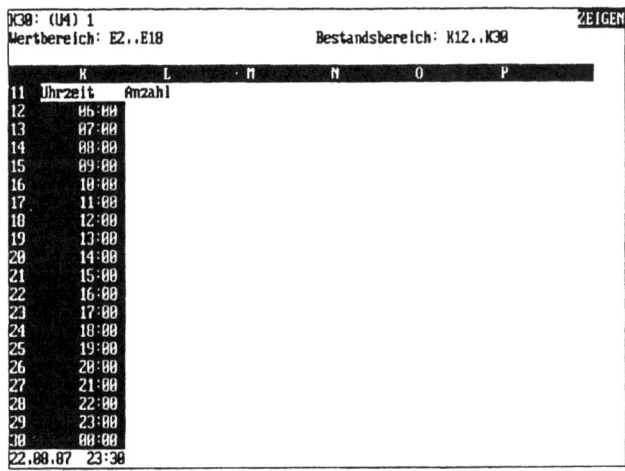

Bild 5-47: Bestandsbereich

. End Pfeil nach unten Return   Alle Zeiten des Rasters werden, wie in Bild 5-47 angegeben, als Bestandsbereich markiert.

Die Abbildung 5-48 zeigt die ermittelte Verteilung.

```
X12: (U4) 0,25                                              BEREIT

         K         L        M        N        O        P
11   Uhrzeit   Anzahl
12    06:00       0
13    07:00       1
14    08:00       1
15    09:00       0
16    10:00       1
17    11:00       3
18    12:00       0
19    13:00       1
20    14:00       0
21    15:00       3
22    16:00       3
23    17:00       1
24    18:00       1
25    19:00       1
26    20:00       1
27    21:00       0
28    22:00       0
29    23:00       0
30    00:00       0
22.08.87  23:31
```

Bild 5-48: Verteilung

5.3.12 Verteilungsdiagramm

Sehr schnell läßt sich aus der Verteilung ein Verteilungsdiagramm erstellen.

Wählen Sie den Grafiktyp Balken.

5.3 Übung: Datenbank EDV-Nutzung 257

```
X30: (U4) 1                                              ZEIGEN
Bereich für X-Achse: K12..K30

     K         L        M       N       O       P
11   Uhrzeit   Anzahl
12   06:00     0
13   07:00     1
14   08:00     1
15   09:00     0
16   10:00     1
17   11:00     3
18   12:00     0
19   13:00     1
20   14:00     0
21   15:00     3
22   16:00     3
23   17:00     1
24   18:00     1
25   19:00     1
26   20:00     1
27   21:00     0
28   22:00     0
29   23:00     0
30   00:00     0
22.08.87  23:31
```

Bild 5-49: X-Bereich

Der X-Bereich umfaßt das Zeitraster (vgl. Bild 5-49).

```
L31: 0                                                   ZEIGEN
Erster Datenbereich: L12..L31

     K         L        M       N       O       P
12   06:00     0
13   07:00     1
14   08:00     1
15   09:00     0
16   10:00     1
17   11:00     3
18   12:00     0
19   13:00     1
20   14:00     0
21   15:00     3
22   16:00     3
23   17:00     1
24   18:00     1
25   19:00     1
26   20:00     1
27   21:00     0
28   22:00     0
29   23:00     0
30   00:00     0
31             0
22.08.87  23:31
```

Bild 5-50: A-Bereich

Der A-Bereich besteht aus den Verteilungsanzahlen (vgl. Bild 5-50). Beachten Sie, daß für die das letzte Intervall übersteigenden Werte eine zusätzliche Anzahl ermittelt wurde.

```
N12: (U4) 0,25                                                    EDIT
Erste Zeile für Grafiktitel: Verteilung von Programmstartzeitpunkten
             K        L            M         N         O         P
    11  Uhrzeit    Anzahl
    12    06:00       0
    13    07:00       1
    14    08:00       1
    15    09:00       0
    16    10:00       1
    17    11:00       3
    18    12:00       0
    19    13:00       1
    20    14:00       0
    21    15:00       3
    22    16:00       3
    23    17:00       1
    24    18:00       1
    25    19:00       1
    26    20:00       1
    27    21:00       0
    28    22:00       0
    29    23:00       0
    30    00:00       0
    22.08.87  23:32
```

Bild 5-51: Erster Grafiktitel

Geben Sie mit dem Befehl **Optionen Titel** die in Abbildung 5-51 abgebildete Grafiküberschrift ein.

Beschriften Sie die X-Achse mit Startzeitpunkt und die Y-Achse mit Anzahl.

Schalten Sie mit dem Befehl **Color** die farbige Darstellung ein.

Schauen Sie sich die Grafik mit **Zurück Kontrolle** an.

beliebige Taste	Der Befehl **Optionen Skalierung Skip** bewirkt, daß nicht jeder Teilstrich auf der X-Achse beschriftet wird. Mit der Zahl 2 geben Sie an, daß jeder zweite Teilstrich beschriftet werden soll.
O S S 2	

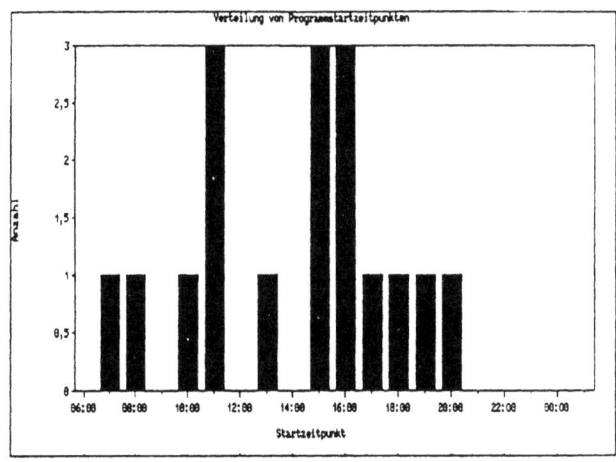

Bild 5-52: Verteilungsgrafik

5.3.13 Grafiknamen

Auch Grafiken können, ähnlich wie Bereiche, benannt werden. Ähnlich wie auch bei Bereichsnamen liegt der Zweck von benannten Grafiken einer schnelleren und bequemeren Handhabung der Grafiken. Grafiknamen werden zusammen mit dem Arbeitsblatt gespeichert.

Wenn Sie Grafiken benennen, können Sie schnell durch Auswahl des entsprechenden Grafiknamens mit dem Cursor zwischen verschiedenen Grafikdefinitionen umschalten und mehrere Grafiken auf einem Arbeitsblatt verwalten.

Bevor man Grafiknamen verwenden kann, müssen sie vergeben werden. Es gelten die gleichen Regeln für die Namensvergabe wie bei Bereichsnamen.

N E Der Befehl **Name Erstellen** im Grafikmenü ist für die Benennung von Grafiken vorgesehen. Wenn Sie diesen Befehl wählen, benennen Sie immer die aktuelle

	Grafik, also diejenige, die Sie zuletzt gesehen oder definiert haben.
Verteilung	Nennen Sie Ihre Grafik *Verteilung*.

Wenn Sie auf einem Arbeitsblatt mehrere benannte Grafiken haben, können Sie eine davon mit dem Befehl **Name Wählen** des Grafikmenüs zur Anzeige auswählen. Diese Grafik wird dann automatisch zur aktuellen Grafik.

Bringen Sie 1-2-3 zurück in den Modus *Bereit*.

Speichern Sie die Grafik für den späteren Ausdruck mit dem Befehl **Grafik Speichern** unter dem Namen *Verteil*. Der Name, der beim Speichern von Grafikdateien vergeben wird, muß sich an die Konventionen für Dateinamen halten und ist nicht zu verwechseln mit den Grafiknamen innerhalb des 1-2-3 Arbeitsblattes.

Speichern Sie, falls notwendig, auch Ihr Arbeitsblatt.

6 Produktionsplanung und Automatisierung

6.1 Berechnung der Produktionsmengen

Dieses Arbeitsblatt stellt ein Modell zur Produktionsplanung vor, das Sie beliebig erweitern können. Das Modell arbeitet mit zwei Datenbanken auf einem Arbeitsblatt.

Zum Hintergrund: Sie führen in einer Großbäckerei täglich eine Produktionsplanung aufgrund der Nachfrage nach den einzelnen Backwaren durch. Als Ergebnis der Berechnung ermitteln Sie die Mengen der verschiedenen Rohstoffe, die für die Produktion des nächsten Tages benötigt werden. Im Anschluß an die mengenmäßige Berechnung können weitere Kalkulationen durchgeführt werden. Damit Sie nicht zu viele Daten eingeben müssen, produziert Ihre Bäckerei in diesem Beispiel nur drei verschiedene Brotsorten und verwendet nur eine unvollständige Auswahl von Zutaten. Die entsprechenden Datenbanken lassen sich aber leicht vervollständigen.

6.1.1 Die Rohstoffdatenbank

Die Datenbank Rohstoffe enthält Angaben über die verfügbaren Rohstoffe und die Lagermengen.

Geben Sie bitte die Datenbanken aufgrund der Angaben in Abbildung 6-1 auf einem leeren Arbeitsblatt ein, und bestimmen Sie die Spaltenbreite und Bereichsformatierungen, so daß die einzelnen Angaben gut zu erkennen sind.

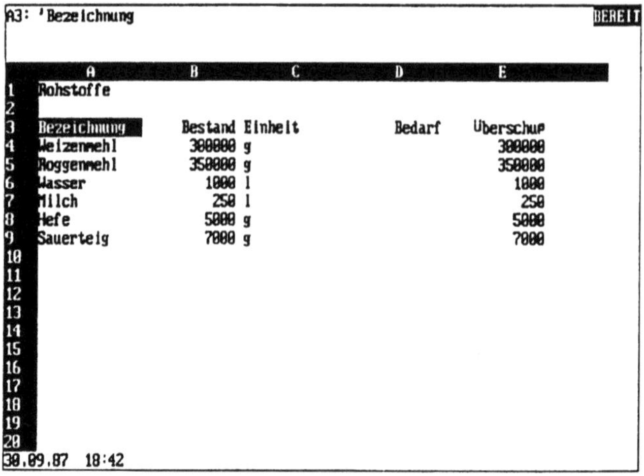

```
A3: 'Bezeichnung                                                    BEREIT

         A              B         C         D           E
   1  Rohstoffe
   2
   3  Bezeichnung    Bestand  Einheit    Bedarf    Überschuß
   4  Weizenmehl     300000  g                        300000
   5  Roggenmehl     350000  g                        350000
   6  Wasser           1000  l                          1000
   7  Milch             250  l                           250
   8  Hefe             5000  g                          5000
   9  Sauerteig        7000  g                          7000
  10
  ...
  20
30.09.87  18:42
```

Bild 6-1: Datenbank Rohstoffe

Die Spalte *Überschuß* enthält eine Formel zur Bildung der Differenz *Bestand* minus *Bedarf*. Da zur Zeit der Bedarf den Wert 0 hat, ergibt sich als Überschuß der Bestand.

6.1.2 Die Produktdatenbank

Die zweite Datenbank enthält die Angaben über die zu produzierenden Backwaren (vgl. Bild 6-2).

6.1 Berechnung der Produktionsmengen

```
A14: 'Artikel                                          BEREIT

        A         B         C         D         E
 1  Rohstoffe
 2
 3  Bezeichnung   Bestand Einheit     Bedarf    Überschuß
 4  Weizenmehl    300000 g                      300000
 5  Roggenmehl    350000 g                      350000
 6  Wasser          1000 l                        1000
 7  Milch            250 l                         250
 8  Hefe            5000 g                        5000
 9  Sauerteig       7000 g                        7000
10
11
12  Produkte
13
14  Artikel       Verkaufspreis  Nachfrage    Erlös
15  Roggenbrot        3,75 DM                 0,00 DM
16  Weißbrot          4,20 DM                 0,00 DM
17  Kümmelbrot        4,50 DM                 0,00 DM
18
19
20
30.09.87  18:42
```

Bild 6-2: Datenbank Produkte

Auch hier enthält die Spalte *Erlös* eine Formel, die das Produkt aus Verkaufspreis und Nachfrage errechnet. Die beiden Spalten sind als Währungsbetrag formatiert. Da die Nachfrage noch nicht ausgefüllt ist, ergibt sich als Erlös der Wert 0.

Die Überschriften der numerischen Spalten sind rechtsbündig ausgerichtet. Sie können das durch den Befehl **Bereich Justieren Rechts** erreichen, oder indem Sie gleich bei der Eingabe der Labels das Justierungszeichen " voranstellen.

6.1.3 Rezepturen

Zur Berechnung der benötigten Rohstoffmengen der gesamten Produktion gibt es Rezepte für alle Produkte.

Man nehme: Für ein Roggenbrot

250 g Weizenmehl
750 g Roggenmehl
0,75 l Wasser
50 g Sauerteig

Für ein Weißbrot

1000 g Weizenmehl
40 g Hefe
0,5 l Milch

Für ein Kümmelbrot

500 g Weizenmehl
25 g Hefe
0,080 l Wasser
0,125 l Milch

Es ist zu empfehlen nach diesen Rezepten keine Brote zu backen, da die aufgeführten Zutaten nur Auszüge aus den vollständigen Rezepten darstellen. Die Rezeptauszüge sollen die Vorgehensweise bei der Berechnung der Mengen verdeutlichen.

Hinweis: Die am Beispiel einer Backwarenproduktion gezeigte Vorgehensweise läßt sich praktisch ohne Veränderung auch auf andere Branchen übertragen. Wenn z. B. Fahrräder anstelle der Brote produziert werden sollen. enthält die Datenbank Rohstoffe Einzelteile und Baugruppen, die Datenbank Produkte enthält verschiedene Fahrradtypen und die Rezepte werden durch Stücklisten ersetzt.

Zur Berechnung der Rohstoffmengen mit Hilfe der Matrizenmultiplikation müssen die Rezepte in einer ganz bestimmten Form eingegeben werden. Bauen Sie die Beschriftungen für die Rezepttabelle durch Kopieren der in den Datenbanken vorhandenen Rohstoffbezeichnungen und Artikel auf. Kopieren Sie alle Rohstoffbezeichnungen in den Bereich, der bei der Zelle A22 beginnt (vgl. Bild 6-3).

6.1 Berechnung der Produktionsmengen

```
B21: "Roggenbrot                                              BEREIT

         A            B            C            D            E
 9   Sauerteig     7000 g                                   7000
10
11
12   Produkte
13
14   Artikel      Verkaufspreis  Nachfrage      Erlös
15   Roggenbrot      3,75 DM       350       1.312,50 DM
16   Weißbrot        4,20 DM       200         840,00 DM
17   Kümmelbrot      4,50 DM       175         787,50 DM
18
19
20   Rezepte
21                 Roggenbrot    Weißbrot     Kümmelbrot
22   Weizenmehl
23   Roggenmehl
24   Wasser
25   Milch
26   Hefe
27   Sauerteig
28
30.09.87  18:54
```

Bild 6-3: Beschriftungen für Rezepttabelle

Benutzen Sie den Befehl **Bereich Transponieren**, um eine waagerechte Aufstellung der Produkte ab Zelle B21 zu erzeugen.

6.1.4 Arbeitsdefinition von Matrizen

Wenn Sie sich im Gebiet der Matrizenrechnung auskennen, muß ich Ihnen nicht erklären, was Matrizen sind und wie sie multipliziert werden. Wenn Ihnen die Matrizenrechnung nicht bekannt ist, reicht zur Durchführung der Übung die folgende Erläuterung. (Die Mathematiker unter Ihnen mögen mir wegen der nicht exakten Formulierung verzeihen.)

Matrizen sind rechteckige Tabellen, die nur Zahlen enthalten. Es gibt mathematische Verfahren, mit denen zwei Matrizen miteinander multipliziert werden können, wenn die erste Matrix genausoviele Spalten hat, wie Zeilen in der zweiten Matrix existieren. Das Ergebnis der Multiplikation ist wieder eine Matrix (oder rechteckige Tabelle). Die Matrizenmultiplikation kann unter anderem benutzt werden, um in einem Schritt für verschiedene Produkte die benötigen Mengen der Rohstoffe zu berechnen.

Die Rezeptangaben müssen für die Matrizenmultiplikation in Form einer Matrix eingegeben werden.

Tragen Sie gemäß Abbildung 6-4 in der Rezepttabelle unter jedem Produkt die benötigten Mengen eines Rohstoffes in der entsprechenden Zeile ein. Bei der Eingabe der Rezepturmengen müssen dieselben Mengeneinheiten verwendet werden, die in der Datenbank Rohstoffe verwendet werden.

```
B24: (F3) 0,75                                          BEREIT

         A           B            C            D            E
 9  Sauerteig      7000 g                                 7000
10
11
12  Produkte
13
14  Artikel     Verkaufspreis  Nachfrage    Erlös
15  Roggenbrot      3,75 DM        350   1.312,50 DM
16  Weißbrot        4,20 DM        200     840,00 DM
17  Kümmelbrot      4,50 DM        175     787,50 DM
18
19
20  Rezepte
21
22                 Roggenbrot   Weißbrot   Kümmelbrot
23  Weizenmehl        250         1000         500
24  Roggenmehl        750            0           0
25  Wasser          0,750        0,000       0,000
26  Milch           0,000        0,500       0,125
27  Hefe                0           40          25
28  Sauerteig          50            0           0

30.09.87  18:57
```

Bild 6-4: Rezepturangaben

Hinweis: Es ist wichtig, daß dabei leer bleibende Zellen mit dem Wert 0 aufgefüllt werden, weil Matrizen nur Zahlen enthalten dürfen.

Die Zeilen für Flüssigkeitsmengen (Wasser und Milch) wurden mit dem Bereichsformat **Fest** auf drei Dezimalstellen formatiert.

6.1.5 Nachfrage

Tragen Sie in der Produktdatenbank die Nachfrage für die verschiedenen Brotsorten entsprechend Abbildung 6-4 ein. Die Formel in der Datenbank berechnet sofort die Erlöse aus der Nachfrage.

6.1.6 Lagerbestand

Die Daten in den Datenbanken Rohstoffe und Produkte müssen laufend aktualisiert werden, damit die für die Disposition verwendeten Daten immer den wirklichen Verhältnissen entsprechen.

Gerade sind 15000 g Hefe und 13000 g Sauerteig in das Produktionslager neu eingelagert worden. Aktualisieren Sie die Bestand in der Datenbank Rohstoffe entsprechend.

Bei der Gelegenheit können Sie die Spalte Bestand durch Wahl des Befehls **Bereich Format . (Punkt)** auf 0 Dezimalstellen formatieren, so daß die Zahlen besser lesbar werden. Das **Format . (Punkt)** gruppiert die Ziffern einer Zahl mit Tausenderpunkten und stellt negative Werte in Klammern dar.

6.1.7 Matrizenmultiplikation

Cursortasten   Markieren Sie mit dem Zellzeiger die linke obere Ecke der Rezeptmatrix (Zelle B22).

< D M M   Wählen Sie zur Berechnung der Rohstoffmengen den Befehl **Daten Matrix Multiplizieren**.

6 Produktionsplanung und Automatisierung

```
D27: (S) 0                                              ZEIGEN
Erster zu multiplizierender Bereich: B22..D23
```

	A	B	C	D	E
8	Hefe	20.000 g			20000
9	Sauerteig	20.000 g			20000
10					
11					
12	Produkte				
13					
14	Artikel	Verkaufspreis	Nachfrage	Erlös	
15	Roggenbrkt	3,75 DM	350	1.312,50 DM	
16	Weißbrot	4,20 DM	200	840,00 DM	
17	Kümmelbrot	4,50 DM	175	787,50 DM	
18					
19					
20	Rezepte				
21		Roggenbrot	Weißbrot	Kümmelbrot	
22	Weizenmehl	250	1000	500	
23	Roggenmehl	750	0	0	
24	Wasser	0,750	0,000	0,000	
25	Milch	0,000	0,500	0,125	
26	Hefe	0	40	25	
27	Sauerteig	50	0	0	

30.09.87 19:03

Bild 6-5: Erste Matrix

2 mal **Pfeil nach rechts**
5 mal **Pfeil nach unten**
Return

Markieren Sie die Rezeptmatrix vollständig (vgl. Bild 6-5).

```
C17: 175                                                ZEIGEN
Zweiter zu multiplizierender Bereich: C15..C17
```

	A	B	C	D	E
7	Milch	250 l			250
8	Hefe	20.000 g			20000
9	Sauerteig	20.000 g			20000
10					
11					
12	Produkte				
13					
14	Artikel	Verkaufspreis	Nachfrage	Erlös	
15	Roggenbrot	3,75 DM	350	1.312,50 DM	
16	Weißbrot	4,20 DM	200	840,00 DM	
17	Kümmelbrot	4,50 DM	175	787,50 DM	
18					
19					
20	Rezepte				
21		Roggenbrot	Weißbrot	Kümmelbrot	
22	Weizenmehl	250	1000	500	
23	Roggenmehl	750	0	0	
24	Wasser	0,750	0,000	0,000	
25	Milch	0,000	0,500	0,125	
26	Hefe	0	40	25	

30.09.87 19:04

Bild 6-6: Zweite Matrix

6.1 Berechnung der Produktionsmengen

Cursortasten bis C15 — Markieren Sie die Nachfragemengen in der Produktdatenbank (vgl. Bild 6-7).

2 mal **Pfeil nach unten**
Return

```
D4: (,0)                                                    ZEIGEN
Ausgabebereich: D4
       A              B            C          D             E
 4  Weizenmehl     300.000 g                              300000
 5  Roggenmehl     350.000 g                              350000
 6  Wasser           1.000 l                                1000
 7  Milch              250 l                                 250
 8  Hefe            20.000 g                               20000
 9  Sauerteig       20.000 g                               20000
10
11
12  Produkte
13
14  Artikel       Verkaufspreis   Nachfrage     Erlös
15  Roggenbrot       3,75 DM         350     1.312,50 DM
16  Weißbrot         4,20 DM         200       840,00 DM
17  Kümmelbrot       4,50 DM         175       787,50 DM
18
19
20  Rezepte
21                  Roggenbrot    Weißbrot   Kümmelbrot
22  Weizenmehl          250         1000         500
23  Roggenmehl          750            0           0
30.09.87  19:04
```

Bild 6-7: Ergebnisbereich

Cursortasten — Markieren Sie die Zelle D4, um anzugeben, wo die Ergebnismatrix abgelegt werden soll (vgl. Bild 6-7).

Bewegen Sie den Zellzeiger zur Datenbank Rohstoffe, und betrachten Sie die für die gesamte Produktion benötigten Rohstoffmengen. Nach Bedarf können Sie auch die Spalten Bedarf und Überschuß mit dem Bereichsformat . (Punkt) formatieren.

```
D4: (,0) 375000                                                    BEREIT

         A              B          C              D          E
1   Rohstoffe
2
3   Bezeichnung     Bestand Einheit           Bedarf    Überschuß
4   Weizenmehl      300,000 g                 375,000      -75000
5   Roggenmehl      350,000 g                 262,500       87500
6   Wasser            1,000 l                    277        723,5
7   Milch               250 l                    122      128,125
8   Hefe             20,000 g                 12,375         7625
9   Sauerteig        20,000 g                 17,500         2500
10
11
12  Produkte
13
14  Artikel         Verkaufspreis  Nachfrage     Erlös
15  Roggenbrot       3,75 DM         350    1.312,50 DM
16  Weißbrot         4,20 DM         200      840,00 DM
17  Kümmelbrot       4,50 DM         175      787,50 DM
18
19
20  Rezepte
30.09.87  22:03
```

Bild 6-8: Rohstoffbedarf

Der negative Überschuß des Weizenmehls gibt an, daß für die geplante Produktion noch 75 kg Weizenmehl beschafft werden müssen.

6.1.8 Anregungen

Wenn Sie auf einem Arbeitsblatt öfter verschiedene Matrizenmultiplikationen durchführen, empfiehlt es sich, die Bereiche der ersten und zweiten Matrizen sowie die Ergebnisbereiche mit einprägsamen Bereichsnamen zu benennen. Sie können dann die verschiedenen Bereiche des Befehls **Daten Matrix Multiplizieren** wesentlich bequemer eingeben, indem Sie zur Beantwortung der Fragen nicht mit dem Zellzeiger auf die Bereiche im Arbeitsblatt zeigen, sondern die Funktionstaste **F3 Name** betätigen und den Bereichsnamen mit dem Cursor auswählen.

Mit Ausnahme der Berechnung der Verkaufserlöse sind bis jetzt nur Produktmengen in die Kalkulation eingegangen. Sie können das Modell nun erweitern, um weitere Entscheidungshilfen zu bekommen.

6.1 Berechnung der Produktionsmengen

```
I4:                                                              BEREIT

        E           F           G           H           I
3    Überschuß   Reichweite   EK-Preis    Kosten    Kapitalbindung
4      -75000      -0,20
5       87500       0,33
6        723,5      2,62
7      128,125      1,85
8         7625      0,62
9         2500      0,14
10
11
12
13
14
15
16
17
18
19
20
21
22
30.09.87  19:06
```

Bild 6-9: Weitere Entscheidungsgrößen

Erweitern Sie die Datenbank Rohstoffe um die Spalten Reichweite, Einkaufspreis, Kosten und Kapitalbindung und tragen Sie in den Spalten die entsprechenden Formeln und Werte ein (siehe Bild 6-9).

Die *Reichweite* ist der Quotient *Überschuß* dividiert durch *Bedarf* und gibt an, wieviele Tage der Vorrat des jeweiligen Rohstoffes bei gleichbleibender Nachfrage noch reicht.

Geben Sie für die Einkaufspreise geschätzte Werte ein.

Die *Kosten* ergeben sich als Produkt aus *Bedarf* und *Einkaufspreis* und die *Kapitalbindung* ist das Produkt aus *Bestand* und *Einkaufspreis*.

Als weitere Kalkulationsmöglichkeiten könnten Sie einen Sollbestand einbeziehen, um einen Beschaffungsvorschlag zu errechnen, die Differenz aus Gesamterlös und Gesamtkosten der Produktion oder in einer grafischen Darstellung die Kosten oder Erlösanteile der einzelnen Rohstoffe bzw. Produkte ermitteln.

6.1.9 Mehrperiodenplanung

Speichern Sie Ihr Arbeitsblatt unter dem Namen *Prodplan*.

Mit Hilfe der Matrizenmultiplikation besteht die Möglichkeit ohne Mehraufwand die Bedarfsmengen für verschiedene Perioden gleichzeitig zu ermitteln. Wenn beispielsweise in der Datenbank Produkte die Nachfragemengen für alle Tage einer Woche in nebeneinanderliegenden Spalten angegeben würden, ergäbe die Matrizenmultiplikation automatisch für jeden Wochentag eine Spalte mit dem Rohstoffbedarf. Um dies zu erreichen, müßten Sie als zweite Matrix alle Spalten der Nachfragemengen in der Datenbank Produkte markieren.

6.2 Makros

Die Produktionsplanung in einer Großbäckerei muß täglich durchgeführt werden. Dabei werden sich viele Arbeitsschritte, die mit dem Lotus 1-2-3 System durchgeführt werden, an jedem Tag in gleicher Weise wiederholen. Ähnliches gilt für Kalkulationsmodelle aus anderen Anwendungsbereichen. Bei einer Wiederholung gleicher Arbeitsschritte wäre eine Automatisierung dieser Arbeitsschritte wünschenswert. Lotus 1-2-3 besitzt zur automatischen Abwicklung von Aufgaben zwei Arten von *Makros*.

6.2.1 Höhere Makrobefehle

Die höheren Makrobefehle stellen eine komplette Programmiersprache zur Manipulation der auf einem Arbeitsblatt befindlichen Daten dar. Unter den höheren Makrobefehlen befinden sich auch solche, die den Aufbau von Kontrollstrukturen, Untermakros (Unterprogrammen), benutzerdefinierten Menüs und Dialogeingaben erlauben. Mit höheren Makrobefehlen lassen sich in Lotus komplette vollautomatische Anwendungssysteme aufbauen, die auch von Benutzern bedient werden können, die mit den Lotus-Befehlen nicht vertraut sind.

Die Planung und Anwendung höherer Makrobefehle erfordert jedoch nicht nur gute Kenntnisse des Lotus-Systems, sondern gute Kenntnisse in der Entwicklung und Organisation von Programmsystemen. Im Rahmen eines Lotus Einführungsbuches können diese Kenntnisse nicht vermittelt werden. Deshalb werden höhere Makrobefehle hier nicht behandelt.

6.2.2 Tastaturmakros

Auch ohne die höheren Makrobefehle können Sie sich dauernd wiederholende Tätigkeiten erheblich vereinfachen.

Mit den Tastaturmakros steht in Lotus 1-2-3 ein Hilfsmittel zur automatischen Eingabe von Tastenbetätigungen zur Verfügung, das auch ohne Programmierkenntnisse zu handhaben ist. Tastaturmakros sind beispielsweise nützlich

- zur wiederholten Eingabe langer Befehlsketten,

- zur wiederholten Durchführung von Eingaben verschiedener Arbeitsschritte, die auf dem Arbeitsblatt durchgeführt werden sollen.

Da Sie während Ihrer Arbeit mit 1-2-3 praktisch nie etwas anderes tun als Tasten betätigen, können Sie alle durchzuführenden Tätigkeiten über Tastaturmakros durchführen lassen. Sinnvoll ist der Aufbau eines Tastaturmakros nur, wenn sich die Tätigkeiten wiederholen.

Ein Tastaturmakro ist genaugenommen eine gespeicherte Anweisung an Lotus 1-2-3, welche Tasten zur Erreichung eines bestimmten Ziels zu betätigen sind. 1-2-3 gibt diese Tasten bei der Ausführung des Makros automatisch ein. Aus diesem Grund sollte ein Makro sorgfältig geplant und getestet werden. Wenn Sie bei der interaktiven Benutzung von 1-2-3 einen Fehler erzeugen, bekommen Sie die Modusanzeige *Fehler* und eine Erläuterung in der Statuszeile unten am Bildschirm. Sie können dann auf den Fehler reagieren und ggf. Schritte zu seiner Beseitigung unternehmen. Ein Tastaturmakro gibt die gespeicherte Tastenfolge so ein, wie sie gespeichert wurde, und kann nicht auf Fehler reagieren. Wenn ein Fehler auftritt, wird das Makro abgebrochen.

Anhand zweier Beispiele für Tastaturmakros können Sie sehen, welche Tätigkeiten durch Makros automatisiert werden können und welche Schritte beim Aufbau eines Makros zu durchlaufen sind.

6.2.2.1 Makro Summierung einer Spalte

Bei den verschiedenen Analysen ist es sinnvoll, eine Spalte von untereinander stehenden Werten zu summieren. Für diese Tätigkeit soll ein Makro entwickelt werden. Zur optischen Abgrenzung zwischen den Summanden und der Summe soll das Makro auch gleich die üblichen Linien erzeugen.

6.2.2.2 Problemanalyse

Die Problemanalyse umfaßt alle Überlegungen, die die Voraussetzungen der Makrobenutzung und das Ziel des Makros klären.

Voraussetzungen: Das hier aufzubauende Makro soll eine beliebige Spalte von Werten, beispielsweise die Spalte Erlös, auf dem Arbeitsblatt summieren. Die Spalte hat wie eine Datenbankspalte eine Überschrift, die sich direkt über dem obersten Wert der Spalte befindet. Unterhalb der Werte in der Spalte müssen sich mindestens drei leere Zellen befinden.

Das Ziel des Makros ist die Ausführung folgender Tätigkeiten:

- Ziehen einer Linie direkt unter dem unteren Wert der Spalte

- Berechnen der Spaltensumme in der Zelle unter der Linie

- Formatieren der Summe als Währungsbetrag

- Unterstreichen der Summe mit einer Doppellinie

Hinweis: Eine Befehlskette in 1-2-3 kann ortsabhängig oder ortsunabhängig sein. Wenn Sie z. B. den Befehl **Transfer Speichern** benutzen, ist es gleichgültig, an welcher Position des Arbeitsblattes sich der Zellzeiger befindet. Der Befehl wirkt immer gleich. Wenn Sie dagegen den Befehl **Bereich Radieren** benutzen, hängt es von der gegenwärtigen Zellzeigerposition ab, welche Cursortasten Sie müssen, um den zu radierenden Bereich zu markieren. Dieser Befehl ist ortsabhängig. Normalerweise sind alle Tätigkeiten ortsabhängig, die ein Zeigen mit dem Zellzeiger erfordern.

Es ist gut, sich zu überlegen, wo der Zellzeiger beim Start der Makroausführung stehen muß, damit das Makro den gewünschten Zweck erreicht.

Die Summierung einer Spalte auf dem Arbeitsblatt ist eine ortsabhängige Tätigkeit, da normalerweise der zu summierende Bereich mit dem Zellzeiger angezeigt wird. Für das hier aufzubauende Makro gilt die Voraussetzung, daß der Zellzeiger vor Benutzung des Makros in den Bereich der zu summierenden Werte gestellt wird. Der Zellzeiger darf nicht den untersten Wert markieren.

6.2.2.3 Manuelle Ausführung

Nachdem die Voraussetzungen und Ziele das Makros umrissen sind, bringen Sie das Arbeitsblatt in den Zustand, der den Voraussetzungen des Makros entspricht. In diesem Fall sollte 1-2-3 sich im Modus **Bereit** befinden und der Zellzeiger sollte im zu summierenden Bereich stehen (nicht auf dem untersten Wert).

F5 Gehezu *D16* Return   Markieren Sie die betreffende Spalte.

Es gibt bestimmte Dinge, die man nicht direkt auf dem Arbeitsblatt schneller und einfacher durchführen kann, als mit Bleistift und Papier. Auch wenn es ungewöhnlich klingt, nehmen Sie ein oder zwei Blätter Papier und einen Stift zur Hand! Führen Sie die notwendigen Tätigkeiten manuell aus. Notieren Sie dabei **alle** Tastenbetätigungen einschließlich **Leertasten, Return** und sonstiger Sondertasten.

Für die Summierung könnten unter anderem die folgenden Schritte ausgeführt werden:

End Pfeil nach unten	Bewegen bis zum Ende der Spalte.
Pfeil nach unten	Markieren der Zelle für die Linie.
\- **Pfeil nach unten**	Eingabe der Linie als wiederholendes Label.
@Summe(2 mal **Pfeil nach oben** **End Pfeil nach oben** **Pfeil nach unten** *)* **Return**	Eintragen der Summenfunktion. Der Bereich wird von unten nach oben markiert. Für die Bewegung nach oben wird die Tastenfolge **End Pfeil nach oben** benutzt, damit die Tastenfolge auch bei Spalten mit einer anderen Länge ihre Gültigkeit behält.
< *B F W 2* **Return Return**	Der Befehl **Bereich Format Währung 2** formatiert die Summe als Währungsbetrag.
Pfeil nach unten	Markieren der Zelle für die Unterstreichung.

\ = Return   Unterstreichung als wiederholendes Label.

Nach Eingabe dieser Befehlsfolge ist das gewünschte Verarbeitungsziel erreicht. Falls bei der Ausführung der manuellen Arbeitsschritte Unklarheiten oder Fehler auftauchen, müssen Sie eventuell die Problemanalyse vervollständigen und die manuelle Bearbeitung noch einmal durchführen.

6.2.2.4 Eingabe des Makros

Nachdem alle notwendigen Tastenbetätigungen notiert sind, kann das Tastaturmakro eingegeben werden. Dabei sind Regeln zu beachten. Makros sind nichts anderes als Labels, die aus den benötigten Tastendrücken bestehen. Makros werden in einem freien, in der Regel abgelegenen, Bereich des Arbeitsblattes eingegeben. Achten Sie darauf, daß der Bereich, in den Sie ein Makro schreiben, nicht im Ausgabebereich einer Datenbank liegt, sonst wird das Makro wieder gelöscht (wenn Sie das nächste Mal den Befehl **Daten Abfrage Extrakt** durchführen). Da Makros Labels sind, kann man sie auch im übrigen wie andere Labels behandeln.

Eine Zelle kann maximal 240 Zeichen eines Makros enthalten. Wenn ein Makro länger ist, kann man für weitere Tasten die Zellen unterhalb der ersten Zelle verwenden. Bei der Ausführung eines Makros gibt 1-2-3 automatisch die in dem Label angegebenen Tasten ein. Wenn ein Label zu Ende ist, fährt 1-2-3 mit dem Label in der darunterliegenden Zelle fort. Unter einem Makro muß sich mindestens eine leere Zelle befinden, um das Ende des Makros anzuzeigen.

Unabhängig von der Längenbegrenzung auf 240 Zeichen sollte man ein Makro in kleinere logische Einheiten unterteilen, die in untereinander liegenden Zellen eingetragen werden. Das hat den Vorteil, daß man das Makro leichter lesen, verstehen und ändern kann. Normalerweise sollten die Zeilen eines Makros nicht länger sein als eine halbe Bildschirmbreite.

Zum Ändern oder Korrigieren kann ein Makro natürlich wie jedes andere Label durch Betätigen der Funktionstaste **F2 Edit** mit den Möglichkeiten des *Edit* Modus bearbeitet werden. Wenn ein Makro mit einem mathematischen Zeichen oder der Befehlstaste < bzw. / beginnt, müssen Sie beim Schreiben des Makros mit einem Justierungszeichen (z. B. ") beginnen, damit Ihre Eingabe von 1-2-3 als Label erkannt wird.

6.2.2.5 Sondertasten in Makros

Wollten Sie z. B. **Return** in ein Label eintragen, hätte dies zur Folge, daß das gerade geschriebene Label in seiner Zelle eingetragen würde, nicht aber, daß die Taste **Return** in das Label aufgenommen würde. Da die Sondertasten in Lotus 1-2-3 keine Zeichen erzeugen, die in ein Makro eingetragen werden könnten, sondern eine bestimmte Wirkung haben, werden sie in Makros mit Ihren Namen angegeben. Die Namen der Sondertasten finden Sie in der rechten Spalte der folgenden Tabelle:

Return	~
Pfeil nach unten	{Unten}
Pfeil nach oben	{Oben}
Pfeil nach links	{Links}
Pfeil nach rechts	{Rechts}
Home	{Home}
End	{End}
PgUp	{Pgup}
PgDn	{Pgdn}
Ctrl-Pfeil nach links	{Sprunglinks}
Ctrl-Pfeil nach rechts	{Sprungrechts}
F2 Edit	{Edit}
F3 Name	{Name}
F4 Abs	{Abs}
F5 Gehezu	{Gehezu}
F6 Fenster	{Fenster}
F7 Abfrage	{Abfrage}
F8 Tabelle	{Tabelle}
F9 Kalk	{Kalk}
F10 Zeichnen	{Zeichnen}
Esc	{Esc}
Rück	{Rücktaste}
Del	{Del}
~	{~}
{	{{}
}	{}}

Die geschweiften Klammern können mit den Tastenkombinationen **Alt-1** und **Alt-2** erzeugt werden. Das Zeichen ~ kann mit **Alt-3** erzeugt werden.

6.2 Makros

Für 1-2-3 ist unerheblich, ob Sondertastennamen in einem Makro groß oder klein geschrieben werden. Wenn eine Sondertaste mehrmals hintereinander in einem Makro vorkommt, kann man stattdessen einen Faktor in der geschweiften Klammern angeben.

Beispiel: {Del 4} statt {Del}{Del}{Del}{Del}.

Ausgerüstet mit den technischen Vorkenntnisse zum Schreiben von Makros können Sie jetzt das Makro Summierung eingeben.

Die erste Zelle des Makros ist in die Zelle F15, damit Sie das Makro und die Wirkung des Makros gleichzeitig auf dem Bildschirm sehen können. Normalerweise würden Makros auf dem Arbeitsblatt so angeordnet, daß sie nicht gleichzeitig mit dem Kalkulationsmodell sichtbar sind.

Geben Sie das Makro ein:

F5 Gehezu *F15* Return	Positionieren Sie den Zellzeiger in Zelle F15.
{End}{unten 2} **Pfeil nach unten**	Eingabe des Labels *{End}{unten 2}*.
\- **Pfeil nach unten**	Eingabe des Labels \-.
{unten} **Pfeil nach unten**	Eingabe des Labels *{unten}*.
"@summe({oben 2} *{end}{oben}{unten})~* **Pfeil nach unten**	Eingabe des Labels *@summe({oben 2}.{end}{oben}{unten})~*. Da das Label mit einem mathematischen Zeichen beginnt, muß zuerst das Justierungszeichen " eingegeben werden, damit 1-2-3 das Label erkennt.
"<*bfw2*~~ **Pfeil nach unten**	Eingabe des Labels <*bfw2*~~. Hier muß zuerst ein Justierungszeichen eingegeben werden, weil 1-2-3 die Tasteneingabe < sonst als Menüanforderung interpretieren würde.
{unten} **Pfeil nach unten**	Eingabe des Labels *{unten}*.

\ = ~ **Return**   Eingabe des Labels \ = ~.

Beachten Sie, daß Sie zwischen den einzelnen Zeichen der Labels keine Leerzeichen eingeben, da 1-2-3 sonst bei Ausführung des Makros die Leerzeichen als Tastenbetätigungen eingibt. Ein häufiger Fehler beim Aufbau von Makros ist das Vergessen der Taste *Return* ~ in den Makros. Verschieben Sie Ihren Bildschirmausschnitt so, daß Sie den gleichen Arbeitsblattbereich sehen können, wie auf der Abbildung 6-10.

Ihr Bildschirm sollte Bild 6-10 entsprechen.

```
F21: '\=~                                                    BEREIT

              D          E           F          G          H
    3       Bedarf    Überschuß   Reichweite   EK-Preis   Kosten
    4       375.000    -75000        -0,20
    5       262.500     87500         0,33
    6          277       723,5        2,62
    7          122    120,125         1,85
    8       12,375       7625         0,62
    9       17.500       2500         0,14
   10
   11
   12
   13
   14              Erlös
   15       1.312,50 DM              <End><unten 2>
   16         840,00 DM              \-
   17         787,50 DM              <unten>
   18                                @summe(<oben 2>,<end><oben><unten>)~
   19                                <bfu2~~
   20                                <unten>
   21       Kümmelbrot                \=~
   22           500
02.10.87   10:57
```

Bild 6-10: Das Makro Summierung

6.2.2.6   Dokumentation des Makros

Es ist eine gute Angewohnheit, zu jedem Makro Beschriftungen und Kommentare einzugeben, die erläutern, was jeder Arbeitsschritt des Makros bewirkt. Wenn Sie Ihre Makrozeilen immer kürzer als 40 Zeichen halten, können Sie dazu die rechte Bildschirmhälfte verwenden. Die Kommentierungen eines Makros erleichtern das Verständnis nach längerer Zeit oder für andere Personen, die das Makro nicht selbst geschrieben haben. Geben Sie die in den Bildern 6-11 und 6-12 abgebildeten Labels als Dokumentation Ihres Makros Summierung ein.

6.2 Makros

```
E15: '\s                                                          BEREIT

         D            E           F            G          H
 3     Bedarf      Überschuß  Reichweite    EK-Preis    Kosten
 4    375,000       -75000      -0,20
 5    262,500        87500       0,33
 6       277          723,5      2,62
 7       122        128,125      1,85
 8    12,375          7625       0,62
 9    17,500          2500       0,14
10
11
12
13
14    Erlös                  Summierung einer Spalte
15   1.312,50 DM             \s {End}{unten 2}
16     840,00 DM                \-
17     787,50 DM             {unten}
18                           @summe({oben 2},{end}{oben}{unten})~
19                           <bfu2~~
20                           {unten}
21   Kümmelbrot              \=~
22       500
02.10.87  11:00
```

Bild 6-11: Beschriftung des Makros

Jedes Makro bekommt einen Namen. Ich habe den Namen des Makros, \s wie Summierung, links neben der ersten Zelle des Makros eingetragen, um auch den Makronamen in der Dokumentation sichtbar zu machen.

```
I15: 'Geht bis zum Ende der Spalte+eine Zelle                     BEREIT

         F            G           H            I          J
 3    Reichweite    EK-Preis              Kosten  Kapitalbindung
 4      -0,20
 5       0,33
 6       2,62
 7       1,85
 8       0,62
 9       0,14
10
11
12
13
14   Summierung einer Spalte              Kommentare
15   {End}{unten 2}                       Geht bis zum Ende der Spalte+eine
16     \-                                 Zieht Linie
17   {unten}                              Geht weiter nach unten
18   @summe({oben 2},{end}{oben}{unten})~ Bildet Summe, von zwei Zellen obe
19   <bfu2~~                              Bereich Format Währung 2
20   {unten}                              Geht nach unten
21   \=~                                  Zieht Doppellinie
22
02.10.87  10:59
```

Bild 6-12: Kommentierung des Makros

Jede Kommentarzeile gibt genau an, was die in gleicher Höhe stehende Makrozeile bewirkt.

6.2.2.7 Benennen des Makros

Bevor das Makro benutzt werden kann, muß es mit einer Taste verbunden werden, mit der man das Makro starten will. Bei der Bildung einer Summe ist naheliegend hierfür die Taste *S* zu verwenden. Makros werden mit einer Taste verbunden, indem man die erste Zelle des Makros mit einem Bereichsnamen benennt, der aus dem Backslash \ und der Starttaste gebildet wird. Als Starttasten sind alle alphabetischen Tasten mit Ausnahme der speziellen deutschen Zeichen (Umlaute und ß) zulässig.

F5 Gehezu *F15* **Return**	Positionieren Sie den Zellzeiger in Zelle F15.
< *B N E* *S* **Return Return**	Benennen Sie mit Hilfe des Befehls **Bereich Name Erstellen** das Makro mit dem Namen *S*.

6.2.2.8 Testen des Makros

Bevor man davon ausgehen kann, daß das Makro richtig funktioniert, sollte es ausführlich in verschiedenen Anwendungssituationen getestet werden. Zum Testen erlaubt Lotus 1-2-3, Makros schrittweise auszuführen. Bei der schrittweisen Makroausführung können Sie im Bedienfeld und auf dem Arbeitsblatt alle automatisch eingegebenen Tastenbetätigungen verfolgen. Die schrittweise Ausführung wird mit der Tastenkombination **Alt-F2** ein- und ausgeschaltet. Bei schrittweiser Makroausführung gibt Lotus 1-2-3 immer nur eine einzige Taste automatisch ein und wartet nach jeder Tasteneingabe aus dem Makro auf eine Tastenbetätigung von Ihnen.

Testen Sie das Makro an der Spalte Reichweite:

Cursortasten	Gehen Sie mit dem Zellzeiger bis zur Zelle F8.

6.2 Makros

Alt-F2	Schalten Sie die schrittweise Makroausführung ein. In der Statuszeile erscheint die Anzeige *Schritt*.
Alt-S	Starten Sie die Ausführung des Makros. Ein Makro wird mit der Tastenkombination **Alt** und dem Makronamen gestartet.
beliebige Tasten	Jedesmal, wenn Sie eine Taste betätigen, gibt 1-2-3 eine neue Taste aus dem Makro ein. Das Makro ist beendet, wenn die doppelte Unterstreichung auf dem Arbeitsblatt erscheint.
Alt-F2	Schalten Sie die schrittweise Makroausführung wieder ab.

Das Makro scheint zu funktionieren. Radieren Sie die neu gefüllten Zellen wieder aus, da die Summierung von Reichweiten unsinnig ist. Bei normaler Benutzung ist die Ausführungsgeschwindigkeit eines Makros viel größer als bei schrittweiser Ausführung.

6.2.2.9 Benutzen des Makros

Bewegen Sie den Zellzeiger so, daß Ihr Bildschirmausschnitt so aussieht wie der in Bild 6-13.

```
D16: (W2) +C16*B16                                              BEREIT


         D           E          F            G          H
 3     Bedarf     Überschuß  Reichweite   EK-Preis    Kosten
 4     375.000     -75000      -0,20
 5     262.500      87500       0,33
 6        277       723,5       2,62
 7        122     128,125       1,05
 8     12.375       7625        0,62
 9     17.500       2500        0,14
10
11
12
13
14     Erlös                Summierung einer Spalte
15   1.312,50 DM          \s {End}{unten 2}
16    840,00 DM               \-
17    787,50 DM            {unten}
18                         @summe({oben 2},{end}{oben}{unten})~
19                         <bfw2~~
20                         {unten}
21   Kümmelbrot            \=~
22        500
02.10.87  11:00
```

Bild 6-13: Anwendung des Makros

Markieren Sie nun eine Zahl in der Spalte Erlös (nicht die unterste).

Alt-S Das Makro wird ausgeführt und erzeugt die Linien, die Summe und die Formatierung.

6.2 Makros

```
D20: \=                                                          BEREIT
         D            E           F              G            H
  3     Bedarf     Überschuß   Reichweite     EK-Preis      Kosten
  4    375.000      -7500        -0,20
  5    262.500      87500         0,33
  6       277        723,5        2,62
  7       122       128,125       1,05
  8    12.375        7625         0,62
  9    17.500        2500         0,14
 10
 11
 12
 13
 14      Erlös                Summierung einer Spalte
 15   1.312,50 DM           \s {End}{unten 2}
 16     840,00 DM              \-
 17     787,50 DM           {unten}
 18                         @summe({oben 2},{end}{oben}{unten})~
 19   2.940,00 DM           {bfu2~~
 20   ============          {unten}
 21    Kümmelbrot           \=~
 22        500
02.10.87  11:01
```

Bild 6-14: Ergebnis der Makroausführung

6.2.2.10 Übung: Makro Grafische Aufbereitung

Ein spezieller Makrobefehl erlaubt den Aufbau interaktiver Makros. Interaktive Makros können die Ausführung unterbrechen und auf eine Benutzereingabe warten. Erst, wenn der Benutzer die Taste **Return** betätigt, fährt 1-2-3 mit der Ausführung des Makros fort.

Wie wäre es mit einem Makro, welches Ihre Erlöse automatisch in eine Grafik umsetzt. Das Makro soll vor der Anzeige der Grafik anhalten und einen Text für die Überschrift der Grafik abfragen. Der Makrobefehl {?}~ bewirkt ein Anhalten des Makros an der Stelle der Befehlsausführung, an der sich dieser Befehl befindet. Der Benutzer hat die Gelegenheit, etwas einzugeben. Nach Betätigen der **Return** Taste wird das Makro an der dem Befehl folgenden Stelle fortgesetzt.

Bauen Sie ein Makro auf, das aus den Spalten Artikel und Erlös der Produktdatenbank eine Grafik erzeugt. Das Makro soll die Überschrift für die Grafik vom Benutzer erfragen. Machen Sie sich Gedanken über die Punkte Problemanalyse, Manuelle Ausführung und Eingabe des Makros.

Hier mein Lösungsvorschlag.

Benennen Sie zuerst die Spalten Artikel und Erlös der Produktdatenbank mit Bereichsnamen (siehe Bilder 6-15 und 6-16). Durch diesen "Trick" wird das Makro ortsunabhängig, weil die Grafikbereiche als Bereichsnamen und nicht durch Zeigen mit dem Zellzeiger angegeben werden können.

```
A17: 'Kümmelbrot                                            ZEIGEN
Name: ARTIKEL                  Bereich: A15..A17
         A              B          C            D           E
 3  Bezeichnung     Bestand    Einheit       Bedarf     Überschuß
 4  Weizenmehl      300.000    g             375.000    -75000
 5  Roggenmehl      350.000    g             262.500    87500
 6  Wasser            1.000    l                 277    723,5
 7  Milch             250      l                 122    128,125
 8  Hefe             20.000    g              12.375    7625
 9  Sauerteig        20.000    g              17.500    2500
10
11
12  Produkte
13
14  Artikel        Verkaufspreis  Nachfrage    Erlös
15  Roggenbrot        3,75 DM        350    1.312,50 DM         \s
16  Weißbrot          4,20 DM        200      840,00 DM
17  Kümmelbrot        4,50 DM        175      787,50 DM
18                                          ------------
19                                            2.940,00 DM
20  Rezepte                                 ============
21                  Roggenbrot    Weißbrot    Kümmelbrot
22  Weizenmehl        250           1000         500
02.10.87  11:02
```

Bild 6-15: Bereich Artikel

```
D17: (W2) +C17*B17                                         ZEIGEN
Name: ERLÖS                    Bereich: D15..D17
         D           E           F           G          H
 3     Bedarf    Überschuß   Reichweite   EK-Preis    Kosten
 4    375.000    -75000       -0,20
 5    262.500    87500         0,33
 6       277    723,5          2,62
 7       122    128,125        1,05
 8    12.375    7625           0,62
 9    17.500    2500           0,14
10
11
12
13
14     Erlös                 Summierung einer Spalte
15  1.312,50 DM              \s {End}{unten 2}
16    840,00 DM                 \-
17    787,50 DM                 {unten}
18  ------------                @summe({oben 2},{end}{oben}{unten})~
19  2.940,00 DM                 {bfu2~~
20  ============                {unten}
21   Kümmelbrot                 \=~
22      500
02.10.87  11:02
```

Bild 6-16: Bereich Erlös

6.2 Makros

Geben Sie anschließend nach Abbildung 6-17 das Makro ein (Zeile 23 bis 29).

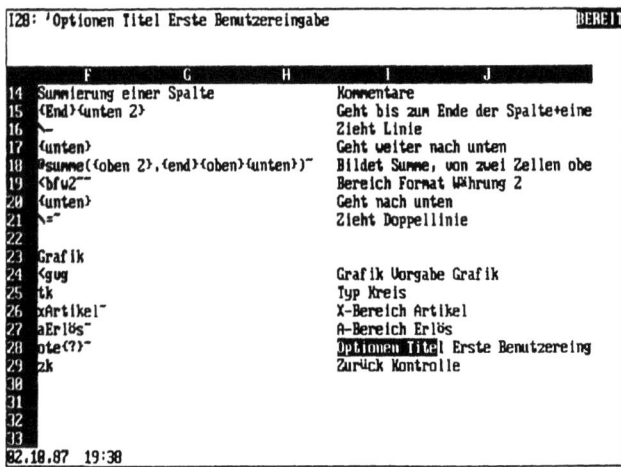

Bild 6-17: Interaktives Grafikmakro

Die Dokumentation auf der rechten Seite des Bildschirms gibt die Bedeutung der Befehle an. Vor der Erstellung der Grafik werden eventuell noch vorhandene Grafikeinstellungen mit dem Befehl **Grafik Vorgabe Grafik** in Zelle F24 gelöscht. Die Zelle F28 enthält den Befehl zur Abfrage der Grafiküberschrift. Die Eingabe in Zelle F24 muß mit einem Justierungszeichen beginnen, damit 1-2-3 den Befehl nicht sofort ausführt. Bewegen Sie den Zellzeiger zur Zelle F24, und benennen Sie diese Zelle mit dem Bereichsnamen \G (wie Grafik).

Alt-G — Benutzen Sie das Makro durch Eingabe der Tastenkombination. Das Makro wird ausgeführt und hält zur Eingabe einer Grafiküberschrift an.

Erlösanteile **Return** — Geben Sie die Überschrift ein. An der Statusanzeige *Bef* können Sie erkennen, daß 1-2-3 ein Makro ausführt. Die Ausführung wird fortgesetzt, sobald Sie **Return** betätigen. Bei Beendigung des Makros wird die Grafik angezeigt.

Da die Makros Labels auf Ihrem Arbeitsblatt sind, muß das Arbeitsblatt nochmals gespeichert werden, wenn die Makros für spätere Verwendungen erhalten bleiben sollen. Falls die Grafik mit dem Programm PrintGraph gedruckt werden soll, müssen Sie diese in einer Grafikdatei speichern.

7 Grafikdruck

Während Sie die das Lotus 1-2-3 System in den verschiedensten Anwendungsbereichen kennengelernt haben, sind von Ihnen einige Grafiken erzeugt und in Grafikdateien gespeichert worden. Der einzige Zweck der Grafikdateien besteht in der Übergabe der Grafik an das Programm *PrintGraph*, um die Grafik ausdrucken zu können. Diese letzte Kapitel befaßt sich ausschließlich mit dem Druck von Grafiken.

Zum Drucken von Grafiken müssen Sie 1-2-3 verlassen. Wenn Sie Ihr aktuelles Arbeitsblatt noch nicht gespeichert haben, sollten Sie dies vorher mit dem Befehl **Transfer Speichern** nachholen.

Verlassen Sie 1-2-3 mit dem Befehl **Ende Ja**.

```
1-2-3  PrintGraph  Dienstprogramm-Translate  Install  Tutorial  Ende
Lädt Programm, das Grafiken ausdruckt

                        1-2-3 Access System
              Copyright 1985 Lotus Development Corporation
              Alle Rechte vorbehalten.        Version 2

   Das Access System erlaubt die Auswahl von 1-2-3, PrintGraph, Translate,
   dem Install-Programm und dem Tutorial. Die Auswahl erfolgt über
   das Menü am oberen Bildschirmrand. Bei einem Diskettensystem erfolgt
   in Access möglicherweise eine Aufforderung, Disketten zu wechseln.
   Starten Sie das Programm entsprechend folgenden Anweisungen.

   o  Setzen Sie mit Hilfe der Pfeiltasten den Menüzeiger (der erhellte
      Balken am oberen Bildschirmrand) auf den Namen des gewünschten
      Programms.
   o  Drücken Sie [RETURN], um das Programm zu starten.

   Sie können ein Programm auch starten, indem der Anfangsbuchstabe der
   Menüoption eingegeben wird. Für weitere Informationen [HILFE] drücken.
```

Bild 7-1: Access-Menü

Wählen Sie im *Access* Menü das Programm **PrintGraph**. Nach kurzer Zeit meldet sich *PrintGraph* mit seinem Informationsbildschirm. Dieser Bildschirm gibt Ihnen einen Überblick über die gegenwärtig eingestellten Optionen von *PrintGraph*.

PrintGraph übernimmt beim Ausdruck Ihrer Grafiken drei Funktionen.

- *PrintGraph* paßt die von 1-2-3 erzeugten hardwareunabhängigen Grafiken an die Möglichkeiten und Eigenschaften Ihrer Ausgabegeräte an. Beispielweise können Sie mit einem Plotter die Grafiken in verschiedenen Farben ausgeben, mit den meisten Druckern heute nicht.

- Mit *PrintGraph* können Sie das Layout Ihrer Grafikausdrucke und die Gestaltung beeinflussen. Die Gestaltungsmöglichkeiten und die Qualität der Grafikdrucke ist in der gegenwärtigen Lotus Version im Gegensatz zur Flexibilität von 1-2-3 nicht sehr groß.

- *PrintGraph* ermöglicht, Grafikdateien aus Dateiverzeichnissen zum Druck auszuwählen und steuert den Ausdruck bis alle gewählten Grafiken verarbeitet worden sind.

Entsprechend der drei genannten Funktionen ist *PrintGraphs* Informationsbildschirm in drei Bereiche unterteilt, und der Ausdruck von Grafiken erfolgt in drei Schritten.

7.1 Bildschirmaufbau

Im rechten Teil des Bildschirms befinden sich Informationen über die gegenwärtigen Hardwareeinstellungen. Hier können Sie sehen, in welchen Verzeichnissen Grafiken und Schriftarten für die Grafiken gesucht werden, welches Ausgabegerät gewählt ist und welches Papierformat von *PrintGraph* erwartet wird. Der mittlere Teil des Bildschirmes zeigt Angaben über die Gestaltung der Grafiken. Der linke Teil listet die zum Druck gewählten Grafiken.

Das Menü wird genauso bedient wie das 1-2-3 Menü, mit Ausnahme der Menüanforderung. Da es in *PrintGraph* keinen Modus *Bereit* gibt, ist das Menü immer aktiv und muß nicht erst mit der Taste < oder / aktiviert werden. Zum Beenden der einzelnen Menüs gibt es je nach Menü den Befehl **Stop** oder **Zurück**.

7.2 Hardwareeinstellungen

```
Copyright 1985 Lotus Development Corp. Alle Rechte vorbehalten. V2.0  MENÜ

Verzeichnis für Bild-Dateien eingeben
C:\DESK\123\BUCH

   GEWÄHLTE    BILD-OPTIONEN              HARDWARE-KONFIGURATION
   GRAFIK      Format         Bereiche-Farben  Grafikverzeichnis:
   BILDER      Oben      1,00  X Schwarz         C:\DESK\123\BUCH
               Links     1,90  A Schwarz       Schriftverzeichnis:
               Breite   16,51  B Schwarz         C:\DESK\123
               Höhe     11,91  C Schwarz       Interface:
               Drehung    ,000  D Schwarz         Parallel 1
                                E Schwarz       Druckertyp:
               Schriftart      F Schwarz         HP 2686A
               1 ROMAN2                        Papiergröße
               2 BLOCK1                          Breite    21,59
                                                 Länge     27,94

                                               ABLAUF-OPTIONEN
                                                 Pause: Nein  Vorschub: Nein
```

Bild 7-2: Einstellung Grafikverzeichnis

P H G — Stellen Sie zuerst mit dem Befehl **Parameter Hardware Grafikverzeichnis** das Verzeichnis zum Lesen der Grafikdateien ein, in dem die Grafiken gespeichert wurden.

Esc *C:\Desk\123\Buch* Return — Das ist entweder das Verzeichnis *C:\Desk\123\Buch* oder Ihr eigenes (vgl. Bild 7-2).

Bei Bedarf können Sie auf dieselbe Weise mit dem Befehl **Parameter Hardware Schriftverzeichnis** das Verzeichnis der Schriftarten einstellen. Hier müßte das Verzeichnis angegeben sein, in dem sich das Lotus-System befindet. Normalerweise sollte der Druckertyp, der Druckeranschluß und die Papiergröße richtig eingestellt sein. Auch diese Einstellungen können Sie mit Befehlen des **Parameter Hardware** Menüs ändern. Wenn an Ihrem Computer mehrere Ausgabegeräte angeschlossen sind, möchten Sie vielleicht ein anderes Ausgabegerät wählen. Benutzen Sie dann den Befehl **Drucker**, und beachten Sie die Hinweise auf der rechten Bildschirmseite.

Gegebenenfalls müssen Sie auch den Befehl **Interface** zur Neueinstellung des Druckeranschlusses benutzen.

Hinweis: Eine Din-A4 Seite hat eine Länge von 29,7 cm und eine Breite von 21 cm.

Z	Wenn Sie alle gewünschten Hardwareänderungen durchgeführt haben, wählen Sie den Befehl **Zurück**, um in die nächsthöhere Menüebene zu kommen.

7.3 Layout der Druckseite

B	Der Befehl **Bild** ermöglicht die Gestaltung der Ausdruckseite.

F	Mit dem Unterbefehl **Format** legen Sie die Größe und Position Ihrer Grafik auf dem Blatt fest. Zur schnellen Einstellung dienen die Befehle **Ganz** und **Halb**. Ganz bedeutet formatfüllend Querformat. **Halb** bedeutet Hochformat, wobei zwei Grafiken untereinander auf eine Din-A4 Seite passen.

Sie können aber auch mit Hilfe des Befehls **Manuell** die Grafikausmaße ganz individuell festlegen. Sie können den oberen und linken Rand und die Ausdehnung der Grafik in cm sowie deren Drehung in Grad angeben. Dieses Verfahren ist besonders zum Drucken von Berichten mit Grafiken geeignet. Drucken Sie zuerst mit 1-2-3 den Bereich des Arbeitsblattes, der den Bericht umfaßt. Sie müssen dabei schon im Arbeitsblatt eine freie Fläche für die Grafik vorsehen. Legen Sie dann das bedruckte Blatt noch einmal in den Drucker und drucken Sie die Grafik in die freigehaltene Fläche.

S	Mit dem Befehl **Stop** (ein- oder zweimal) kommen Sie zurück zum **Parameter Bild** Menü.

7.3 Layout der Druckseite

S   Mit Hilfe des Befehls **Schriftarten** kann man bis zu zwei Schriftarten für die Grafik auswählen.

1   Der erste Grafiktitel wird in der ersten Schriftart gesetzt. Alle anderen Beschriftungen werden in der zweiten Schriftart gesetzt. *PrintGraph* zeigt die verfügbaren Schiftarten. Die momentan gewählte Schriftart ist mit einem Doppelkreuz # versehen (vgl. Bild 7-3).

```
Copyright 1985 Lotus Development Corp. Alle Rechte vorbehalten.  V2.0    ZEIGEN

Wählen Sie Schriftart 1

          SCHRIFTART   BYTES
                                   [Leertaste] bewegt #
          BLOCK1        5737       [Return] wählt Schrift mit #
          BLOCK2        9388       [Esc] beendet und ignoriert Änderung
        # BOLD          8624       [Home] zum Anfang der Liste
          FORUM         9727       [End] zum Ende der Liste
          ITALIC1       8949       [Oben] und [Unten] bewegen Zeiger
          ITALIC2      11857       Liste rollt, wenn Zeiger an
          LOTUS         8679       oberen/unteren Rand stößt
          ROMAN1        6863
          ROMAN2       11847
          SCRIPT1       8132
          SCRIPT2      18367
```

Bild 7-3: Schriftartenwahl

Pfeil nach unten   Bewegen Sie den Leuchtzeiger zur gewünschten
Pfeil nach oben   Schriftart, und bewegen Sie mit
Leer Return   der Leertaste das Doppelkreuz zu der gewählten Schriftart.

S 2   Wählen Sie auf dieselbe Weise die Schriftart für die übrigen Beschriftungen der Grafik.

Hinweis: Wenn im Schriftartenverzeichnis zwei Schriftarten genannt sind, deren Namen sich nur in der Endziffer unterscheiden, dann ist die mit der höheren Endziffer die fettere Schriftart. Machen Sie sich ein Bild über das Aussehen der verschiedenen Schriftarten, indem Sie versuchsweise verschiedene Kombinationen von Schriftarten zusammen ausdrucken. Falls Sie über ein Farbausgabegerät verfügen, können Sie durch den Befehl **Bereiche-Farben** den unterschiedlichen Datenbereichen der Grafik bis zu sieben Farben zuordnen.

Z   Der Befehl **Zurück** bringt Sie zurück ins **Parameter** Menü.

Wenn Sie diese Grafikdruckparameter auch bei späteren Ausdrucken verwenden wollen, empfiehlt es sich jetzt, diese mit Hilfe des Befehls **Einspeichern** dauerhaft zu speichern. Mit dem Befehl **Zurücksetzen** können Sie die Einstellungen wiederherstellen, die beim Start des *PrintGraph* Programmes herrschten.

S   Der Befehl **Stop** läßt die oberste Menüebene des *PrintGraph* Systems wieder erscheinen.

7.4 Grafikwahl und Druck

B   Wählen Sie den Befehl **Bildwahl**. *PrintGraph* zeigt eine Liste aller Grafikdateien im eingestellten Grafikverzeichnis mit Angaben zum Erstellungszeitpunkt.

7.4 Grafikwahl und Druck

```
Copyright 1985 Lotus Development Corp. Alle Rechte vorbehalten.   V2.0    ZEIGEN
Wählen Sie die zu druckende Grafik

    BILD      DATUM     ZEIT     BYTES
                                          [Leertaste] setzt/entfernt #
  # KAPWERT   08-25-87  18:51    1238     [Return] wählt Bilder mit #
  # KOPIERER  08-22-87  20:39    1419     [Esc] beendet und ignoriert Änderung
    PGMANZ    08-18-87  20:31    2669     [Home] zum Anfang der Liste
    PGMANZ2   08-18-87  23:08    2744     [End] zum Ende der Liste
    PGMZEIT   08-18-87  22:48    2674     [Oben] und [Unten] bewegen Zeiger
    PGMZEIT2  08-18-87  23:13    2689         Liste rollt, wenn Zeiger an
  # VERTEIL   08-22-87  23:41    2888         oberen/unteren Rand stößt
    WHDISLAS  08-18-87  18:18    1462     [Grafik] zeigt aufgehelltes Bild
```

Bild 7-4: Grafikwahl

Cursortasten **Leer Return**   Wählen Sie alle Grafiken, die in der eingestellten Gestaltung gedruckt werden sollen. Markieren Sie dazu mit dem Leuchtzeiger den Namen der Grafikdatei, und setzen Sie durch Betätigen der Leertaste ein Doppelkreuz # an den Grafikdateinamen. Sie können mehrere Grafiken auf einmal markieren (vgl. Bild 7-4).

Die gewählten Grafiken werden links im Informationsbildschirm angezeigt.

D   Der Befehl **Drucken** des *PrintGraph* Hauptmenüs druckt alle gewählten Grafiken selbständig nacheinander aus.

Das Drucken mit dem *PrintGraph* System kann einige Zeit in Anspruch nehmen. Während des Drucks zeigt *PrintGraph* den Modus *Warten* und in der dritten Bildschirmzeile den Namen der Grafik, die gerade gedruckt wird.

Wenn *PrintGraph* den Grafikdruck beendet hat, können Sie die Hardware- oder Gestaltungsoptionen ändern, um anders gestaltete Grafiken auszudrucken. Nach

Beendigung aller Druckarbeiten, verlassen Sie *PrintGraph* mit dem Befehl **Ende** des Hauptmenüs und Bestätigung mit **Ja**. Sie erreichen dann wieder das *Access* Menü.

8 Zum Abschluß

Bei einem Rückblick auf die einzelnen Kapitel dieses Buches werden Sie feststellen, daß Sie alle Arbeitsbereiche von Lotus 1-2-3 kennengelernt haben. Sie besitzen jetzt das Rüstzeug, Ihre eigenen Aufgabenstellungen mit Lotus 1-2-3 in Angriff zu nehmen. Sie werden feststellen, daß sich nicht nur die Grundlagen der Tabellenkalkulation als notwendig für Ihre Arbeit mit 1-2-3 erweisen. Insbesondere zusammenfassende Auswertungen, die beispielhaft dargestellt wurden, werden bei alltäglichen Aufgaben benötigt.

Falls Sie bei der Bearbeitung Ihrer Aufgabenstellungen auf Schwierigkeiten stoßen, stehen Ihnen eine Reihe von Hilfsmitteln zur Verfügung. Ein ausführliches Sachwort- und Befehlsverzeichnis sowie ein Abbildungsverzeichnis garantieren einen schnellen Zugriff zu dem jeweiligen Abschnitt des Buches. Oft hilft auch ein Druck auf die Taste **F1 Hilfe** weiter, mit dem Sie kurze Zusammenfassungen der Lotus-Befehle und Arbeitsweisen anzeigen lassen können. Für die Anwendung des Lotus 1-2-3 Systems wünsche ich Ihnen viel Erfolg.

Verzeichnis der Abbildungen

Bild 1-1:	Access System	8
Bild 1-2:	Beenden von 1-2-3	11
Bild 1-3:	Bildschirmaufbau	12
Bild 1-4:	Bewegung mit F5 Gehezu	15
Bild 1-5:	Zelle mit Label	16
Bild 1-6:	Zelle mit Wert	18
Bild 1-7:	Ausgangsgrößen für Differenz	19
Bild 1-8:	Eingabe einer Formel	20
Bild 1-9:	Eingabe einer Formel mit führendem +-Zeichen	21
Bild 1-10:	Beginn mit +	22
Bild 1-11:	Zeigen auf 1000	22
Bild 1-12:	Zeigen auf 550	23
Bild 1-13:	Formeleingabe durch Zeigen	24
Bild 1-14:	Fehlerhafte Zelleingabe	25
Bild 1-15:	Ändern einer fehlerhaften Zelleingabe	26

Bild 2-1:	Start von Lotus 1-2-3	31
Bild 2-2:	Die Formel für den Februar	33
Bild 2-3:	Wahl des Befehls Kopie	34
Bild 2-4:	Was kopieren?	34
Bild 2-5:	Wohin kopieren?	35
Bild 2-6:	Monatsbeschriftungen	36
Bild 2-7:	Formel für die Kosten	37
Bild 2-8:	Formel für den Gewinn	38
Bild 2-9:	Gewinnberechnung für Monat Januar	39
Bild 2-10:	Einfügen einer Spalte	40
Bild 2-11:	Kopfspalte	41
Bild 2-12:	Formel für die Umsatzsteigerung	42
Bild 2-13:	Kopie eines Bereiches	43
Bild 2-14:	Gewinnberechnung für zwei Monate	44
Bild 2-15:	Markieren des Ursprungsbereiches	45
Bild 2-16:	Zielbereiche für die Monate 3 bis 12	46
Bild 2-17:	Planzahlen für die Monate Januar bis Dezember	46
Bild 2-18:	Beginn der Summenformel	49
Bild 2-19:	Erste Ecke des Summen-Bereiches	50
Bild 2-20:	Zweite Ecke des Summen-Bereiches	51
Bild 2-21:	Gesamtumsatz	51
Bild 2-22:	Zielbereiche für Kopie	52
Bild 2-23:	Globales Format	56
Bild 2-24:	Bereichsformat	57
Bild 2-25:	Parameteranzeige	58
Bild 2-26:	Zu breite Werte	59
Bild 2-27:	Globale Spaltenbreite	61

Verzeichnis der Abbildungen

Bild 2-28:	Einzufügende Zeilen	62
Bild 2-29:	Leerzeilen eingefügt	63
Bild 2-30:	Wiederholendes Label	64
Bild 2-31:	Automatisch gefüllte Zelle	64
Bild 2-32:	Zielbereich für zweite Linie	66
Bild 2-33:	Label über mehrere Zellen	67
Bild 2-34:	Justierung zentriert	70
Bild 2-35:	Justierung rechtsbündig	70
Bild 2-36:	Was-wäre-wenn-Vergleich	72
Bild 2-37:	Zeile für Bildschirmteilung	73
Bild 2-38:	Bildschirm mit zwei Fenstern	74
Bild 2-39:	Ausgangsgröße und Jahresergebnis sichtbar	76
Bild 2-40:	Bereich Transponieren	78
Bild 2-41:	Bereich transponiert	79
Bild 2-42:	Gefüllter Bereich	82
Bild 2-43:	Format Text	83
Bild 2-44:	Tabellenbereich	85
Bild 2-45:	Automatisch berechnete Alternativen	86
Bild 2-46:	Fünfjahresplan	87
Bild 3-1:	Raum für Begleittext	91
Bild 3-2:	Text als Label	92
Bild 3-3:	Bereich Ordnen	93
Bild 3-4:	Text nach der Umformatierung	94
Bild 3-5:	Zweiter Textabsatz	95
Bild 3-6:	Einfügen eines Seitenwechsels	96
Bild 3-7:	Kopfzeile	101
Bild 3-8:	Fußzeile	103
Bild 3-9:	Ausdruck	104
Bild 3-10:	Anordnung der Seiten beim Ausdruck	105
Bild 3-11:	Seitenlayout	106
Bild 3-12:	Verzeichnisbaum für 1-2-3	111
Bild 3-13:	Zugriff auf das Betriebssystem	112
Bild 3-14:	Gesamtes Dateiverzeichnis	114
Bild 3-15:	Selektor C:\DESK\123\123*.*	116
Bild 3-16:	Selektor C:\DESK\123*.com	117
Bild 3-17:	Hardwaretreibersätze	118
Bild 3-18:	Konfigurationsdateien	118
Bild 3-19:	Verzeichnis C:\DESK\123\BUCH	119
Bild 3-20:	Globale Parameteranzeige	123
Bild 3-21:	Ändern des Standardverzeichnisses	124
Bild 4-1:	Wertpapierangebot	128
Bild 4-2:	Beschriftungen für die Wertpapieranalyse	129
Bild 4-3:	Prozentsätze als Faktoren	131
Bild 4-4:	Weitere Beschriftungen	132
Bild 4-5:	Kopie der Formel für den Kurswert	133
Bild 4-6:	Auswahl der Titel	134
Bild 4-7:	Titelspalten	136

Bild 4-8:	Rückflüsse aus den Investitionen	137
Bild 4-9:	Fehler aufgrund einer relativen Zelladresse	141
Bild 4-10:	Korrigierte Formel mit absoluter Zelladresse	144
Bild 4-11:	X-Bereich	146
Bild 4-12:	Balkendiagramm	147
Bild 4-13:	Aufbereitete Balkengrafik	151
Bild 4-14:	Sortierte Wertpapiere	154
Bild 4-15:	Beschriftungen	159
Bild 4-16:	Formel für aktuelles Jahr	160
Bild 4-17:	Formel für folgendes Jahr	161
Bild 4-18:	Formel für Abschreibungsjahr	161
Bild 4-19:	Formel für lineare Abschreibung	163
Bild 4-20:	Formel für degressive Abschreibung	164
Bild 4-21:	Formel für digitale Abschreibung	165
Bild 4-22:	X-Bereich	166
Bild 4-23:	A-Bereich	166
Bild 4-24:	B-Bereich	167
Bild 4-25:	C-Bereich	167
Bild 4-26:	Beschriftung für A	168
Bild 4-27:	Beschriftung für B	169
Bild 4-28:	Beschriftung für C	169
Bild 4-29:	Liniengrafik	170
Bild 5-1:	Beispieldatenbank Artikel	173
Bild 5-2:	Access-Menü	178
Bild 5-3:	Auswahl Quelltyp	179
Bild 5-4:	Auswahl Zieltyp	180
Bild 5-5:	Erklärungen des Translate-Systems	181
Bild 5-6:	Auswahl der umzuwandelnden Datei	182
Bild 5-7:	Umsetzungsanzeige	183
Bild 5-8:	Geladene Datenbank	185
Bild 5-9:	Formatierte Datenbank	187
Bild 5-10:	Fertige Referenztabelle	189
Bild 5-11:	Die Funktion @Vverweis()	191
Bild 5-12:	Automatisch gefüllte Spalte	192
Bild 5-13:	Sortierte Datenbank	196
Bild 5-14:	Kopie der Feldnamen	197
Bild 5-15:	Kopierziel	198
Bild 5-16:	Leerformular	199
Bild 5-17:	Kriterienbereich	201
Bild 5-18:	Modus Finden	201
Bild 5-19:	Formel für "Datum vorhanden"	204
Bild 5-20:	Extrahierte Datensätze	206
Bild 5-21:	Vertragsende vor dem Tag in 60 Tagen	210
Bild 5-22:	Formel für Vertragsende in den nächsten 60 Tagen	211
Bild 5-23:	Erweiterter Kriterienbereich	216
Bild 5-24:	Kombinierte Bedingungen	218
Bild 5-25:	Leasingverträge unter zwei Jahren Dauer	220
Bild 5-26:	Datenbank ohne aufgelöste Verträge	222

Verzeichnis der Abbildungen

Bild 5-27:	Funktion @DAnzahl()	225
Bild 5-28:	Zusammengefaßte Datenbankauswertung	228
Bild 5-29:	Kreisdiagramm	229
Bild 5-30:	Feldbezeichnungen der Datenbank NutzK	233
Bild 5-31:	Datensätze der Datenbank NutzK	233
Bild 5-32:	Formatierte Datenbank	234
Bild 5-33:	Bereich Datenbank	237
Bild 5-34:	Bereich Kriterien	238
Bild 5-35:	Bereich Ausgabe	239
Bild 5-36:	Unvollständiges Label	242
Bild 5-37:	Editieren ausgewählter Datensätze	243
Bild 5-38:	Funktion @Zeitwert()	245
Bild 5-39:	Eingefügte Spalte Ende	246
Bild 5-40:	Zeitseriennummern für die Programmdauer	247
Bild 5-41:	Das Format Uhr 3 (siehe Bedienfeld)	248
Bild 5-42:	Funktion @IstFehler()	250
Bild 5-43:	Abgebrochene Programme gelöscht	251
Bild 5-44:	Zeitraster	253
Bild 5-45:	Format Uhr 4	253
Bild 5-46:	Wertbereich	254
Bild 5-47:	Bestandsbereich	255
Bild 5-48:	Verteilung	256
Bild 5-49:	X-Bereich	257
Bild 5-50:	A-Bereich	257
Bild 5-51:	Erster Grafiktitel	258
Bild 5-52:	Verteilungsgrafik	259
Bild 6-1:	Datenbank Rohstoffe	262
Bild 6-2:	Datenbank Produkte	263
Bild 6-3:	Beschriftungen für Rezepttabelle	265
Bild 6-4:	Rezepturangaben	266
Bild 6-5:	Erste Matrix	268
Bild 6-6:	Zweite Matrix	268
Bild 6-7:	Ergebnisbereich	269
Bild 6-8:	Rohstoffbedarf	270
Bild 6-9:	Weitere Entscheidungsgrößen	271
Bild 6-10:	Das Makro Summierung	280
Bild 6-11:	Beschriftung des Makros	281
Bild 6-12:	Kommentierung des Makros	281
Bild 6-13:	Anwendung des Makros	284
Bild 6-14:	Ergebnis der Makroausführung	285
Bild 6-15:	Bereich Artikel	286
Bild 6-16:	Bereich Erlös	286
Bild 6-17:	Interaktives Grafikmakro	287
Bild 7-1:	Access-Menü	289
Bild 7-2:	Einstellung Grafikverzeichnis	291
Bild 7-3:	Schriftartenwahl	293
Bild 7-4:	Grafikwahl	295

Sachwortverzeichnis

A-Bereich 147
Abfrage 196
   Extrakt 205
   komplexe 216
   Unikate 223
Abfragetechnik 197
Abgrenzungen
   Spalten 107
   Zeilen 107
Abschreibung 156
Absolute
   Formeln 142
   Zelladressen 142
Absteigend 195
Access 8
Alt-1 278
Alt-2 278
Alt-3 278
Alt-4 102
Alt-124 102
Alt-F2 282
Alternativen 71
Ändern Erscheinungsbild 55
Anfangswert 81
Anker 35
   lösen 53
Annuität 156
Arbeitsblatt
   Global
      Vorgabe
         Aktualisieren 100
         Drucker 100
         Parameter 100
   Fenster Löschen 78
   Größe 13
   Neuberechnen
      Automatisch 221
      Manuell 221
   Neue Seite 95
   Parameter 58, 151
   Spalte
      Bestimmen 129
   Titel 133
      Annullieren 137
      Beide 135
      Horizontal 134
      Vertikal 136
Ausgabebereich 205
Ausspuldatei 98

Backslash \ 5, 107, 282
Balkendiagramm 146
Barwert 156
Bedienfeld 12
Beenden
   von 1-2-3 10
Bereich
   Abfragemenü 200
   Druckmenü 98
   Format
      Datum Uhr 245
      Fest 57
      (F0) 58
      Prozent 131
      (Punkt) 267
      Text 83
   Justieren Rechts 80
   Name Erstellen 236
   Ordnen 93
   Transponieren 78, 265
Bereiche-Farben 294
Bereichsnamen 235
   erweitern 248
Bereitschaftszeichen 5
Bestandsbereich 254
Bewegen
   ganze Bildschirmseite 14
   in linke obere Ecke 15
   schnell 15
   synchron 74
   Zusammenfassung 29
Bezeichnungen, Spalten 13
Bildschirmaufbau 11
Bildschirmteilung 73
Bildschirmzeile, letzte 13
Bildwahl 294
Breite, Spalte 59

Ctrl-Pfeil nach links 14
Ctrl-Pfeil nach rechts 14

Sachwortverzeichnis

Ctrl-Taste 14
Cursorsteuerung 13

Dateikonvertierung 175
Dateinamen 115
Dateiselektor 115
Dateiverzeichnisse 3
Daten
  Abfrage 200
    Finden 204
    Löschen 220
    Unikate 223
  Füllen 81, 252
  Matrix Multiplizieren 267
  Sortieren 153, 194
  Tabelle 77, 227
  Verteilung 254
Datenanalyse 175
Datenbank, Definition 171
Datenbankstatistik 222
Datenbanktabelle 174
Datenbankverwaltungssystem 172
Datenbereich 153, 195
Datensatz 173
Datumsseriennummer 158, 244
Dienstprogramm-Translate 175, 178
Directory 110
Druck
  auf Drucker 98
  in Datei 97
  von Grafiken 151, 289
Drucken 295

Editierfunktion 24
Einfügen
  Spalten 39
  Zeilen 54, 61
Eingabe 18
  in mehreren Spalten 41
  in mehreren Zeilen 41
Eingabe von Informationen 16, 29
Einspeichern 294
Eintragungen, Typen 16
End Home 48
Ende Vorgabemenü 124
Endung .prn 98
Erscheinungsbild 55
Erzwingen von Werteingaben 20
Extrakt 205

F2 Edit 25
F3 Name 240, 270
F4 Abs 142
F5 Gehezu 15
F6 Fenster 74
F8 Tabelle 77
F9 Kalk 221
F10 Zeichnen 154
Farbausgabegerät 294
Fehler 141, 246
Feld 173
Feldnamen 174
Fenster 73
Finden 199, 201
Format 292
  Datum 158
    Uhr 158
  Bereich 57
  Global 55
  Prozent 89, 130
  Währung 59
    Grafikmenü 149
Formatierung des Ausdrucks 108
Formeleingabe, Zeigen 21
Formeln
  logische 203
  sichtbare 83
  Zusammenfassung 29
Funktionen
  @Afadeg() 157
  @Afadig() 157
  @Afalin() 157
  @Aktwert() 156
  @Ann() 156
  @DAnzahl() 223
  @Datum() 211
  @Datumwert() 244
  @DMax() 223
  @DMin() 223
  @DMittelwert() 223
  @DStdabw() 223
  @DSumme() 223
  @DVar() 223
  @Hverweis() 188, 193
  @Intzins() 156
  @IstFehler() 249
  @Jahr() 159
  @Jetzt 159
  @Lauf() 156
  @Netaktwert() 139

@Rate() 156
@Summe() 48, 54
@Vverweis() 188, 193
@Zeitwert() 244
@Zins() 156
@Zukwert() 156
Argumente 47
Eigenschaften 47
Fußzeile 101

Ganze Bildschirmseite bewegen 14
Ganze Zahlen 55
Gestaltung
    Ausdruckseite 292
    Tabelle 55
Globale Formate 55
Grafik 145
    drucken 289
    benennen 259
    Typ Kreis 228
    Vorgabe 289
Grafikdatei 152, 291
Grafikmenü 146
Größe des Arbeitsblattes 13
Grundrechenarten 19

Home 15

Initialisierungsfolge 107
Installation 2
Integriertes Programmsystem 7, 171
Interner Zins 156
Investitionsanalyse 127

Justieren, Druckmenü 99
Justierungszeichen 63
" 68

Kalk 221
Kapitalwert 139
Konfigurationsdatei 118, 122
Kopieren 5, 43, 54
Kopfspalten 107
Kopfzeile 101
Kreisdiagramm 228
Kriterien 200
Kriterienbereich 200

Label 16
    wiederholend 63

Zusammenfassung 29
Leere Zellen 142
Letzte Bildschirmzeile 13
Logische
    Formeln 203
    Funktionen 249
    Operatoren 210
    #nicht# 210
    #oder# 210
    #und# 210
Löschen
    Abgrenzungen 108
    Bereich 108
    Datensätze 220
    Druckmenü 108
    Format 109
    Sämtliche 109
    Zellinhalt 26
Lösen des Ankers 53

Makrobefehle
    {?}~ 285
    höhere 273
Makroname 282
Makros 273
    interaktive 285
    Kommentare 280
    Korrigieren 277
    Sondertasten 278
    Starten 282
    Testen 282
Manuell 292
Mathematische Zeichen 17
Matrizen 265
Matrizenmultiplikation 265, 267
Mehrfachkriterien 210
Menüebene 9
Menüs 8
Modus
    Dateien 114
    Finden 201
    Warten 85
    Zeigen 53

N.Zeile 103
N. Seite 96
Name
    Bereiche 235
    Erstellen 259
    Wählen 260

Sachwortverzeichnis

Namen
  von Makros 282
  von Sondertasten 278
Neuberechnen 221
Num 14
Num Lock 13

Oder-Verknüpfungen 214
Operatoren Logische 210
Optionen
  Beschriftungen 150
  Color 149
  Druckmenü 99
  Init 107
  Monochrome 149
  Raster
    Horizontal 149
  Skalierung 149
  Titel 228
  Weitere 108
Ortsabhängig 275
Output 98
  Drucker 98

Parameter 58, 124, 155
  Hardware
    Grafikverzeichnis 291
    Schriftverzeichnis 291
Pfeiltasten 13
Pg Dn 14
Pg Up 14
PrintGraph 151, 289
Produktionsplanung 261
Programmiersprache 273
Prozentsätze anzeigen 131
Punkttaste 35

Query by Example 197

Radieren 68
Rand
  Links 100
  Oben 100
  Rechts 101
  Unten 100
Rechenzeichen 19
Rechtsbündig 68
Relative Formeln 141
Rol 135
Runden 55

Rücksetzen von Druckoptionen 108
Rücktab 14

Schnelle
  Bewegung 15
  Eingabe 221
Schriftarten 107, 293
Schrittwert 81
Seitengröße 106
Seitenlayout 100, 106
Semikolon 47
Senkrechter Strich | 102
Seriennummer 158
Skalierung, Skip 258
Sondertastennamen 278
Sortieren 153, 194, 196
  1. Sortierschüssel 195
  2. Sortierschüssel 196
Spalte 13
  Breite 59
  Einfügen 39
Spaltenbezeichnungen 13
Speichern 28
  Grafikmenü 152
Standardverzeichnis 120
Starten
  Lotus 1-2-3 31
  Makro 283
Statistische Datenbankfunktionen 222
Status
  Bef 287
  End 48
  Kalk 221
  Rol 135
  Scroll Lock 135
  Überschreiben 212
  Übr 212
Statusanzeige 12, 13
Sternchen 59
Steuerkodes 107
Stücklisten 264
Suchen
  nach Labels 239
  nach unvollständigen Labels 241
System 112

Tab 14
Tabelle, Datenbank 174
Tastaturmakros 273
Taste
  Alt-1 278

Alt-2 278
Alt-3 278
Alt-4 102
Alt-124 102
Alt-F2 282
Anker 35
Ctrl-Pfeil nach links 14
Ctrl-Pfeil nach rechts 14
Ctrl-Taste 14
End Home 48
F2 Edit 25
F3 Name 240
F4 Abs 142
F5 Gehezu 15
F6 Fenster 74
F8 Tabelle 77
F9 Kalk 221
F10 Zeichnen 154
Home 15
Num Lock 14
Pg Dn 14
Pg Up 14
Punkt . 35
Tastenkombination 5
Testen von Makros 282
Titel 148
   Löschen 137
   X-Achse 148
   Y-Achse 148
Titelzeilen 134
Transfer
   Dateiliste
      Arbeitsblätter 120
   Extrakt 207
   Fremd 125
   Index 120
   Kombinieren 125
   Laden 90
   Radieren 121
Transponieren 78

Überschriften 16, 107
Und-Verknüpfung 213

Verankerung lösen 53
Vergleichsoperator 203
Versatz 190
Verzeichnis 110
Verzinsung 156
Vorgabe 209

Aktualisieren 123
   Index 123
   Parameter 123
   Sortiermenü 224
   Vorgabewerte 99

Was-wäre-wenn-Analyse 71
Wert 17
   Zusammenfassung 29
Wertbereich 254
Werteingabe 17
   erzwingen 20
Wertpapier 127
Wiederholendes Label 80
Wiederholfunktion 14

X-Achse 146
X-Bereich 146

Zahlen, ganze 55
Zeigen 21
Zeilen 13
   Einfügen 61
Zeitformat 245
Zeitrechnungen 244
Zeitseriennummer 158, 244
Zelladressen 19
   absolute 142
   relative 141
Zellen 13
   zeigen auf 21
Zellzeiger 13
Zentrieren
   Beschriftungen, Grafikmenü 150
Zugriff auf Verzeichnisse 113
Zukünftiger Wert 156
Zurück
   Abfragemenü 202
   Druckmenü 98
      Optionen 103
   Grafik, Optionen 148
   Grafikmenü 145
Zurücksetzen 294
Zusammenfassung
   Bewegen 29
   Eingabe 29
   Formeln 29
   Label 29
   Wert 29

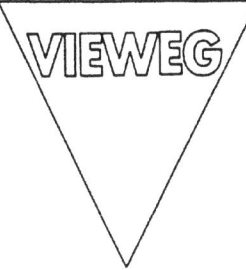

Lotus 1-2-3 zum Nachschlagen

Ernst Biegert, Andreas Dripke und Angelika Schätzel

Lotus 1-2-3 griffbereit
Bedienung

1988. XIV, 51 S. 10,8 x 28,8 cm. Kart.
Dieser Band der Reihe „griffbereit" wird dem Benutzer von Lotus 1-2-3 in allen Fragen der Menüsteuerung eine wertvolle Hilfe sein.

Lotus 1-2-3 griffbereit
Makroprogrammierung

1988. VIII, 10,8 x 27,8 cm. Kart.
Wer Lotus 1-2-3 richtig ausnutzen will, braucht eine Übersicht über die Vielzahl der Makrobefehle und Funktionen. Dieser Band bietet sowohl dem Neuling als auch dem Geübten diese unerläßliche Arbeitshilfe.

Die Bücher der Reihe „griffbereit" geben prägnante Beschreibungen der jeweiligen Befehle in alphabetischer Reihenfolge. Zusammen mit einem Schlüsselverzeichnis, das dem Benutzer den Weg vom konkreten Problem zum entsprechenden Befehl weist, stellt jeder Band eine sinnvolle Programmierhilfe dar.

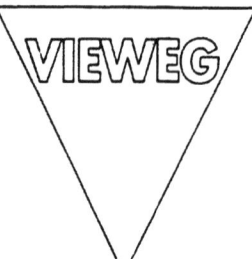

Eddie Adamis

Lotus 1-2-3 von A..Z

Version 2. Deutsche Ausgabe. Ein alphabetisches Nachschlagewerk zur Tabellenkalkulation mit Beispielen und Querverweisen. Aus dem Amerikanischen übersetzt von Irmgard Zeller. Ein Microsoft Press/Vieweg-Buch. 1987. VI, 447 S. 18,5 x 23,5 cm. Kart.

Das alphabetische Nachschlagewerk zu Lotus 1-2-3 erweitert die ständig wachsende Microsoft Press/Vieweg-Bibliothek der anspruchsvollen Bücher über Software zu IBM PC und Kompatiblen.

Mit diesem Buch erhält der Leser einen umfassenden Ratgeber mit schnellen, leicht nachvollziehbaren Antworten zu allen Fragen, die bei der Arbeit mit dem Softwarepaket Lotus 1-2-3 auftreten können.

Prägnante Erklärungen, zusammen mit praktischen Beispielen aus dem Geschäftsleben zu jedem 1-2-3-Befehl, zu jeder Funktion mit Angabe zur jeweiligen Version geben umfassende Informationen zur Software. Ebenso werden die Besonderheiten der 1-2-3-Möglichkeiten dargestellt: Makros, Datentabellen, neue Finanzrechnungsfunktionen und vieles mehr. Der alphabetische Aufbau und die vielen Querverweise bieten zusätzliche Informationsmöglichkeiten, wenn der Anwender mit Lotus 1-2-3 arbeitet.

Dieses Buch gehört zum schnellen Nachschlagen auf den Schreibtisch eines jeden Lotus 1-2-3-Anwenders!

MIX
Papier aus verantwortungsvollen Quellen
Paper from responsible sources
FSC® C105338

If you have any concerns about our products,
you can contact us on
ProductSafety@springernature.com

In case Publisher is established outside the EU,
the EU authorized representative is:
**Springer Nature Customer Service Center GmbH
Europaplatz 3, 69115 Heidelberg, Germany**

Printed by Libri Plureos GmbH
in Hamburg, Germany